Herbert Fendrich

Glauben.
Und Sehen

Von der Fragwürdigkeit der Bilder

Aschendorff Verlag Münster

Der Autor

Herbert Fendrich, 1953 in Duisburg geboren, studierte zunächst Katholische Theologie und Germanistik. Nach dem Abschluss seiner Ausbildung zum Gymnasiallehrer mit dem 2. Staatsexamen absolvierte er ein Zweitstudium in Kunstgeschichte, das er 1988 mit einer Arbeit über „Rembrandts Darstellungen des Emmausmahles" abschloss. Seit 1981 im Dienst des Bistums Essen, war er zunächst in verschiedenen Bereichen der theologischen Erwachsenenbildung – insbesondere in der Bibelarbeit – tätig. Seit 1993 ist er Bischöflicher Beauftragter für Kirche und Kunst im Bistum Essen und leitet die Abteilung „Kirche und Kunst" im dortigen Generalvikariat. Die umfangreiche Lehr- und Vortragstätigkeit wird begleitet von zahlreichen Veröffentlichungen im Schnittfeld von Religion und Glauben, Theologie und Bild.

Zum Einbandbild
Rembrandt, Emmausmahl (Ausschnitt)
siehe S. 112–120.

© VG Bild-Kunst, Bonn 2003:
ZACHARIAS, Thomas: Kreuzigung
VIRNICH, Thomas: Verlorene Form
LIEBERMANN, Max: Der zwölfjährige Jesus im Tempel
LIEBERMANN, Max: Der zwölfjährige Jesus im Tempel (Bleistiftskizze)
© Kate Rothko-Prizel & Christopher Rothko / VG Bild-Kunst, Bonn 2003:
ROTHKO, Mark: Black on Grey

Zweite, ergänzte Auflage

© 2007 Aschendorff Verlag GmbH & Co. KG, Münster

Das Werk ist urheberrechtlich geschützt. Die dadurch begründeten Rechte, insbesondere die der Übersetzung, des Nachdrucks, der Entnahme von Abbildungen, der Funksendung, der Wiedergabe auf fotomechanischem oder ähnlichem Wege und der Speicherung in Datenverarbeitungsanlagen bleiben, auch bei nur auszugsweiser Verwertung, vorbehalten. Die Vergütungsansprüche des § 54, Abs. 2, UrhG, werden durch die Verwertungsgesellschaft Wort wahrgenommen.
Printed in Germany
ISBN 978-3-402-03440-8

Inhalt

Vorwort 4

DURCHBLICKE

Die Christen und die Bilder. Eine Zeitreise 5
Was man von Bildern lernen kann. Zugleich eine Einführung in ihre Sprache 21
Gottes Bilder. Ein Über-Blick 34

BESICHTIGUNGEN DES UNSICHTBAREN

Bilder zur Menschwerdung

„Sieh, wo du siehest nicht!"
    Eine Wahrnehmungsübung mit Konrad Witz und Robert Campin 46
Anbetung im Wald.
    Das Weihnachtsbild des Fra Filippo für die Medici-Kapelle in Florenz 52
Wirklich unmöglich. Die Anbetung der Könige von Rogier van der Weyden 60
Paradis perdu. Ein „Weihnachtsbild" von Paul Gauguin? 65
„Er hörte ihnen zu und stellte ihnen Fragen". Das Kind Jesus
    und die Schriftgelehrten in einem Bild von Max Liebermann 71

Leiden

Das Sehen des Gekreuzigten. Eine Bildpredigt 76
Im Tod das Leben.
    Passion und Tod Jesu in den Bildern des Codex aureus von Echternach 86
Nur Not und Tod? Der „Rote Christus" von Lovis Corinth 98

Leben

Die Erde blüht auf. Ostern, Himmelfahrt und Pfingsten
    in den Bildern des Codex aureus von Echternach 104
„Da gingen ihnen die Augen auf". Rembrandts Emmausmahl 112
Weht, wo er will. Der Geist und die Kirche in Tizians Pfingstbild 121

GEHT DA NOCH WAS?

Auf der Schwelle. Kunst am Tor zur Ewigkeit 125
Da geht noch was!
    Zum Fotoprojekt I.N.R.I. von Bettina Rheims und Serge Bramly 136

WENN BILDER ZU WORT KOMMEN

Ein Fleisch? Paare in der Kunst 145
Das Kreuz und die Evangelien 158
„Sprich, sprich doch!"
    Was die Propheten für die abendländische Kunst bedeuten 169

Vorwort

Ich weiß nicht, wie oft ich über die Themen dieses Buches in den letzten 20 Jahren Vorträge, Vorlesungen und Seminare gehalten habe: in Gemeinden und bei christlichen Gruppen, in Kirchen und in Bildungshäusern, besonders aber auch in der Aus- und Fortbildung von LehrerInnen, Gemeinde- und PastoralreferentInnen und Priestern. Und immer wieder habe ich den Eindruck gehabt – und bin durch die Teilnehmenden darin bestärkt worden: Das lohnt! Man kann an Bildern und mit Bildern Glauben lernen! Und glauben lernen! Wer kognitive Lernziele erreichen will, wer lehren und meinetwegen auch belehren will, darf sich der Bilder ebenso bedienen, wie diejenigen, die auf Erfahrungen und Emotionen aus sind. Davon bin ich überzeugt – und von dieser Überzeugung sind alle Beiträge dieses Bandes bestimmt.

Aber! Fast ist es mir ein wenig peinlich, den Zeigefinger mahnend zu erheben. Aber – einfach ist das nicht. Und einfach sollte man es sich und anderen mit Bildern nicht machen. Bilder sind selbstverständlich – ein Problem! Deswegen bemüht der Untertitel die doppelsinnige Rede von der „Fragwürdigkeit" der Bilder. Die schöne Anschaulichkeit, die sie bieten, ist verführerisch und missverständlich, begünstigt ein bloß oberflächliches Hinsehen; andererseits können Bilder Horizonte eröffnen, ermöglichen Ein-Sicht und Erkenntnis, werfen Fragen auf und verstellen vorschnelle Antworten. Wer Bilder sieht, darf seinen Augen nicht trauen. Auf jeden Fall nicht nur.

Die Beiträge dieses Buches bieten ebenso geschichtliche Überblicke und Durchblicke wie konzentrierte Auseinandersetzung mit einzelnen Werken der Kunst zu den Hauptthemen des christlichen Glaubens. Verschiedene Zeitschriften- und Katalogbeiträge, aber auch Reden von der „Predigt" bis zur Ausstellungseröffnung sind hier zusammengestellt und deuten so außer der Vielfalt der Kunst auch die unterschiedlichen Möglichkeiten des Sprechens über Bilder an.

So verschieden die Texte auch sein mögen, so ist ihnen doch eines gemeinsam: das primär theologische Interesse an den Bildern, die Sichtweise des Glaubens. Der Verfasser ist ein Bilderfreund. Wenn auch ein schwieriger. Deswegen hat er – eine Entlehnung beim Motto des Bibeljahrs 2003: Suchen. Und finden – in den Titel dieses Buches zwischen „Glauben" und „Sehen" vor die verbindende Konjunktion den trennenden Punkt eingefügt.

Glauben. Und Sehen. Ich wünsche mir Leserinnen und Leser, Seherinnen und Seher, die gerade aus dieser Spannung zwischen trauter Zweisamkeit und respektvollem Abstand den eigentlichen Gewinn, vielleicht sogar das geistige und geistliche Vergnügen beziehen.

Am Fest der Erscheinung des Herrn 2004
Herbert Fendrich

Die Christen und die Bilder. Eine Zeitreise

Bilder raus – Bilder rein

Die Pfingstzeit des Jahres 1524 war für die in den Kirchen zu Stadt und Land versammelte Bilderwelt kein liebliches Fest geworden; denn infolge einer weiteren Disputation und daherigen Ratsbeschlusses wurde, unter Zustimmung des Volkes, alles Gemalte, Geschnitzte und Gemeißelte, Vergoldete oder Bunte von den Altären und Wänden, Pfeilern und Nischen genommen und zerstört, also dass der Kunstfleiß vieler Jahrhunderte, so bescheiden er auch in diesem Erdenwinkel war, vor der Logik des klanglosen Wortes erstarb; allein die eigentlichen Religionen dulden keine Surrogate; entweder gehen sie in denselben unter oder sie verzehren sie, wie das Feuer den Staub. Trotz allem Schonen und Zögern brach es los wie ein Gewitter, und unter dem Rufe: Fort mit den Götzen! ging es an ein Hämmern, Reißen, Abkratzen, Übertünchen, Zerschlagen und Zerplatzen, das in kurzer Frist die ganze kleine Farben- und Formenwelt vom Tageslicht hinweggeschwunden war gleich dem Hauch auf einer Fensterscheibe."[1]

Zürich zu Pfingsten im Jahre 1524 – zu lesen in der letzten der „Züricher Novellen" von **Gottfried Keller** „**Ursula**". Die Wirren der Reformation bilden den Hintergrund einer Liebesgeschichte, in der Menschlichkeit und aufgeklärte Fortschrittlichkeit – verkörpert im Reformator Zwingli und seinem treuen Gefolgsmann Hansli Gyr – über religiösen Wahn und Sektierertum siegen. Es mag erstaunen, dass der Züricher Staatsschreiber Keller, der lange geschwankt hat, ob er seiner malerischen oder seiner schriftstellerischen Begabung nachgehen soll, den Bildersturm gutheißt: „Religionen dulden keine Surrogate". Vielleicht spiegelt hier der Sieg des „klanglosen Wortes" über die „Bilderwelt" ein wenig die eigene Biografie.

Auf der anderen Seite klingt durchaus auch gutmütige Sympathie für den bescheidenen „Kunstfleiß vieler Jahrhunderte" durch. Aber große Kunst ist sie für Keller nicht, diese „ganze kleine Farben- und Formenwelt", sie erscheint der ganzen Aufregung kaum wert, sie vergeht „gleich dem Hauch auf einer Fensterscheibe".

Franz Hogenberg, Der calvinistische Bildersturm vom 2. August 1566. Kupferstich 1588.

Mit der Kirchenkunst seiner Zeit, des 19. Jahrhunderts, geht **Gottfried Keller** ungleich härter ins Gericht. In der letzten der Seldwyler Novellen „**Das verlorene Lachen**" karikiert er einen Pfarrer, der mit allerlei modischen Mätzchen der religiösen Unsicherheit und der aufklärerischen Rationalität seiner Zeit entgegenzutreten sucht. Dabei bleibt die Kunst nicht ausgespart, die Bilder kehren in die reformierten Kirchen zurück.

„Es galt aber nicht nur, den Tempel des gesprochenen Wortes also auszuschmücken, sondern auch der wirkliche gemauerte Tempel musste der neuen Zeit entsprechend wieder hergestellt werden. Die Kirche zu Schwanau war noch ein paar Jahrhunderte vor der Reformation erbaut worden und jetzt in dem schmucklosen Zustande, wie der Bildersturm und die streng geistige Gesinnung sie gelassen. Seit Jahrhunderten war das altertümliche graue Bauwerk außen mit Efeu und wilden Reben überspannen, innen aber hell

Durchblicke

geweißt und durch die hellen Fenster, die immer klar gehalten wurden, flutete das Licht des Himmels ungehindert über die Gemeinde hin. Kein Bildwerk war mehr zu sehen, als etwa die eingemauerten Grabsteine früherer Geschlechter, und das Wort des Predigers allein waltete ohne alle sinnliche Beihilfe in dem hellen, einfachen und doch ehrwürdigen Raume. Die Gemeinde hatte sich seit drei Jahrhunderten für stark genug gehalten, allen äußeren Sinnenschmuck zu verschmähen, um das innere geistige Bildwerk der Erlösungsgeschichte umso eifriger anbeten zu können. Jetzt, da auch dieses gefallen vor dem rauen Wehen der Zeit, musste der äußere Schmuck wieder herbei, um den Tabernakel des Unbestimmten zieren zu helfen ... Das sonnige, vom Sommergrün und den hereinnickenden Blumen eingefasste Weiß der Wände hatte zuerst einem bunten Anstrich gotischer Verzierung von dazu unkundiger Hand weichen müssen. Die Gewölbefelder der Decke wurden blau bemalt und mit goldenen Sternen besäet. Dann wurde für gemalte Fenster gesammelt und bald waren die lichten Bogen mit schwächlichen Evangelisten- und Apostelgestalten ausgefüllt, welche mit ihren großen schwachgefärbten modernen Flächen keine tiefe Glut, sondern nur einen kränklichen Dunstschein hervorzubringen vermochten.

Dann musste wieder ein gedeckter Altartisch und ein Altarbild her, damit der unmerkliche Kreislauf des Bilderdienstes wieder beginnen könne mit dem „ästhetischen Reizmittel", um unfehlbar dereinst bei dem wundertätigen, blut- oder tränenschwitzenden Figurenwerk, ja bei dem Götzenbild schlechtweg zu endigen, um künftige Reformen nicht ohne Gegenstand zu lassen."[2]

Bilder raus – Bilder rein: Der Ausflug in die Literatur des 19. Jahrhunderts macht deutlich, dass Bilder in den christlichen Kirchen keine Selbstverständlichkeit sind, dass sie eine wechselvolle Geschichte hinter sich und – vermutlich – auch vor sich haben. Auch manches Argument im Streit um die Bilder klingt in Kellers Erzählungen an: Der Gegensatz von Bild und Wort, von äußerlicher und innerlicher Religiosität, von Geistigkeit und Sinnlichkeit. Und es fällt auch nicht schwer,

in dem Spiel „Bilder raus – Bilder rein" jüngste Geschichte der Ausstattung von Kirchenräumen wieder zu erkennen. Wer das Verhältnis der Christen zu den Bildern und die theologische Reflexion darüber im Hin und Her der Kirchengeschichte betrachtet, kann die erstaunliche Entdeckung machen, dass die wesentlichen Argumente und Gegenargumente bereits sehr früh genannt werden und spätere Zeiten im Großen und Ganzen nur sattsam Bekanntes wiederholen. Deswegen kann der Schwerpunkt des folgenden Durchgangs durch die Geschichte des Bildergebrauchs und der Bildertheologie im Christentum auf der älteren Zeit liegen. Der Reichtum der Überlieferung drängt geradezu dazu, die Bilderfrage auch heute zu stellen und im Koordinatenkreuz der Tradition die eigene Position zu bestimmen.

Der Anfang: bilderlos

Für die Christen der ersten Jahrhunderte ist eine zunächst auch sehr radikale und eindeutige Ablehnung von Bildern bestimmend[3], sie versteht sich fast von selbst. Die „Bild-Losigkeit" war schon äußerlich *das* unterscheidende Merkmal der jungen Religion und ihrer Gottesverehrung. Das Christentum folgte hierin dem Judentum, insbesondere dem **Bilderverbot des Dekalog**[4]. In einer Umwelt, in der Götterglaube und Götterverehrung ohne Götterbilder undenkbar waren, wurde so die Einzigartigkeit des Gottes Abrahams, Isaaks und Jakobs, der auch der Gott Jesu Christi ist, herausgestellt. Jahwe ist ein lebendiger Gott, der in seinem geschichtlichen Wirken sichtbar wird, die Götterbilder – und damit die heidnischen Götter selbst – sind bloß leblose Materie. Wenn dieser Glaube durch heidnische Praktiken im Volk Israel gefährdet war, erhoben die Propheten ihre Stimme: „Sie sagen ja zum Holz: Du bist mein Vater, und zum Stein: Du hast mich geboren" (Jer 2,27).

Der christliche Glaube ist, das war für die ersten Christen ganz selbstverständlich, kei-

6

Die Christen und die Bilder

ne „Religion" wie jede andere. Mit dem Bilderverbot wird der Glaube an den „ganz anderen" Gott abgesichert, der alles menschliche Vorstellungsvermögen übersteigt, der unbegreifbar und undarstellbar ist und sich nicht lokalisieren oder gar in Materie bannen lässt. Mit dem Bilderverbot geht so ein grundsätzlich „religions-kritisches" Moment im christlichen Glauben einher.

Man wird die Schärfe, mit der die Bilder abgelehnt werden, besser verstehen, wenn man sich vergegenwärtigt, dass der Kampf der Kirche und ihrer Märtyrer für ihren Glauben in den Verfolgungen der ersten drei Jahrhunderte sich fast immer um das Opfer für die „Götzenbilder" drehte. Für einen radikalen Theologen wie **Tertullian** sind nicht nur die Bilder, sondern auch und gerade deren Verfertiger, ein Werk des Teufels[5]. Er wettert gegen Christen, deren Hand-Werk das Fabrizieren von Idolen ist: *„Solche Hände müssten abgehauen werden."*[6]

Die theologischen Argumente gegen das Bild sind insbesondere ein Plädoyer für die Geistigkeit gegen alles Stofflich-Sinnliche im Glauben und in der Verehrung Gottes. **Klemens von Alexandrien** führt als Begründung für das mosaische Bilderverbot an, wir sollten *„unsere Aufmerksamkeit nicht den Sinnendingen zuwenden, sondern uns um das Geistige kümmern. Denn die Erhabenheit der Gottheit wird herabgewürdigt, wenn man sich daran gewöhnt, sie ohne Schwierigkeit ansehen zu können; und das geistige Wesen in irdischem Stoff zu verehren bedeutet, dass man es durch die sinnliche Wahrnehmung entehrt"*[7]

Solche und ähnliche Überlegungen sind charakteristisch für die Bildergegner zu allen Zeiten der Kirchengeschichte. Diese Beobachtung gilt auch für eine Argumentationsstruktur, die man ethisch-karitativ nennen könnte. Der äußere Aufwand, der Einsatz von Geld und Arbeitskraft für Kunst, Schmuck und Bild wird ausgespielt gegen das soziale Engagement und die Verpflichtung zur Nächstenliebe. **Johannes Chrysostomos** appelliert: *„Verwende deinen Reichtum zu Gunsten der Armen!"*[8] und lässt ein kleines rhetorisches Feuerwerk folgen: *„Gott braucht keine goldenen Kelche, sondern goldene Seelen. Das sage ich aber nicht, um euch davon abzubringen, solche Weihegeschenke darzubringen. Nur bitte ich euch, dass ihr zugleich, ja noch früher als das, euer Almosen spendet. Gott nimmt zwar auch jene Geschenke an, noch viel lieber aber diese. Bei den Weihegeschenken hat nur der einen Nutzen, der gibt, beim Almosen auch der, der empfängt. Dort hat die Sache auch einen Anschein von Ehrgeiz; hier ist das Ganze Erbarmen und Liebe. Oder was nützt es dem Herrn wenn sein Tisch voll ist von goldenen Kelchen, er selber dagegen vor Hunger stirbt? Stille zuerst seinen Hunger, dann magst du auch seinen Tisch schmücken, so viel du kannst."*[9] **Asterios von Amaseia** formuliert in einer Homilie über die Geschichte vom reichen Prasser und dem armen Lazarus kurz und bündig: *„Male nicht die Körbe mit den Speiseresten, sondern gib den Hungernden zu essen"*[10]

Rom, Calixtuskatakombe.
Decke der Sakramentskapelle A2.
Brotkörbe und Dreifuß.

Ein wahrer Eiferer in dieser Frage ist in der zweiten Hälfte des 4. Jahrhunderts der Bischof **Epiphanios von Salamis**[11], dessen Schriften später im byzantinischen Bilderstreit von den Bildergegnern häufig ins Feld geführt wurden. In einem Brief an seinen Bischofskollegen Johannes von Jerusalem berichtet er empört von einem Kirchenbesuch auf einer Palästinareise in Bethel: *„Ich bin dort eingetreten und fand einen gefärbten und gemal-*

Durchblicke

ten Vorhang, der in der Vorhalle der Kirche hing, und dieser Vorhang zeigt das Abbild scheinbar Christi oder der Heiligen ... Und als ich dies in der Kirche gesehen hatte, ... habe ich es zerrissen und den Wächtern der Kirche den Rat gegeben, mit dem Stoff verstorbene Arme zu verhüllen und zu bestatten."[12]

Bei Epiphanios finden sich noch einmal alle Argumente gegen die Bilder aus der Frühzeit der Kirche zusammengefasst: „Wie die alten Apologeten und Theologen kämpft er im Namen der Geistigkeit gegen das Stofflich-Sinnliche, gegen eine Materialisierung der Religion, im Namen der himmlischen Glorie gegen eine Entehrung durch Irdisch-Minderwertiges, im Namen der göttlichen Unbegreiflichkeit und Unfassbarkeit gegen jeden Versuch einer bildlichen ‚Fassung‘, im Namen des Lebendigen gegen das Leblose und Tote, im Namen der Wahrheit gegen die Willkür, Täuschung und Lüge, die in einer bildlichen Darstellung des Göttlichen liege".[13]

Allmählich: Bilder los!

Der Kampf des Epiphanios gegen die Bilder ist schon ein Kampf gegen Windmühlenflügel, ein Rückzugsgefecht, dessen Schärfe wohl schiere Hilflosigkeit ist. Längst waren die Kirchen schon voll mit Darstellungen Christi und der Heiligen, mit Bildern zu Geschichten und Gestalten des Alten und des Neuen Testaments. Ein interessantes Phänomen: Obwohl die Theologen – die fast immer auch Bischöfe waren – den Bildern skeptisch bis ablehnend gegenüberstehen, setzen sie sich – modern ausgedrückt – „von unten" her durch. Das Bilderbedürfnis erweist sich als stärker gegenüber den theologischen Skrupeln, die Theologie zieht nach, sanktioniert und legitimiert ein Faktum, an dem sie nicht mehr vorbei kann.[14]

Der Patriarch **Germanos von Konstantinopel**, der in der ersten Phase des byzantinischen Bilderstreites eine bilderfreundliche Position bezog – die ihn 730 sein Amt kostete – bringt das elementare Bilderbedürfnis des Menschen auf den Punkt: „*Denn da wir aus Fleisch und Blut bestehen, so drängt es uns, das, wovon wir in der Seele voll überzeugt sind, auch durch die Schau zu bestätigen*".[15] Über ein in der Frühzeit des Ikonenkultes in Konstantinopel verehrtes wundertätiges Christusbild wird eine Entstehungslegende erzählt, in der eine Heidin die Hauptrolle spielt. Sie hat Schwierigkeiten mit dem Christusglauben: „*Wie kann ich ihn denn verehren, wenn er nicht sichtbar ist, und ich ihn nicht kenne*". Die Frau kommt schließlich zum Glauben, als sie im Brunnen ihres Gartens ein Bild Christi findet, das wunderbarerweise sich auch noch als trocken erweist, als sie es aus dem Wasser zieht.[16] Die Legende ist nicht nur bezeichnend für die Sehnsucht des Menschen nach sinnlich-anschaulichen Zugängen zum Glauben. Sie stellt ebenso die programmatische „Bildlosigkeit" des Christentums als ein missionarisches Hemmnis ersten Ranges dar; das Bilderbedürfnis der „Heiden" wird nicht mehr als Götzendienst abqualifiziert, sondern als eine ernst zu nehmende menschliche Konstitution betrachtet, die man beachten und gegebenenfalls auch bedienen muss. Die wunderbare Bildschenkung am Schluss der Legende verkehrt die radikal ablehnende Haltung eines Bildergegners wie Tertullian in ihr Gegenteil: Bilder sind nicht Teufelswerk, sondern ein Gottesgeschenk.

Den Weg zu einer positiv – zustimmenden Einstellung auch der Theologen zu den Bildern hat sicher eine Argumentation geebnet, die den Bildergebrauch unter pädagogisch – didaktischen Gesichtspunkten rechtfertigt. Einer der ersten Theologen, die in diesem Sinne Bilder in den Kirchen bejahen, ist der heilige **Neilos von Ankyra**, ein zu Beginn des fünften Jahrhunderts geschätzter geistlicher Berater, ein Schüler des Johannes Chrysostomos. Der Eparch Olympiodoros, der den Bau einer repräsentativen Kirche plant, fragt den Heiligen nach Grundsätzen der Kirchenausstattung und -ausschmückung. Neilos lehnt – hier ganz Schüler des Chrysostomos – eine mit Kreuzen, Statuen oder gar profanen Darstellungen überladene Einrichtung als töricht ab; er hält es aber für angemessen, „mit Geschichten des Alten und des Neuen Testamentes von der Hand des besten Malers den heiligen Tempel zur Rechten und zur Linken anzufüllen, damit die, die der Buchstaben unkundig und nicht in der Lage sind, die heiligen Schriften zu lesen, sich durch die Betrachtung des Gemäldes die Rechtschaffenheit und Tapferkeit der wahrhaftigen Diener des wahren Gottes einprägen und zum Wettstreit aufgerufen werden mit ihren ruhmvollen und preiswürdigen Taten, durch die sie die Erde gegen den Himmel eintauschen"[17].

Hier begegnet eine Argumentationsstruktur, die der östlichen und westlichen Bildertheologie gemeinsam ist und die im Abendland von der Spätantike übers Mittelalter bis in die Neuzeit das Bilderverständnis dominierte. Auffallend ist, dass als die Hauptadressaten der Bilderbotschaft die ungebildeten Christen genannt werden, denen so der notwendige Zugang zur heiligen Schrift ermöglicht wird, die sie sonst nicht lesen könnten. Sicherlich ist hier der Schluss erlaubt, das in diesem so beherrschenden Argument doch mehr Geringschätzung als Wertschätzung der Bilder liegt[18]: nur der Analphabet braucht Bilder, der Gebildete hat sie nicht nötig, er hat einen direkten Zugang zum höheren, dem Bild vorausliegenden Wort. Immerhin weist aber schon Neilos auf die Einprägsamkeit der Bilder hin, vielleicht erkennt er auch eine besondere emotionale Wirkung, die zur Nachahmung und Nachfolge der dargestellten Taten einlädt.

Zur Grundstruktur der pädagogisch – didaktischen Auffassung des Bildes gehört es, wie ebenfalls bei Neilos schon erkennbar, das Bild nicht als eigenständige Größe, sondern im Bezug zum Wort der heiligen Schrift und der christlichen Verkündigung zu sehen.[19] Mit der Zuordnung von Wort und Bild greift die altkirchliche Theologie auf Gedanken der antiken Bildertheorie zurück; dem Lyriker **Simonides** (etwa 500 v. Chr.) wird der Satz zugeschrieben: „Bild ist schweigendes Wort"; **Horaz** gebrauchte die Formel „ut

pictura poiesis": wie die Malerei, so die Dichtkunst[20].

Wo solche Gedanken in der Vätertheologie aufgegriffen werden, tritt auch die Unterordnung der Bilder zu Gunsten einer Gleichrangigkeit zurück. **Basileios von Caesarea** hat bereits in der 2. Hälfte des 4. Jahrhunderts in einer Predigt über die vierzig Märtyrer von Sebaste seine rhetorischen Anstrengungen mit malerischen Darstellungen auf eine Stufe gestellt und beiden, Maler wie Redner, die Aufgabe zugewiesen, zu erinnern zu veranschaulichen, zu begeistern und zur Nachahmung der gerühmten Taten einzuladen: „Auch Geschichtsschreiber und Maler, die große Kriegstaten darstellen, die einen in herrlicher Schilderung, die anderen in Gemälden, haben ja schon oft viele zum Heldenmut begeistert. Was nämlich die geschichtliche Schilderung unserem Ohre vermittelt, das zeigt uns schweigend das Gemälde in der Wiedergabe."[21] In einer anderen Märtyrerrede vermag Basileios sogar die Möglichkeiten der Malerei höher einzuschätzen als die seiner Predigt: „Kommt mir zu Hilfe, glänzende Maler der heldenhaften Taten, verbessert mit euren Künsten mein kümmerliches Bild von diesem Helden. Den durch mich nur dunkel gezeichneten Sieg macht strahlend mit den Farben eurer Kunst. Ich will weichen, besiegt von euch durch das Bild ..."[22].

Urbild und Abbild: Die Bildertheologie der Ostkirche

Die weitere Entwicklung des Bildergebrauchs und der Bildertheologie ist im griechisch-byzantinischen Raum gekennzeichnet durch die seit dem 6. Jahrhundert zunehmende Bilderverehrung. Um sie wird lange und heftig gestritten, am Ende setzen sich die Bilderverehrer durch; beim **2. Konzil von Nizäa** (787) wird eine Bildertheologie festgeschrieben, die für den Glauben und die Liturgie der Ostkirche bis heute bestimmend ist, der abendländischen Kirche aber fremd blieb. Ohne die einzelnen Phasen des byzantinischen Bilderstreites[23] nachzeichnen zu wollen, sollen

Durchblicke

doch wenigstens einige Grundzüge des ostkirchlichen Bilderverständnisses skizziert werden.

Rein äußerlich betrachtet lässt sich durchaus sagen, dass sich mit dem Sieg der Bilderfreunde gerade solche Elemente der Bilderverehrung durchgesetzt haben, die in der Frühzeit der Kirche als heidnisch und götzendienerisch verworfen wurden. So begegnet man auch in neuesten historischen Darstellungen dem Urteil, die byzantinische Bildertheologie sei lediglich Ideologie, reine Theorie, die die Bilderpraxis nachträglich legitimiere und deren heidnische Elemente mehr schlecht als recht kaschiere.[24]

Ein wichtiger Anknüpfungspunkt der Bildertheologie[25] im antiken Denken ist die platonische Ideenlehre: das „Urbild", die „Idee" wird in der Welt Wirklichkeit und wahrnehmbar in „Abbildern". Zwischen „Urbild" und „Abbild" muss unterschieden werden, aber es besteht auch eine Ähnlichkeitsbeziehung. Mittels dieser „Ähnlichkeit" verweisen die „Abbilder" auf das „Urbild". So kommt dem Bild eine eigentümliche, stellvertretende Funktion zu. Hier begegnet ein Denken, das in der Antike auch die Aufstellung und Verehrung von Kaiserbildern ermöglicht hat. Im Bild ist der Dargestellte gegenwärtig mit seinem Hoheitsanspruch, seiner Macht und seiner Gnade. Die christliche Bildertheologie lehnt sich hier in der Tat an den in der Frühzeit so verhassten Kaiserkult an. Das gilt auch für die Praxis: das Bild wird verehrt mit Weihrauch, Kerzen und Kniefall, mit Salbungen und Waschungen, man spricht ihm wunderbare Kräfte zu; Kranke suchen Heilung, und in Schlachten werden Bilder als Schutzschild mitgeführt.

Das gewichtigste theologische Argument der Bilderfreunde ist die Menschwerdung Christi; die Möglichkeit oder Unmöglichkeit eines Christusbildes steht im Zentrum der dogmatischen Auseinandersetzungen um die Bilder überhaupt. Dies mag auf den ersten Blick nicht einleuchten; dennoch wird die Grundsatzdiskussion an der richtigen Stelle geführt. Denn hat man erst einmal die Frage der Darstellbarkeit des Gott-Menschen Jesus Christus geklärt, ist damit auch das Problem religiöser Bilder insgesamt abgehandelt: Göttliches und Heiliges ist innerweltlich-materiell erfahrbar und erfassbar.

In der Bilder-Diskussion war der Hinweis auf die gottmenschliche Natur Jesu, wie sie auf dem Konzil von Chalzedon 451 formuliert worden war, allerdings ein Argument, das von Bilderfreunden wie Bildergegnern ins Feld geführt wurde. Schon **Eusebius von Caesarea** hatte der Schwester des Kaisers Konstantin den Wunsch nach einem Christusbild mit dem Hinweis darauf ausgeredet, dass die menschliche Natur Jesu – seine Knechts- und Fleischgestalt – so mit der göttlichen Herrlichkeit verwoben sei, dass eine Darstellung völlig ausgeschlossen ist: *„Wie könnte jemand etwas Unmögliches erreichen? Wie könnte jemand von dieser so wunderbaren und unbegreiflichen Gestalt, wenn man überhaupt noch das göttliche und geistige Wesen Gestalt nennen darf, ein Bild malen?"*[26] Der Syrer **Johannes von Damaskus**, dessen Theologie die bilderfreundlichen Entscheidungen des 2. Konzils von Nizäa entscheidend beeinflusst hat, argumentierte dagegen, die Menschwerdung ermögliche die Darstellung Christi gemäß seiner Menschheit; da diese zudem – im Fleisch gewordenen Wort – untrennbar mit der Göttlichkeit verbunden sei – die Bilderfreunde argumentieren wie ihre Gegner mit der Einheit der zwei Naturen – werde Christus seiner ganzen gottmenschlichen Person nach im Bild gegenwärtig.[27] Die Bilderfrage wird zu einer „Gretchenfrage" des christlichen Glaubens: Wer die bildliche Darstellung Christi ablehnt, leugnet für Johannes von Damaskus den Glauben an seine Menschwerdung. Die Bilder sind nicht nur möglich, sondern notwendig: da in jedem Urbild Abbilder schon potenziell enthalten sind, gehört es zur Würde des Urbildes, dass die Abbilder auch aktuell entstehen: durch die Erscheinung im Bild erweist sich die volle Wirklichkeit des Urbildes.

Die Christen und die Bilder

Mandylion, Russisch um 1800.

Um dem Vorwurf der Götzenanbetung entgegenzutreten und sich von heidnischen Praktiken abzugrenzen, haben die Bilderfreunde schließlich den Begriff der kultischen Verehrung differenziert. Die Bilder werden nicht angebetet; die Anbetung (griechisch: latreia) im vollen Sinne gebührt Gott allein; den Bildern wird nur Verehrung (griechisch: proskynesis, time) zuteil. Das 2. Konzil von Nizäa formuliert im Rückgriff auf ein Wort des Basileios: *„Die dem Bilde erwiesene Ehre geht auf den Prototyp, das Urbild, über; wer also ein Bild verehrt, der verehrt, was in ihm umschriebener Gehalt ist."*[28]

Von der hier knapp umrissenen Bildertheologie her lassen sich die Grundzüge des religiösen Bildes in der Ostkirche, der Ikone, leicht erklären. Nicht nur die private Ikonenfrömmigkeit und die Funktion der Ikonen in der Liturgie beruht auf diesen Überlegungen; auch die Konstanz in der konkreten Erscheinung, die Unveränderlichkeit der Darstellung hat hier ihren Grund. Würde der Ikonenmaler eigenmächtig das Bild verändern, ginge doch die Ähnlichkeit, die die Gegenwart des Urbildes im Abbild vermittelt, verloren. Die fundamentale theologische Überlegung, dass einzig und allein die Inkarnation Christi das Bilderverbot des Alten Testamentes seiner Gültigkeit beraubt, hat das strenge Kriterium hervorgebracht, dass nur „Bild" werden kann, was auch sichtbar in Erscheinung getreten ist. So gibt es kein „Gottesbild" unabhängig vom Christusbild wie etwa im Abendland; als Trinitätsdarstellung kommt nur die Szene vom Besuch der drei Männer bei Abraham, aber nicht ein „Gnadenstuhl" oder anderes in Frage. Schließlich gibt es in der ostkirchlichen Kunst keine plastischen Kultbilder. So vermeidet man die Gefahr des „Götzendienstes", der Verwechslung von Bild und dargestellter Person. Die Flächigkeit des gemalten Bildes steht stärker als die dreidimensionale Plastik der Illusion von „Wirklichkeit" im vollen Sinne entgegen.

Abendländisches Mittelalter: 1. Belehrung

Für den Weg des Abendlandes im Umgang mit den Bildern wird im Allgemeinen eine Formel des Papstes **Gregor des Großen** vom Ende des 6. Jahrhunderts, also an der Wende von der Spätantike zum Mittelalter, als besonders einflussreich angesehen. Seine bekannteste, immer wieder zitierte Äußerung zur Bilderfrage findet sich in einem Brief an den Bischof Serenus von Marseille, der Bilder hatte zerstören lassen, um deren Anbetung zu verhindern. Gregor lobt zwar den Eifer des Serenus gegenüber der Gefahr der Idolatrie, tadelt aber die Zerstörung der Bilder. Sie seien für die Analphabeten unentbehrlich: *„Denn was für die, die lesen können, die Schrift ist, das ist für die Ungebildeten, die nur mit den Augen wahrnehmen, das Bild"* – nam quod legentibus scriptura, hoc idiotis praestat pictura cernentibus.[29] Damit ist mit einer Formulierung, die sich ähnlich im Osten schon bei Neilos von Ankyra[30] findet, der pädagogisch – didaktische Akzent im Bildergebrauch und in der Bil-

Durchblicke

Biblia pauperum, Auferstehung Christi mit typologischen Szenen (Samson, Jona).

dertheologie für das Abendland festgeschrieben.

Die Entwicklung im griechischen Raum, die in den Entscheidungen des zweiten Konzils von Nizäa ihren Abschluss fand, bleibt der westlichen Kirche fremd, im Großen und Ganzen zeigt man sich den theologischen Überlegungen der Bilderfreunde gegenüber unbeteiligt. Direkte Ablehnung allerdings findet man in den so genannten **Libri Carolini**, ein von Hoftheologen Karls des Großen im Auftrag des Kaisers erstelltes Gutachten zu den Beschlüssen des Konzils von Nizäa. Unübersehbar ist die Absicht des Textes, der byzantinischen Theologie – und damit auch dem byzantinischen Kaisertum – gegenüber ein eigenständiges Profil unter Beweis stellen zu wollen und sich als die wahren Hüter des rechten Glaubens zu erweisen. Da in der lateinischen Übersetzung der Konzilsbeschlüsse die Unterscheidung zwischen Anbetung und Verehrung verloren gegangen war, geht die Polemik gegen die „adoratio" der Bilder eigentlich ins Leere: *„Wir lehnen ja nichts als die Anbetung (adorationem) der Bilder ab ... und lassen in den Kirchen die Bilder zur Erinnerung an die Heilstaten und zum Schmuck der Wände zu."*[31]

Die Einwände der fränkischen Theologen gegen die Verehrung der Bilder fand in der Folgezeit wenig Resonanz; vielleicht hat wieder einmal die Volksfrömmigkeit dazu beigetragen, dass die Möglichkeit der Verehrung sich durchsetzte und in der Theologie nicht mehr beanstandet wurde[32]. Die ostkirchliche Bildermetaphysik wurde allerdings nicht nachvollzogen. Dominierend bleibt im abendländischen Mittelalter der lehrhafte Aspekt; sicher das beste Beispiel dafür sind die so genannten **Armenbibeln**. Die Bezeichnung – lateinisch: *Biblia pauperum* – ist missverständlich und wurde unzulässig verallgemeinert. Landläufig meint man damit, nahezu die gesamte Bilderproduktion des Mittelalters zu biblischen Themen hätte dem Zweck gedient, im Sinne des erwähnten Gregor-Zitates die theologischen Laien – als „Arme im Geiste" – mit den zentralen Themen der Heilsgeschichte bekannt zu machen. Dabei bezeichnet der Begriff einen Typ von Büchern[33], die zum Teil hochkomplexe Zusammenstellungen von Themen des Alten und des Neuen Testamentes enthielten. Die Themen sind nach dem Schema von Verheißung und Erfüllung, von alttestamentlichen Vorbildern und deren Vollendung im Christusereignis geordnet. Die typologische Zusammenschau diente als Hilfsmittel für die biblische Predigt, „und zwar für Personen, denen der Inhalt der biblischen Geschichten schon bekannt war, also in erster Linie für ausgebildete Theologen"[34]. Dass Analphabeten mit einer „Armenbibel" nichts anfangen können, geht schon rein äußerlich aus dem großen Anteil an „Schrift" auf einer Bildseite hervor.

Die theologische Konzeption einer typologischen Exegese mag uns aus heutiger Sicht problematisch – als eine Abwertung des Alten Testamentes – erscheinen. Man sollte aber auch positiv sehen, dass hier zumindest von einer Einheit alttestamentlicher und neutestamentlicher Gotteserfahrungen ausgegangen wird, der Gott Abrahams, Isaaks und Jakobs ist derselbe wie der Gott Jesu Christi. Man hat vermutet[35], dass der so missverständliche Titel „Armenbibel" mit einem bestimmten Zweck der Bücher zusammenhängt: sie dienten möglicherweise der Bekämpfung häretischer Armutsbewegungen, etwa der Katharer, die aus kirchenkritischen Gründen das Alte Testament ablehnten. Auch wenn eine solche antihäretische Zielsetzung sich nicht mit Sicherheit belegen lässt, so bleibt doch sehr wahrscheinlich, dass die Verfasser und Benutzer solcher Bibeln den kirchlichen Armutsbewegungen, also besonders den Bettelorden angehörten, die sich damit eines gut handhabbaren Mittels der Verkündigung und Predigt bedienten.

Abendländisches Mittelalter: 2. Andacht

Die Bildertheologie der Scholastik ist auch wesentlich von Erziehungs- und Belehrungsgedanken geprägt. **Thomas von Aquin** spricht von einem dreifachen Sinn der Bilder: sie sollen erstens die Andacht befördern (*ad excitandum devotionis affectus*), zweitens an das Beispiel der Heiligen erinnern und drittens – der gregorianische Gedanke – die Unwissenden belehren, die aus den Bildern wie aus Büchern (*quasi libris*) lernen.[36]

Die Scholastiker erkennen also schon einen besonderen Vorzug der Bilder gegenüber dem bloßen „Hören". Der Dominikaner-mönch **Fra Michele da Carcano** rekapituliert in einer Predigt von 1492 die dreifache Funktion der Bilder, wie sie Thomas darlegt, vertieft aber insbesondere den „psychologischen" Vorteil der Anschauung: *„Zweitens wurden Bilder eingeführt in Anbetracht der Trägheit unserer Herzen; so dass Menschen, die nicht zur Frömmigkeit erweckt werden, wenn sie die Geschichten der Heiligen hören, zumindest bewegt werden, wenn sie diese in Bildern sehen, als wären sie wirklich gegenwärtig. Drittens wurden sie eingeführt in Anbetracht der Unverlässlichkeit unseres Gedächtnisses ... Bilder wurden eingeführt, weil viele Menschen nicht im Gedächtnis behalten können, was sie hören, wohl aber sich erinnern, wenn sie Bilder sehen."*[37]

Der von Thomas an die erste Stelle gerückte „emotionale" Vorteil des Bildes, seine Wirkung auf die Affekte, trifft sehr genau die Bedeutung der Bilder, die sie im späten Mittelalter gewinnen und die sich am deutlichsten im Typus der **Andachtsbilder**[38] ausprägt. Ein Andachtsbild dient der persönlichen, privaten Betrachtung und versucht „die Möglichkeit einer kontemplativen Versenkung in den betrachteten Inhalt zu geben"[39]. Dies kann grundsätzlich jedes Bild eines Heiligen, Mariens oder Christi leisten, insbesondere aber rechnet man zu den „Andachtsbildern" die Darstellungen des Schmerzensmannes, das Vesperbild – die so genannte Pietà, den Gnadenstuhl und die Christus-Johannes-Gruppe.

Die Frömmigkeit und das religiöse Bedürfnis, das diese Andachtsbilder suchte, ist entscheidend beeinflusst worden durch die franziskanische Bewegung und deren Gefühlsbetontheit[40]. Schon das Berufungserlebnis des heiligen Franz ist charakteristisch: Das Bild des Gekreuzigten in der Kirche von San Damiano wird für ihn lebendig und spricht ihn an. Aufschlussreich ist auch der Bericht des franziskanischen Chronisten **Thomas von Celano** über das Arrangement, das Franz im Jahre 1223 für die berühmte Weihnachtsfeier bei Greccio – die Inkunabel unserer Krippenfrömmigkeit – in Auftrag gibt: *„Ich möchte die Geburt des göttlichen Kin-*

Durchblicke

Benozzo Gozzoli, Die Weihnachtsfeier bei Greccio, 1450–52. San Francesco, Montefalco.

des so veranschaulichen, wie sie einst in Bethlehem geschah. Man soll es greifbar nah mit eigenen Augen schauen, welch bittere Not es schon als kleines Kind zu leiden hatte, wie es in eine Krippe gelegt wurde, an der Ochs und Esel standen, auf Heu gebettet"[41]. Es geht ihm um das ganz menschliche, gefühlsbetonte Nacherleben der Heilsgeschichte, um Emotionen wie Mitleid und Schmerz, um Erschütterung und Ergriffenheit.

War für die byzantinische Kunst die Beziehung zwischen Urbild und Abbild entscheidend, so geht es im Andachtsbild um die Beziehung zwischen Bild und Betrachter, und es ist die Absicht des Bildes, dass die Grenze zwischen den verschiedenen Realitätsebenen

Die Christen und die Bilder

verschmilzt, dass „Wirklichkeit" wird, was „Bild" ist [42]. Es ist kein Zufall, dass es sich bei den wichtigsten Typen des Andachtsbildes um Gruppen handelt. Dem Betrachter wird eine der Bildgestalten als Identifikationsfigur angeboten, er soll sich darin selbst erkennen und ihre Rolle im Bild „spielen", miterleben und miterleiden[43]. Das Miterleben dient freilich keiner beschaulichen Innerlichkeit und das Mitleiden keinem pathologischen Masochismus. Der Betrachter soll sich verwandeln, umkehren, in die Nachfolge der dargestellten Person eintreten, sich von der Liebe anstecken lassen. Der Franziskaner **Bonaventura** mahnt: *„Schauet das Antlitz eures Christus! Schauet und betrachtet, was der Herr auf Erden getan! Gott wird verspottet, damit du geehrt wirst. Gegeißelt wird er, damit du getröstet wirst, ans Kreuz wird er genagelt, damit du befreit wirst . . . O du Menschenherz, härter als jeder Stein, wenn du bei der Betrachtung dieses großen Versöhnungsopfers nicht von Schrecken gepackt, noch mit Mitleid und Reue ergriffen oder von Barmherzigkeit erfüllt wirst."* [44]

Man wird nicht zu viel sagen, wenn man das religiöse Empfinden, das im Bild ein Mittel zur Vergegenwärtigung der Heilsgeschichte durch Nachvollzug sah, mitverantwortlich macht auch für die kunstgeschichtliche Wende, die zu einem zunehmenden Realismus und zur Renaissance führt. Die „Entdeckung der Welt des Menschen" (Jakob Burckhardt) in der Kunst geschieht nicht als Abwendung von der religiösen Wirklichkeit, sondern als Reaktion auf die Subjektivierung des religiösen Empfindens: *„Das Nachleben setzt eine gewisse Identifizierung des Raumes und der Zeit der nachzuerlebenden und darzustellenden distanzierten Vorgänge mit dem Raum und der Zeit des Miterlebenden voraus."* [45]

Nicht zu übersehen sind aber auch im Mittelalter bilderkritische und bilderfeindliche Positionen[46]. Mystische Tendenzen können auch zu einer Abkehr von allem Sinnlichen und Äußerlichen beitragen. Sie sind sicherlich ein wichtiger Faktor der ablehnenden Haltung des **Bernhard von Clairvaux**:

„Wenn der Mensch sich an der Schönheit des Körpers erfreut, wird sein Herz von der Liebe des Schöpfers entfernt." [47]

Ein anderes Motiv wird für Bernhard auch sein Ordensideal der Armut und sein Kampf gegen die Verweltlichung des Benediktinerordens und der Kirche ganz allgemein sein. Bilderfeindlichkeit bis hin zu bilderstürmerischen Aktivitäten findet sich dann auch bei zahlreichen Bußpredigern des ausgehenden Mittelalters (Savonarola, Geiler von Kaysersberg u.a.) und bei den Ketzerbewegungen, Katharern, Waldensern und Hussiten [48]. Hier konnte die Bilderkritik in der Reformationszeit anknüpfen.

Zwischen Ablehnung und Wertschätzung: Positionen der reformatorischen Theologie

Die bilderkritische Haltung der Reformatoren ist in einem mehrfachen Zusammenhang zu sehen.[49] Zum einen nimmt sie Anstoß an der spätmittelalterlichen, kirchlichen Praxis. Sie muss ihr als „Götzendienst" erscheinen, als eine Veräußerlichung, die den Menschen hindert, von innen heraus seine Anbetung und sein Vertrauen auf Gott und Christus zu richten. Die Kritik an den Bildern geht einher mit der Ablehnung der Heiligen- und Marienverehrung, des Reliquien- und Wallfahrtskultes. Auch das ethische Argument, das wir schon aus der alten Kirche kennen, wird immer wieder angeführt: Kunst ist Luxus, sie befriedigt menschliche Eitelkeit, sie behindert die viel wichtigere Fürsorge für die Armen und Hilfsbedürftigen. Zum anderen ist an die Bevorzugung des „Wortes" vor dem „Bild" bei den Reformatoren aller Richtungen zu denken.

Hier ist besonders die Wurzel der theologischen Kritik Zwinglis zu suchen. Der Schweizer Reformator sieht im „Heiligen" eine rein geistige, innerliche Größe, die zu allem Sinnlichen im Gegensatz steht.[50] Das „Wort", an das der Christ sich halten soll, gehört einzig der geistigen Sphäre an. Auch

Durchblicke

Die Zornesschalen (Offb 16). Das Neue Testament deutsch von Martin Luther. Wittenberg 1522.

zur Belehrung sind Bilder untauglich; **Zwingli** mahnt, mit dem Wort zu lehren und „nicht mit den Götzen". Einen ganz radikalen Bildersturm lehnt er allerdings ab. Er will nur die Verehrung der Bilder bekämpfen; praktisch bedeutet dies aber, dass alle Bilder, die sich in den Kirchen, am Ort der Anbetung befinden, entfernt werden müssen, weil sie in der Gefahr stehen, zum Objekt der Verehrung zu werden. Die ja auch in der abendländischen Kirche rezipierte Lehre, dass die Verehrung nicht dem Bild, sondern dem Dargestellten gelte, tut er als reine Theorie ab. In der Praxis würde man doch dem sinnlich Anwesenden trauen, und *„wo unser Trost anderswo hinlangt denn zu Gott, sind wir Abgötter."*[51]

Luthers Position ist von der Zwinglis deutlich zu unterscheiden. Grundsätzlich sind Bilder für ihn nur ein Adiaphoron: die lutherische Ethik versteht darunter eine sittlich neutrale, also weder gebotene noch verbotene Handlung. Er wendet sich gegen die radikalen Bilderstürmer, die aus einer an sich belanglosen Sache „das Allerhöchste" machen. Das alttestamentliche Bilderverbot kann kein Argument sein, da das „Gesetz" als solches für die Christen nicht mehr in Kraft ist.

Allerdings wendet sich **Luther** gegen Missbräuche; Hauptgegenstand der Kritik ist aber nicht, wie bei den Reformierten, die Verehrung der Bilder, sondern das Stiften und Schenken. Er sieht darin eine Werkfrömmigkeit, also das Streben, durch ein gutes Werk bei Gott Verdienste sammeln zu können. Damit wird das Werk Christi und der eigentliche christliche Glaube verraten.

Im Laufe der Entwicklung Luthers tritt aber dann ein Umschwung ein, der sich vielleicht mit dem Umschwung in der alten Kirche vergleichen lässt: An Stelle der scharfen Kritik und zögernder Zulassung der Bilder tritt ihre Anerkennung und ihre Empfehlung für den kirchlichen Gebrauch. Er erkennt ihre pädagogische Zweckmäßigkeit und initiiert Bibelillustrationen; die heilige Geschichte solle, mit Sprüchen erläutert, überall zu finden sein: *„Fürwahr, man kann dem gemeinen Mann die Wort und Werk Gottes nicht zu viel oder zu oft furhalten..."*[52] *„Ja, wollte Gott, ich könnte die Herren und Reichen dahin bereden, dass sie die ganze Bibel inwendig und auswendig an den Häusern vor jedermanns Augen malen ließen – das wäre ein christlich Werk"*.[53]

Die zunehmend positive Einstellung zum Bild hat für Luther nicht nur einen pädagogisch-praktischen, sondern einen tiefergehenden theologischen Grund: Es ist für ihn ein Ding der Unmöglichkeit, im religiösen Leben auf alle Anschauung zu verzichten. Sie ist eine Grundbedingung unserer Geschöpflichkeit; wer allein „geistig" mit Gott verkehren will, erliegt hochmütiger Vermessenheit, ist ein *„Schwindel- und Fladdergeist"*.[54] Es gilt der Grundsatz: Gott hat sich zu unserer Natur herabgelassen und begegnet uns im Raume des Sinnlichen und Konkreten, *„auf dass wir*

Die Christen und die Bilder

ja nicht klagen möchten, wir könnten ihn nicht finden".[55]

Von Trient bis zur Kunstkommission

Das Bilddekret des Konzils von Trient[56] 1563 formuliert noch einmal die abendländische Haltung zu den Bildern – mit dem Schwerpunkt der pädagogischen Wirksamkeit, bezieht sich aber auch in der Frage der Verehrung ausdrücklich auf das 2. Konzil von Nizäa. Mit der Ablehnung einer besonderen Kraft- und Gnadenwirkung wendet man sich einerseits gegen die byzantinische Ikonentheologie, nimmt aber auch die reformatorische Kritik an Missständen im Wallfahrtswesen und an der spätmittelalterlichen Überschätzung der Gnadenbilder auf. Der Text des Dekrets lautet:

„Ferner soll man Bilder Christi, der jungfräulichen Gottesmutter und der anderen Heiligen vor allem in den Kirchen haben und beibehalten. Man soll ihnen die schuldige Ehrfurcht und Verehrung erweisen, nicht etwa, als ob man glaube, es wohne ihnen etwas Göttliches oder eine Kraft inne, weshalb man sie verehren müsse; oder als ob man sie um etwas bitten könne; oder als ob man seine Zuversicht auf Bilder setze, wie einst die Heiden, die ihre Hoffnung auf Götzenbilder setzten; sondern weil die ihnen erwiesene Ehrfurcht das Urbild meint, das sie darstellen. Wenn wir deshalb Bilder küssen, das Haupt vor ihnen entblößen, hinknien, so beten wir Christus an und verehren die Heiligen, die sie darstellen. So legen es ja schon die Bestimmungen der Kirchenversammlungen, besonders der zweiten nizänischen, gegen die Bilderstürmer fest. Es soll vor allem auf den Nutzen bildlicher Darstellung der Geheimnisse unserer Erlösung hingewiesen werden. Sie mahnen das Volk an die Wohltaten Gottes und stellen dem Christenvolk Vorbilder christlichen Lebens vor Augen. Doch sind Missbräuche, die falsche Auffassung in Glaubensdingen veranlassen könnten, abzuschaffen."[57]

Nicht ganz neu ist es, dass sich das Konzil ausdrücklich gegen *imagines falsae dogmatis*[58], also gegen Bilder, die eine falsche Auffassung

Der heilige Geist als Jüngling. Kupferstich Ende des 18. Jhdt.

in Glaubensdingen veranlassen könnten, wendet. Es lässt sich vielfach zeigen, *„dass die Kirche nicht erst das 16. Jahrhundert abwartete, um über die strikte Orthodoxie der religiösen Malerei zu wachen."*[59] Schon in der Mitte des 15. Jahrhunderts ist es der Erzbischof von Florenz, der heilige Antoninus, der „falsche" Bilder anprangert:

„Die Maler sind zu tadeln, wenn sie die Dinge im Gegensatz zu unserem Glauben malen – wenn sie die Dreieinigkeit als eine Person mit drei Köpfen darstellen, als ein Monstrum; oder wenn sie bei Mariä Verkündigung ein kleines Kind, Jesus, im Leib der Jungfrau darstellen, so als wäre der

17

Durchblicke

Körper, den er annahm, nicht von ihrem Fleisch und Blut gewesen; oder wenn sie das Jesuskind mit einer Fibel malen, obwohl es nie von Menschen gelernt hat. Sie sind auch nicht zu rühmen, wenn sie apokryphe Themen malen, wie Hebammen bei Christi Geburt oder die Jungfrau Maria bei ihrer Himmelfahrt, wie sie dem hl. Thomas ihren Gürtel hinabreicht, um seinen Zweifeln zu begegnen und so weiter."[60]

Nicht ohne Schmunzeln hört man von dem Vorfall, der im Jahre 1743 das Crescentiakloster in Kaufbeuren erschütterte. Ein Sekretär der Nuntiatur entdeckt zu seiner Überraschung in dem Frauenkloster eine Darstellung des Heiligen Geistes in Gestalt eines schönen Jünglings. Rom wird alarmiert, eine Untersuchung durchgeführt und schließlich die Konfiszierung aller Bilder dieses Typus angeordnet[61]. Der die abendländische Kirche so prägende Zusammenhang von Wort und

Bild, von Lehre und entsprechender Darstellung zeigt hier negative Spätfolgen. Noch heute klopft manche bischöfliche Kommission die kirchliche Kunstproduktion auf ihre Konformität mit der Lehre oder auch dem gesunden Volksempfinden[62] ab. Die Domestizierung der Bilder konnte nicht ohne Auswirkungen auf die Qualität der Kunst im kirchlichen Raum bleiben. Bilder entfalten ihre „Macht" daher heute eher woanders.

Man kann die marginale Rolle, die Bilder heute in der Frömmigkeit, der Liturgie und der Theologie spielen, auch als Folge eines Verlustes an „Religion" begreifen, aber vielleicht auch als eine Ursache dieses Verlustes. Wenn dem Glauben die Bilder abhanden kommen, werden davon vielleicht Theologie und Dogma nicht berührt, aber der Glaube bleibt – bildlich gesprochen – ohne Nahrung und hungert aus.

---

[1] Gottfried Keller: Ursula. In: Ders. : Erzählungen. München 1960, S. 289–355, S. 316 f.

[2] Gottfried Keller: Das verlorene Lachen. In: Ders. : Die Leute von Seldwyla. Gesammelte Gedichte. München 1961, S. 485–578, S. 525.

[3] Zur Frühgeschichte der Bilderfrage vgl. Hugo Koch: Die altchristliche Bilderfrage nach den literarischen Quellen. Göttingen 1917; Walter Elliger: Die Stellung der alten Christen zu den Bildern in den ersten vier Jahrhunderten. Leipzig 1930; Hans Freiherr von Campenhausen: Die Bilderfrage als theologisches Problem der alten Kirche. In: Zeitschrift für Theologie und Kirche 49 (1952) S. 33–60; Johannes Kollwitz: Zur Frühgeschichte der Bilderverehrung. In: Wolfgang Schöne u.a.: Das Gottesbild im Abendland. Witten/Berlin 1957, S. 57–76; ders. Art. „Bild III (christlich)". In: Reallexikon für Antike und Christentum. Stuttgart 1950 ff., Bd. 2, Sp. 318–341; Klaus Wessel: Art. „Bild". In: Reallexikon zur Byzantinischen Kunst. Stuttgart 1966 ff. Bd. 1, Sp. 616–662; Horst Bredekamp: Kunst als Medium sozialer Konflikte. Bilderkämpfe von der Spätantike bis zur Hussitenrevolution. Frankfurt 1975, S. 15–113; Dagmar Stutzinger: Die Einschätzung der bildenden Kunst. In: Spätantike und frühes Christentum. Ausstellungskatalog. Hrsg. Herbert Beck und Peter C. Bol. Frankfurt 1983, S. 223–240; Hans Georg Thümmel: Art. „Bilder IV. Alte Kirche". In: Theologische Realenzyklopädie. Berlin/New York 1977ff., Bd. 6, S. 525–531; Arne Effenberger: Frühchristliche Kunst und Kultur. Leipzig 1986; Thomas Sternberg: „Vertrauter und leichter ist der Blick auf das Bild". Westliche Theologen des 4. bis 6. Jahrhunderts zur Bilderfrage. In: ... kein

Bildnis machen. Kunst und Theologie im Gespräch. Hrsg. Christoph Dohmen / Thomas Sternberg. Würzburg 1987, S. 25–57; Hans Belting: Bild und Kult. Eine Geschichte des Bildes vor dem Zeitalter der Kunst. München 1990, S. 164 ff.; Gerhard May: Art. „Kunst und Religion IV. Urchristentum und Alte Kirche". In: Theologische Realenzyklopädie Bd. 20, S. 261–267.

[4] Vgl. zum alttestamentlichen Bilderverbot Christoph Dohmen: Das Bilderverbot. Seine Entstehung und seine Entwicklung im Alten Testament. Königstein/Bonn 1987²; ders. : Religion gegen Kunst? Liegen die Anfänge der Kunstfeindlichkeit in der Bibel? In: Dohmen/Sternberg (Anm. 3), S. 11–23. Dohmen sieht im Bilderverbot einen „Wächter der Theologie" (S. 22). Ähnlich Erich Zenger: Das biblische Bilderverbot – Wächter der biblischen Gotteswahrheit. In: Katechetische Blätter 116 (1991) S. 381–388. Zenger spricht vom biblischen Bilderverbot als einem „Feuer", „in das die biblische Überlieferung selbst alle Gottesbilder taucht, ...das die Bilder von Gott am Leuchten halten, vor Verformung schützen und vor Verharmlosung bewahren soll" (S. 381). Das Bilderverbot des Dekalog ist das Hauptargument der frühen Kirchenväter für die Ablehnung der Bilder: Tertullian, Klemens von Alexandrien, Justin, Origines führen es an; vgl. Sternberg (Anm. 3) S. 31 und Thümmel (Anm. 3) S. 525.

[5] Tertullian: De idolatria 3. Hrsg. Jan Hendrik Waszink/ Jacobus Cornelis Maria van Winden (Supplements to Vigiliae Christianae Bd. 1) Amsterdam 1987. Deutsch: Bibliothek der Kirchenväter (BKV) Bd. 7 Kempten/ München 1912, S. 141. Noch André Gide soll behauptet haben: „Jedes Kunstwerk setzt Mitwirkung mit

dem Teufel voraus". Zitiert nach Bernhard Häring: Frei in Christus. Band II. Freiburg 1980, S. 125.

[6] De idolatria 7. BKV 7, S. 146.

[7] Stromateis V. 28, 4.5. Zitiert nach BKV, 2. Reihe Bd. XIX, München 1937, S. 142.

[8] Kommentar zum Matthäus-Evangelium, 50. Homilie. Zitiert nach: BKV 26, Kempten/München 1916, S. 108 f.

[9] Ebd.

[10] Zitiert nach Koch (Anm. 3) S. 65.

[11] Vgl. dazu Karl Holl: Die Schriften des Epiphanius gegen die Bilderverehrung, in: Ders. : Gesammelte Aufsätze zur Kirchengeschichte II. Tübingen 1928, S. 351–387.

[12] Zitiert nach Bredekamp (Anm. 3) S. 36 f.

[13] Koch (Anm. 3) S. 63.

[14] vgl. Günter Lange: Bild und Wort im Bilderstreit der alten Kirche, in: Alte und neue Kunst 1975/76. Hrsg. Karl-Josef Schmitz, Paderborn 1977, S. 77–95, S. 87: „Bilder sind ‚de facto' aufgekommen in der Kirche, längst bevor sie ‚de jure' theologisch und kirchlich legitimiert wurden".

[15] Brief an Johannes von Synada: Patrologiae Cursus completus. Hrsg. Jacques-Paul Migne. Series Graeca. Paris 1857–66, Bd. 98, S. 160. Zu Germanos vgl. Günter Lange: Bild und Wort. Die katechetischen Funktionen des Bildes in der griechischen Theologie des sechsten bis neunten Jahrhunderts, Würzburg 1969, S. 85–100.

[16] Vgl. zu dieser Legende Ernst von Dobschütz: Christusbilder. Untersuchungen zur christlichen Legende. Leipzig 1899, S. 40 f.

[17] Migne, Patrologia Graeca (Anm. 15), Bd. 79, S. 578. Zitiert nach Stutzinger (Anm. 3) S. 238 f.

[18] Sternberg (Anm. 3) S. 51 spricht zurecht von den „fatalen Konsequenzen", die diese Einschätzung der christlichen Kunst bis heute habe. Vgl. auch Herbert Fendrich: Wozu sind Bilder gut?, in: Katechetische Blätter 116 (1991), S. 123–131, S. 23.

[19] Vgl. dazu insbesondere Lange (Anm. 15). Auch May (Anm. 3) S. 264.

[20] Vgl. Lange (Anm. 15) S. 15–28.

[21] Migne, Patrologia Graeca (Anm. 15), Bd. 31, S. 508 f. Zitiert nach BKV 47, München 1925, S. 434.

[22] Migne, Patrologia Graeca (Anm. 15), Bd. 31, S. 489. Zitiert nach Lange (Anm. 15) S. 13.

[23] Vgl. dazu Hans-Georg Beck: Die griechische Kirche im Zeitalter des Ikonoklasmus. In: Hubert Jedin (Hrsg.): Handbuch der Kirchengeschichte III/1. Freiburg u.a. 1966, S. 31–61. Belting (Anm. 3) S. 166–169 und Bredekamp (Anm. 3) S. 144–230, der insbesondere auch die sozialgeschichtlichen und machtpolitischen Hintergründe erhellt.

[24] Vgl. etwa Belting (Anm. 3) S. 164 f. : „Auf das Bild folgt ... eine Bilderlehre, welche den Kult, den man mit ihm treibt, nachträglich rechtfertigt ... Sie sublimiert nur die vorhandenen Bildpraktiken und verschafft ihnen nachträglich eine theoretische Sanktion." Ähnlich Gerhard May: Art. „Kunst und Religion V. Mittelalter." In: Theologische Realenzyklopädie (Anm. 3) Bd. 20, S.

267–274, S. 267: „Die Bildmagie ... erobert die christliche Frömmigkeit. Die volkstümliche Bilderverehrung wird durch eine platonisch beeinflusste Bildontologie ... theoretisch überhöht und legitimiert."

[25] Vgl. zum folgenden Kollwitz 1957 (Anm. 3); Wessel (Anm. 3); Belting (Anm. 3) S. 164–184; Gervais Dumeige: Nizäa II (Geschichte der ökumenischen Konzilien, Bd. 4), Mainz 1985.

[26] Der Text des Briefes findet sich bei Dumeige (Anm. 25), S. 277–279.

[27] Vgl. Bonifatius Kotter: Die Schriften des Johannes von Damaskus. III. New York 1975, S. 77 f.

[28] Der Text der Konzilsbeschlüsse außer bei Dumeige (Anm. 25) auch bei Belting (Anm. 3) S. 561–564.

[29] Corpus Christianorum, Series latina. Turnhout–Paris 1953 ff. Bd. CXL/A, Brief XI, 10.

[30] S. o. III.

[31] Zitiert nach Belting (Anm. 3) S. 593. Dort (S. 592–594) der Text des Gutachtens insgesamt mit seinen wesentlichen Aussagen. Zu den „Libri Carolini" vgl. auch Johannes Kollwitz: Bild und Bildertheologie im Mittelalter. In: Schöne, Gottesbild (Anm. 3) S. 109–131, hier S. 110 f. ; Arnold Angenendt: Das Frühmittelalter. Stuttgart u.a. 1990, S. 348 f.

[32] Vgl. Walther von Loewenich: Art. „Bilder V.2. Im Westen". In: Theologische Realenzyklopädie (Anm. 3) Bd. 6, S. 540–546, hier S. 543.

[33] Vgl. z. folgenden Alfred Weckwerth: Der Name „Biblia pauperum". In: Zeitschrift für Kirchengeschichte 83 (1972), S. 1–33; ders. : Art. „Armenbibel". In: Theologische Realenzyklopädie (Anm. 3) Bd. 4, S. 8–10.

[34] Weckwerth 1972 (Anm. 33) S. 19.

[35] Vgl. Weckwerth 1972 (Anm. 33).

[36] Vgl. von Loewenich (Anm. 32) S. 544.

[37] Zitiert nach Michael Baxandall: Die Wirklichkeit der Bilder. Frankfurt 1977, S. 56.

[38] Vgl. z. folgenden Reiner Hausherr: Über die Christus-Johannes-Gruppen. Zum Problem Andachtsbilder und deutsche Mystik. In: Beiträge zur Kunst des Mittelalters. Festschrift für Hans Wentzel. Berlin 1975, S. 79–103; Otto von Simson: Art. „Andachtsbild 1. Kunstgeschichtlich (Mittelalter)". In: Theologische Realenzyklopädie (Anm. 3) Bd. 2, S. 661–668.

[39] Erwin Panofsky: Imago Pietatis. In: Festschrift für Max J. Friedländer. Leipzig 1927, S. 261–368, hier S. 264.

[40] Vgl. Hanna Egger: Franziskanischer Geist in mittelalterlichen Bildvorstellungen. Versuch einer franziskanischen Ikonografie. In: 800 Jahre Franz von Assisi. Franziskanische Kunst und Kultur des Mittelalters. Niederösterreichische Landesausstellung. Krems-Stein 1982, S. 471–505.

[41] Zitiert nach: Franz von Assisi. Geliebte Armut. Texte vom und über den Poverello. Hrsg. Gertrude und Thomas Sartory. Freiburg 1977, S. 119.

[42] Vgl. Dagobert Frey: Der Realitätscharakter des Kunstwerkes. In: Ders.: Kunstwissenschaftliche Grundfragen. Prolegomena zu einer Kunstphilosophie. Darmstadt 1984 (erstmals Baden bei Wien 1946), S. 107–147, besonders S. 118–125. Frey weist darauf hin, dass auch in den zahlreichen analogen mystischen Betrach-

Durchblicke

tungstexten sich immer wieder beobachten lässt, „wie sich Bild und Phantasievorstellungen vermengen, wie die Bildbetrachtung in die Vision übergeht, in der das Bild selbst handelnd wird und mit dem Betrachter in aktive Beziehung tritt" (S. 123).

[43] Vgl. von Simson (Anm. 38) S. 666.

[44] Zitiert nach Egger (Anm. 40) S. 484.

[45] Dagobert Frey: Giotto und die Maniera Greca. Bildgesetzlichkeit und psychologische Deutung. In: Wallraf-Richartz-Jahrbuch 14 (1952) S. 73–98, hier S. 91.

[46] Vgl. von Loewenich (Anm. 32) S. 545.

[47] Zitiert nach Kollwitz (Anm. 31) S. 128.

[48] Insbesondere zu den Hussiten vgl. Bredekamp (Anm. 3), S. 231–330.

[49] Vgl. z. folgenden Hans von Campenhausen: Die Bilderfrage in der Reformation. In: Zeitschrift für Kirchengeschichte 68 (1957) S. 96–128; Erwin Iserloh: Bildfeindlichkeit des Nominalismus und Bildersturm im 16. Jahrhundert. In: Wilhelm Heinen (Hrsg.): Bild-Wort-Symbol in der Theologie. Würzburg 1969, S. 119–138, Margarete Stirm: Die Bilderfrage in der Reformation. Gütersloh 1977; Walther von Loewenich: Art. „Bilder VI. Reformatorische und nachreformatorische Zeit". In: Theologische Realenzyklopädie (Anm. 3) Bd. 6, S. 546–557: Gerhard May: Die Kirche und ihre Bilder. In: Rainer Beck, Rainer Volp, Gisela Schmirber (Hrsg.): Die Kunst und die Kirchen. Der Streit um die Bilder heute. München 1984, S. 57–67, besonders S. 59–64; Belting (Anm. 3) S. 511–523.

[50] Vgl. May (Anm. 49) S. 63: „Derjenige Reformator, der wirklich in der Antithese von Geist und Sinnlichkeit denkt, ist Zwingli".

[51] Zitiert nach von Campenhausen (Anm. 49) S. 102.

[52] Martin Luther: Werke. Kritische Gesamtausgabe („Weimarer Ausgabe") 1883 ff. Bd. X 2, S. 458 f. Übersetzung (auch im Folgenden) nach von Campenhausen (Anm. 49).

[53] Weimarer Ausgabe XVIII, 82 f.

[54] Weimarer Ausgabe XXIII, 193.

[55] Weimarer Ausgabe XLVIII, 138.

[56] Vgl. zur Vor- und Nachgeschichte des Dekrets Hubert Jedin: Entstehung und Tragweite des Trienter Dekrets über die Bilderverehrung. In: Theologische Quartalsschrift 116 (1935) S. 143–188, 404–429.

[57] Die deutsche Übersetzung findet sich bei Josef Neuner / Heinrich Roos: Der Glaube der Kirche in den Urkunden der Lehrverkündigung. Regensburg 1971[8], Nr. 476.

[58] Vgl. dazu Francois Boespflug: Die bildenden Künste und das Dogma. Einige Affären um Bilder zwischen dem 15. und 18. Jahrhundert. In: Dohmen/Sternberg (Anm. 3) S. 149–166.

[59] Ebd. S. 158.

[60] Zitiert nach Baxandall (Anm. 37) S. 58.

[61] Vgl. Boespflug (Anm. 58) S. 159.

Was man von Bildern lernen kann.
Zugleich eine Einführung in ihre Sprache

Nur für die Ungebildeten?

Hier soll kein Überblick über die verschlungenen Wege der christlichen Bildertheologie im Laufe der Kirchengeschichte geleistet werden, auch keine systematische Apologie aus der Perspektive der Gegenwart. Aber wer nüchtern die gegenwärtige Praxis des Umgangs mit Bildern – gerade auch im kirchlich-religiösen Kontext – beobachtet, gewinnt den Eindruck, dass die meisten Zeitgenossen Bilder für eine hübsche Garnierung des Lebens halten, interessant vielleicht, aber im Wesentlichen entbehrlich. Auch die Bilderflut in neueren Religionsbüchern vermag diesen Eindruck nicht abzuschwächen, ja sie bestärkt ihn eher: Bilder erscheinen dort häufig als auflockernde Elemente im Lay-out, seltener mit dem ihnen eigenen Gewicht.

Eine Neubesinnung auf den Sinn oder Unsinn der Bilder ist wohl auch im Blick auf die Geschichte der abendländischen Bildertheologie notwendig, denn das prägende Argument „pro" hat schon Gregor der Große an der Wende von Antike und Mittelalter geliefert: „Denn was für die Lesenden die Schrift ist, das ist für die Augen der Ungebildeten das Bild" – *nam quod legentibus scriptura, hoc idiotis praestat pictura cernentibus"*. In diesem das Bildverständnis des Abendlandes so bestimmenden Argument drückt sich jedoch mehr Geringschätzung als Wertschätzung des Bildes aus: das „Bessere" ist zweifelsfrei die Schrift, das „Wort"; nur den „idiotae" kann man Bilder gerade noch zugestehen, der „Gebildete" braucht – so paradox es klingen mag – keine „Bilder". Für unsere Gegenwart bedeutet das Argument außerdem, dass Bilder nun erst recht entbehrlich sind: das Analphabetentum ist weitgehend beseitigt, der christliche Zeitgenosse hat zum „Höheren" der Schrift und der begrifflichen Theologie ungehinderten Zugang.

Gegen diese Tendenz zur „Unterschätzung" der Bilder soll im Folgenden gezeigt werden: das „Bild" kann etwas, was das „Wort" so nicht kann. Wir beschränken unsere Untersuchung auf das „klassische" Bild, die bemalte – oder mosaizierte – Fläche. Die „Sprache" dieser Bilder soll ein wenig charakterisiert werden. Was ist ihr besonderes Leistungsvermögen, das, was die picturale „Sprache" von allen anderen „Sprachen", insbesondere der verbalen, unterscheidet? Dieser Frage soll anhand einiger Beispiele aus den unterschiedlichsten Epochen der Kunst nachgegangen werden. Das erkenntnisleitende Interesse dieser „Sprachforschung" ist ein theologisches, nicht bloß ein kunstwissenschaftliches; es kann hoffentlich gezeigt werden, dass Bilder gerade als „Sprache des Glaubens" einen zwar nicht vom „Wort" zu trennenden, aber die Möglichkeiten des „Wortes" und der „Wörter" entscheidend bereichernden Sinn haben.

Abwärts

Um den spezifischen Qualitäten des gemalten Bildes auf die Spur zu kommen, müssen seine medialen Grundbedingungen ernst genommen werden. Ein Bild – das ist zunächst eine zweidimensionale, begrenzte Fläche, die ein Oben und Unten, ein Rechts und ein Links und eine Mitte hat. Auf einer solchen Fläche hat das Bild seine Inhalte zu organisieren. Die Art und Weise, wie ein Bild auf der Fläche organisiert ist, nennt man gewöhnlich seine Komposition (präziser ausgedrückt: seine planimetrische Komposition – es gibt ja auch noch die Farbe!). Um das, was die Komposition leistet, soll es zuerst gehen. Es gilt zu erkennen, was sie für die Aussage des Bildes und das Sehen und Verstehen des Betrachters bedeutet.

Der Kunsthistoriker Hans Sedlmayr hat an Pieter Bruegels „Blindensturz" beispielhaft

Durchblicke

Pieter Bruegel, Der Blindensturz, 1568. Neapel

gezeigt, was er unter einer „Strukturanalyse" des Bildes versteht. Thema des Bildes ist ein Gleichniswort Jesu, das sich im Kontext des Matthäusevangeliums gegen die Pharisäer richtet: „Lasst sie, es sind blinde Blindenführer. Und wenn ein Blinder einen Blinden führt, werden beide in eine Grube fallen (Mt 15,14; vgl. Lk 6,39 im Zusammenhang der Feldrede)". Was den anschaulichen „Charakter" des Bildes eindeutig beherrscht, ist eine das ganze Bild durchschneidende **fallende Diagonale**, genauer gesagt, eine ganze Reihe solcher Diagonalen (die Grabenbegrenzung rechts und links des schmalen Dammes, auf dem die Blinden gehen, zwei Blindenstöcke). Die Hauptdiagonale des Blindenzuges wird gegen ihr Ende hin noch steiler und dramatischer durch den Fall des ersten und das Straucheln des zweiten.

Seldmayr hat verschiedenen Betrachtern dieses Bild nur ganz kurz gezeigt, so dass sie keine Einzelheiten, geschweige denn das Thema erkennen konnten. Trotzdem berichteten alle über den Eindruck des Unheimlichen, Labilen, Fallenden. Durch die formale Anordnung auf der Bildfläche – und mehr konnten die Betrachter ja nicht sehen – wird also eine bestimmte grundlegende Emotion mitgeteilt, die vor allem begrifflichen Verstehen liegt. Der Sinn des Bildes wird in einer Weise erschlossen, die, wie Sedlmayr sagt, „tiefere Schichten der menschlichen Gesamtperson" berührt und zum Schwingen bringt. Der Betrachter spürt die Unausweichlichkeit des Verhängnisses, stürzt mit!

Die Wahrnehmungen der Versuchspersonen Sedlmayrs bestätigen, dass man eine von links oben nach rechts unten führende Schräge als „fallend" empfindet. Es gibt eine dominierende „Leserichtung" des Bildes, die unserem Lesen und unserem Schriftduktus von links nach rechts entspricht. Dieses optisch-psychologische Richtungsprinzip ist auch experimentell bestätigt worden, interessanterweise auch in Versuchen mit arabisch schreibenden Kindern. Es ist also nicht – oder nicht allein – die Gewohnheit der Schreibrichtung, die den Betrachter links im Bild anfangen lässt. Vielmehr liegt der Schwerpunkt unserer optischen Wahrnehmung im linken Gesichtsfeld, weil die damit verbundene rechte Hirnhemisphäre offensichtlich für die Pro-

Was man von Bildern lernen kann

Codex Egberti, Frauen am Grabe, um 980. Trier

duktion und Rezeption von Gestaltelementen besonders verantwortlich ist.

Aufwärts

Die These, dass die Richtungsimpulse auf der Bildfläche entscheidend etwas mit dem Bildsinn zu tun haben und zu einem vertieften Verstehen beitragen, lässt sich sehr schön an Bildern von der Auferstehung Christi belegen. Da geht es ja nicht um Verzweiflung und Hoffnungslosigkeit, sondern im Gegenteil um Freude, um neues Leben. Und es ist tatsächlich so, dass in den entsprechenden Bildern fast immer eine aufsteigende Diagonale dominiert. Häufig ist es der Sarg oder der Sargdeckel, der als steigende Schräge im Bild erscheint, manchmal sind es Landschafts- oder Architekturdetails oder auch der Auferstandene selbst. Als Beispiel mag das Bild der

Durchblicke

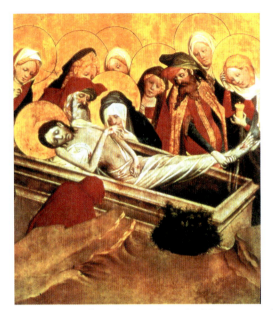 

Meister Francke, Thomasaltar. Grablegung und Auferstehung, 1424.

Caspar David Friedrich, Mönch am Meer. 1808/9.

▷
Hans Holbein d.J., Christus im Grabe,
1521/22.

Was man von Bildern lernen kann

„Frauen am Grabe" aus dem Codex Egberti dienen, einem der schönsten Werke ottonischer Buchmalerei. In der sehr knappen und schlichten Sprache dieses Bildes ist die „Form" des Sargdeckels, auf dem der Engel sitzt, als aufsteigende Diagonale besonders eindringlich. Er „sagt" – mit dem ebenfalls steigend angeordneten Botenstab des Engels – die ganze Botschaft: Er ist auferstanden! Die Gesten der Frauen nehmen die aufsteigende Linie auf und signalisieren so: Wir haben verstanden.

Die bisherigen Überlegungen lassen sich sehr eindrucksvoll bestätigen durch den Vergleich der „Grablegung" und der „Auferstehung" vom Thomasaltar des Meisters Francke. Man sieht, wie bewusst der Maler jeweils den Richtungsimpuls des Sarkophages thematisch eingesetzt hat: In der „Grablegung" zeigt er nach unten und unterstreicht so das Gefühl der Trauer, in der „Auferstehung" ist derselbe Sarg dargestellt, und er zeigt nach oben bzw. hinten in den Goldgrund. Vielleicht darf man in der Beinhaltung des Toten der „Grablegung" schon die Hoffnung auf die „Auferstehung" signalisiert sehen.

Waagerecht

Nun soll ein Bild betrachtet werden, das wesentlich horizontal angelegt ist, der „Mönch am Meer". Das berühmte Gemälde von Caspar David Friedrich ist geradezu revolutionär, weil es nur durch ganz wenige Ausdruckselemente auf den Betrachter wirkt: Die noch leicht bewegte horizontale Linie der Meeresküste und darüber die ganz strenge Waagerechte des Horizonts. Keine Begrenzung rechts oder links hält die Linien auf: Ruhe wird signalisiert, eine unendliche Ausdehnung, der wirkungsvoll nichts entgegengesetzt werden kann. Die winzige Vertikale des Mönches unterstreicht diesen Eindruck noch. Heinrich von Kleist hat die Wirkung des Bildes auf den Punkt gebracht: „Nichts kann trauriger und unbehaglicher sein als diese Stellung in der Welt: der einzige Lebensfunke im weiten Reich des Todes ..." Mit ganz wenigen, geradezu „abstrakten" Ausdrucksmitteln, schafft Friedrich hier ein „Inbegriffbild" neuzeitlichen Lebensgefühls: der Mensch, verloren im unendlichen Universum.

Ein zweites Beispiel: In Holbeins krass-realistischem Bild des toten Christus wird die schockierende und deprimierende Wirkung nicht bloß durch den Anblick des gemarterten Leichnams hervorgerufen, sondern auch durch das **extreme horizontale Format**, die Waagerechte des toten Körpers und des Leichentuchs.

Dieses Bild ist so etwas wie ein Leitmotiv in Dostojewskis Roman „Der Idiot". Die Gegenfigur des Fürsten Myschkin (der „Idiot") ist der „Atheist" Rogoshin, der eine Kopie dieses Bildes besitzt. In einem Gespräch vor dem Bild sagt Rogoshin: „Dieses Bild liebe ich zu betrachten", und erschrocken ruft daraufhin Myschkin aus: „Dieses Bild! ... Aber vor diesem Bild kann ja manch einem jeder Glaube vergehen!" Später beschreibt das Bild ein lungenkranker junger Mann, der bald sterben wird, und wirft dann die Frage auf: „Wenn alle, die an ihn glaubten und ihn für den Sohn Gottes hielten, einen solchen Leichnam sahen..., wie konnten sie dann noch glauben, angesichts einer solchen Leiche, dass dieser

Durchblicke

Was man von Bildern lernen kann

Märtyrer auferstehen werde?" Diese Frage zielt letztlich auf die Größe des Osterglaubens: Was musste das für eine Erfahrung sein, die den Anblick dieser Leiche vergessen ließ, wie konnte aus diesem „Minus" (–) ein „Plus" (+) werden?

Senkrecht

Die bisherige Betrachtung galt den Ordnungen der Bildfläche vornehmlich auf der Querachse des Bildes. Die „Himmelfahrt Christi" aus einem Echternacher Evangeliar ist ein Bild, dessen Fläche wesentlich auf der vertikalen Achse rhythmisiert ist. Die meisten Auferstehungs- und Himmelfahrtsbilder haben ein Hochformat und zeigen so schon an, dass das Entscheidende des Bildes sich als eine Beziehung zwischen „oben" und „unten" abspielt. In dem Echternacher Himmelfahrtsbild herrscht zunächst einmal ein Bewegungszug nach oben vor: In vielen Schichten wölbt sich die Erde zu einem Berg auf, die Bewegung setzt sich fort in der Andeutung einer Stufenpyramide (die gar keine gegenständliche Funktion hat); und auch die Gestalten im Bild sind zu einer Pyramide angeordnet, deren Spitze Christus bildet (auch die Größenverhältnisse sind nach oben gesteigert!).

Aber von ganz oben gibt es eine gewaltige Gegenbewegung, ein (wie der Erdboden) mehrfach geschichtetes Kreissegment wölbt sich nach unten, strahlt nach unten – die zackigen Ränder zeigen es. Der Druck nach unten ist deswegen so intensiv, weil man das Kreissegment unwillkürlich zu einem ganzen Kreis ergänzt. Die weit ausgebreiteten Arme Jesu nehmen die **Bewegung nach unten** schon auf, sie setzt sich fort in den nach unten sich neigenden Köpfen der Engel. Beide Bewegungen zusammen müssen erfasst sein, wenn man den Bild-Sinn und damit auch die

◁

**Echternacher Evangeliar,
Himmelfahrt, um 1050.**

Bedeutung des dargestellten Ereignisses erfahren will. Christus geht heim zum Vater – zum Heil für die Menschen.

Zugleich

Vielleicht kann man hier auf den Zusammenhang von Himmelfahrt und Pfingsten verweisen: „Ich werde die Gabe, die mein Vater verheißen hat, zu euch herabsenden" (Lk 24,48). Vom Bild her gesprochen könnte man auch sagen: An der Stelle, wo Christus das Himmelssegment durchstößt, kann das Gold, das „Himmelslicht", auf die Erde herabfließen und zu den Menschen kommen – die Nimben strahlen im himmlischen Gold.

An dem Echternacher Himmelfahrtsbild wird damit ein Sachverhalt sichtbar, der einen ganz wichtigen Vorzug des gemalten Bildes darstellt: Es kann von mehreren Aspekten einer Geschichte zugleich sprechen und in diesem „Zugleich" die Zusammengehörigkeit, die **Einheit und Ganzheit in der Verschiedenheit** aussagen. In dieser Weise kann das die verbale Sprache nicht, in der es nur ein „Nacheinander" gibt.

Gleichgewicht

Zum Schluss unserer Überlegungen zu Grundstrukturen der planimetrischen Komposition soll am Beispiel der „Wunderbaren Brotvermehrung" von San Apollinare Nuovo in Ravenna über die „Kraft der Mitte" und damit von der Symmetrie gesprochen werden. Dies wäre schon bei dem Echternacher Himmelfahrtsbild möglich gewesen. Aber noch geeigneter ist ein Beispiel aus der byzantinischen Kunst, denn diese Kunst ist wie kaum eine andere eben dadurch gekennzeichnet, dass sie die Bildfläche einer klaren Ordnung unterwirft: Die Hauptperson rückt ins Zentrum, es herrschen oft streng geometrische Proportionen und eine symmetrische Anordnung der Bildelemente vor.

In dem Bild der Brotvermehrung steht also Christus im Zentrum, allerdings ganz leicht

27

Durchblicke

aus der Mittelachse nach rechts gerückt, sodass noch eine gewisse Lebendigkeit da ist. Seine Person wird zudem durch das purpurfarbene Gewand und den Heiligenschein hervorgehoben, aber auch durch die Tatsache, dass die Figur als einzige nicht überschnitten wird, sondern im Gegenteil alle anderen Personen übergreift. Um diese Mitte Christus herum, dessen Standmotiv und Gestus selbst symmetrisch sind, werden die anderen Bildelemente völlig gleichgewichtig verteilt: Je zwei Jünger links und rechts, die inneren ein Stück zurück mit nach außen geneigtem Kopf, die äußeren mit ihren Gaben jeweils auf Christus zuschreitend. Am Bildrand je eine Felsformation, ein Strauch.

Solch eine **klare Bildordnung** deutet Feierlichkeit und Sakralität an, sie versteht sich als Ausdrucksträger einer überweltlichen, göttlichen Ordnung. Ganz wichtig ist noch: In einem symmetrischen Bild erscheint die „Zeit" aufgehoben. Der Betrachter kann der Breitenausdehnung nicht wie einer Zeitkoordinate folgen, sondern wird von rechts und links zur Mitte geführt und wieder zurück. Zeit ist ein Kontinuum, das spiegelbildlich strukturierte Bild sagt, wenn der Blick die Mittelachse erreicht: Jetzt kommt dasselbe rückwärts. Hier läuft keine Zeit ab. Die Zeit steht still. Das dargestellte Geschehen erhält so einen Ausdruck von immer während Gültigkeit, von Unvergänglichkeit und Ewigkeit.

Bild und Text

An diesem Mosaik mit der Brotvermehrungsgeschichte können noch weitere „Stärken" des Bildes entdeckt werden. Dadurch, dass das Bild nur eine Zeit hat, erscheint es als Illustration einer Erzählung, die in der Zeit abläuft und in der es in dieser Zeit viele verschiedene Ereignismomente gibt, zunächst im Nachteil. Das Bild muss einen Moment aus dem Ereignisablauf herausgreifen, sich auf ihn beschränken. Aber auf diesen einen Augenblick vermag das Bild – bildlich gesprochen – die Lupe zu legen; er kann stärker hervortreten,

uns berühren und bewegen. Will man im Mosaik den dargestellten Moment der Erzählung näher bestimmen, so gibt es allerdings einige Schwierigkeiten. Einerseits könnte man an den Anfang des Wunders denken: Die Apostel tragen ihre Gaben heran. Dann ist aber Christus eindeutig im Gestus des Segnens gezeigt; und schließlich lässt die Gegenbewegung seiner ausgestreckten Arme auch schon den Auftrag an die Jünger anklingen, die Brote und Fische auszuteilen, also das vollzogene Wunder. Wieder stoßen wir auf das Phänomen der Gleichzeitigkeit. Es ist nun wichtig, dass in diesem „Zugleich" des Bildes nicht nur verschiedene zeitliche Momente zusammengefasst werden. Noch wichtiger ist, dass hier ein Zusammenhang anschaulich erfahrbar wird, der über das einmalige Ereignis hinausgeht, nämlich das Zusammenwirken menschlichen und göttlichen Tuns, theologisch ausgedrückt: das Verhältnis von Natur und Gnade. Christus zaubert hier nicht „ex nihilo", sondern er greift auf das zurück, was die Menschen an Gaben bringen können (dass es ihre Gaben sind, zeigen die Fischer Petrus und Andreas rechts mit ihren Fischen). Und auch beim Austeilen sind die Menschen noch einmal gefordert. Gott bedient sich der Menschen, ihrer „natürlichen" Gaben, aber ohne das Wirken Gottes wäre alles menschliche Tun unzulänglich.

Reibung von Bild und Text

Bilder geben Rätsel auf. Hier ist auffällig, dass die linken Jünger nur vier Brote (statt 5, wie bei Mk 6,38 par) tragen. Was ist mit dem fünften Brot? In der Reduzierung eine Steigerung des Wunderbaren zu sehen, leuchtet wohl kaum ein. Eher könnte man daran denken, dass die Austeilung schon im Gange gedacht sein soll. Am einleuchtendsten (und frappierendsten) ist allerdings ein anderer Gedanke: Jesus selbst ist das fünfte Brot! Durch das Fehlen des fünften Brotes wird unmittelbar anschaulich, was in der großen „Brotrede" im 6. Kapitel des Johannesevangeliums Jesus nach der Brotvermehrung von sich selbst gesagt

Was man von Bildern lernen kann

Wunderbare Brotvermehrung, um 520. San Apollinare Nuovo, Ravenna.

hat: „Ich bin das lebendige Brot, das vom Himmel herabgekommen ist. Wer von diesem Brot isst, wird in Ewigkeit leben" (Joh 6,51). Dieser Satz ist uns bekannt, die damit verbundene Einsicht in die eucharistische Bedeutung der Brotvermehrungsgeschichte ist uns ebenfalls vertraut. Aber dadurch, dass wir durch den Widerstand des Bildes und seine „Rätselhaftigkeit" auf diesen Sachverhalt gestoßen werden, wird das Altbekannte für uns neu, bewegend, fruchtbar. Aus schaler Kost wird schmackhafte Nahrung!

Kritisches Potential

Ein letztes Problem soll nur angerissen werden. Christus ist in diesem Mosaik unzweifelhaft mit den Würdezeichen des Kaisers ausgestattet – das purpurne Gewand, der Heiligenschein, die goldenen Zierstreifen. So erscheint das Bild dem heutigen Betrachter symptomatisch für den „Sündenfall der konstantinischen Wende", für das Arrangement zwischen Kirche und politischer Macht. Der Herrscher (in diesem Fall der Ostgotenkönig Theoderich) sucht seine Macht zu legitimieren: Die Darstellung Christi als Kaiser weist auch den Kaiser als *alter Christus*, als irdisches Gegenstück zum himmlischen Herrn aus.

Aber man kann den Spieß auch umdrehen – und damit ist eine ganz besondere Qualität von Kunst angesprochen. Was **herrschaftsstabilisierend gemeint** war, kann auch andere Bedeutungen erzeugen, als beabsichtigt waren. So könnte man in diesem Bild ja auch einen kräftigen Schuss **Herrschaftskritik** erkennen, einen Appell an die Mächtigen, ihr Amt wie der „himmlische" König zu verstehen: Was sie empfangen haben, sollen sie umso reicher austeilen, die Not des Volkes se-

Durchblicke

hen („mich erbarmt des Volkes" sagt Jesus in der zweiten Brotvermehrungsgeschichte in Mk 8,2) und ihr abhelfen etc.

Grundsätzlicher noch: Die imperiale Christusdarstellung könnte im Sinne des ersten Korintherbriefes (1 Kor 8,5f.) als Hinweis darauf verstanden werden, dass Christus der eigentliche „Herr" ist. Es mag viele Götter und Herren geben, sagt dort Paulus, wir haben nur einen Gott, den Vater, „und einer ist der Herr: Jesus Christus". Nicht der Kaiser wird als „anderer Christus" ausgewiesen, sondern Christus als „Kaiser", besser noch als „Anti-Kaiser".

Kunst kommt von Kunst

Zum Schluss noch ein weiteres Beispiel für die positive Mehrdeutigkeit von Bildern, das Mosebild aus San Vitale in Ravenna. Der Text Ex 3 legt nahe, den Beginn der Gottesoffenbarung verbildlicht zu sehen: „Leg deine Schuhe ab! Der Ort, wo du stehst, ist heiliger Boden!" Aber Mose ist hier einem antiken Vorbild nachgestaltet: dem die Sandalen schnürenden Götterboten Hermes, der sich bereit macht, einen Auftrag des Zeus auszuführen. Durch diese Unentschiedenheit – zieht Mose sich die Schuhe aus oder schon wieder an? – bekommen wir das Ganze der Geschichte in den Blick, den Anfang und den Schluss der Gottesbegegnung, die ganze Berufung, das Hören auf das Wort Gottes, den Anruf Jahwes und das Umsetzen in entschlossenes Handeln, die Sendung: „Und jetzt geh, ich sende dich!" (Ex 3,10) Wenn der Betrachter noch die „gewusste" Zwischenzeit hinzudenkt, das Lamentieren des Mose, seine anfängliche Abwehrhaltung, dann wird die Aussage umso intensiver.

Die Tatsache, dass die Figur des sandalenlösenden Mose auf eine bestimmte Bildtradition der Antike anspielt, lässt einen weiteren Vorzug der Kunst erkennen: Sie ist ein **eigenes Verweissystem von Formen und Gegenständen**, ein unerschöpfliches Reservoir, aus dem Künstler zu allen Zeiten zu schöpfen

Mose am brennenden Dornbusch, um 540. San Vitale, Ravenna.

wussten und durch Anspielungen und Zitate, aber auch durch bewusstes Kontrastieren, neue, überraschende, erhellende Einsichten ermöglichten.

Fünf Thesen

1. Das Bild ist mehr als jedes andere Medium „erfahrungshaltig", seine anschaulichen Strukturen vermögen dem Betrachter eine dem thematischen Sinn analoge emotionale Bewegung zu vermitteln. Die Wahrnehmung solcher Strukturen erfordert allerdings ein „sehendes Sehen" durch die bloß abbildhaft-informierenden und illustrierenden Bildelemente auf die dem Bild eigene Erscheinungsweise hindurch.
2. Das Bild kann Gottes Jenseits im Diesseits evident werden lassen und zwar desto mehr, je stärker es die illusionistischen abbildhaften Züge zurücktreten lässt zugun-

Was man von Bildern lernen kann

sten einer Betonung seiner „mediumbezogenen" Erscheinungsweise, des „ganz anderen".
3. Die Simultaneität des Bildes ermöglicht die Erfahrung des verbalsprachlich-akustisch nur sukzessiv präsentierbaren – und damit segmentierten und isolierten – Sinnzusammenhanges als Einheit und Ganzheit.
4. Das Bild bietet dem, der es verstehen will, Widerstände und stellt Fragen („Verstöße" gegen den Text, Abweichungen von der Tradition, neue Elemente). Dem Betrachter, der das „Rätsel" löst, wird so auf neue Weise Vertrautes bewusst, längst „Gewusstes" wird wieder erkannt und „aufgefrischt".
5. Die grundsätzliche Mehrdeutigkeit des Bildes ist kein Mangel sondern eine hervorzuhebende Qualität. Sie verlangt vom Betrachter die Auflösung einer auf Eindeutigkeit und Einwertigkeit angelegten Haltung zugunsten einer Offenheit für die Vieldeutigkeit der Wirklichkeit. Die in der

Caravaggio, Berufung des Matthäus, um 1600. San Luigi dei Francesi, Rom.

Durchblicke

Michelangelo, Erschaffung des Menschen, 1508–12. Sixtinische Kapelle, Rom.

Polyperspektivität angelegte immanent kritische Funktion von Kunst ist auch für ihre Rolle als Glaubenssprache von besonderer Bedeutung: sie bricht fixierte Glaubensvorstellungen auf und betont die letztliche Unverfügbarkeit und Unbegreifbarkeit der Wirklichkeit Gottes. Im Paradox: das Bild verhilft dazu, sich „kein Bildnis zu machen".

Und ein Nachspiel

Ich gebe zu: es ist ein Augenblick, auf den ich mich immer geradezu diebisch freue. Eigentlich eine Standardsituation: Caravaggios Bild – eine Riesen-Leinwand (348 x 328 cm) aus der Capella Contarini in San Luigi dei Francesi in Rom – beschließt in Vorträgen und Seminaren meine oben entwickelten Überlegungen zu einigen Grundgesetzen des Sehens und Verstehens von Bildern. Meistens wird es so etwas wie Lernzielkontrolle plus Transferleistung: Ich lade ein, nun einmal selbst die frisch gewonnenen methodischen Erkenntnisse auszuprobieren.

Das klappt dann immer sehr gut. Insbesondere die auffällige Licht-Schatten Grenze wird als bildbeherrschendes Kompositionsmittel erkannt und gedeutet. Sie unterstreicht die Diagonale des Blickkontakts zwischen Jesus und dem bärtigen Zöllner ebenso wie die aufeinander bezogenen Gesten der beiden: Dem „berufenden" Arm Jesu entspricht auch formal die Gebärde des Matthäus, die zugleich Frage („Meinst du wirklich mich?") und positive Antwort ist: er „verließ alles und folgte ihm" (Lk 5,28; vgl. Mt 9,9). Im Zusammenhang mit der Lichtmetaphorik lässt sich dann deuten: Die Berufung bringt „Licht" in das Leben des Zöllners. Oder auch etwas pathetischer: In das „Dunkel" der Sünde fällt das helle „Licht" der Vergebung, der Einladung zur Umkehr.

Manch anderes wird noch genannt und diskutiert; die Rolle des Petrus etwa, durch den Jesus – bildlogisch gesehen – hindurchspricht und der die Geste seines Meisters abgeschwächt aufnimmt; er mag für die Kirche stehen, die sich an diesem Verhalten Jesu gegenüber „Zöllnern und Sündern" zu orientieren hat. Petrus vertritt auch den Gegensatz des Jüngerdaseins zu der Tischgesellschaft: „unbehütet", barfuß, statt der Waffe ein Wanderstab. Bisweilen wird auch die auffällige Fußstellung Jesu entdeckt und gedeutet. Der nächste Schritt wird ihn aus dem Bild hinausführen; wir sehen eine Berufung „im Vorübergehen", die nicht nur dem sprachlichen Befund

Was man von Bildern lernen kann

in manchen Berufungsgeschichten – z.B. Mk 1,16par – entspricht und den epiphanischen Charakter der Begegnung mit Jesus unterstreicht; wie bei alttestamentlichen Offenbarungsgeschichten – etwa Ex 33,22 – wird das Göttliche nur „im Vorübergehen" erfahrbar, erscheint und verschwindet wieder. Aber in dem bereits weiter gehenden Jesus kann auch körpersprachlich die Einladung zur Nachfolge anschaulich werden: Er geht voraus und die Berufenen können ihm folgen.

Und dann kommt allmählich der Augenblick, auf den ich die ganze Zeit warte. Ich erlaube mir, den Blick noch einmal auf die Hand Jesu zu lenken. Ich frage: Haben Sie diese Hand vielleicht schon mal irgendwo gesehen? Manchmal muss ich noch ein wenig nachhelfen. Ich ergänze: Denken Sie daran, wir sind in Rom, um 1600! Die römischen Barockmaler haben ein ganz großes Vorbild!

Und spätestens jetzt fällt bei allen der Groschen: Na klar! Michelangelo! Sixtinische Kapelle! Die Erschaffung Adams! Die Hand Gottes!

Und nach einer kleinen Pause, in der ich tief befriedigt durchatme und schmunzelnd

meine Hände reibe, blende ich Michelangelos Meisterwerk ein und frage dann, mit gespielter Entrüstung: Wie bitte? Wessen Hand ist das?

Ich schwöre: So läuft es immer ab. Niemand kommt auf den Gedanken, dem berufenden Christus etwas anderes zuzutrauen als die Hand Gottes. Und es ist ein bewundernswerter Einfall Caravaggios, das nahe Liegende nicht zu tun und seinem Christus die Hand Adams zu verpassen. Das ist auch gar nicht so untypisch für diesen Maler mit seiner etwas wüsten Biographie, dem die Zeitgenossen vorwarfen, er male „Heilige mit schmutzigen Füßen".

Und es ist auch richtig! Nicht nur im Sinne der Adam-Christus-Typologie (vgl. Röm 5,12–21; 1 Kor 15,45ff.)! Vielmehr noch wegen der „Menschlichkeit" Christi überhaupt, die man, wie gerade auch die Erfahrung mit diesem Bild zeigt, wohl doch nicht genug betonen kann und muss. Schließlich auch wegen der Milde und Sanftheit, die im Kontext der Berufung ein Appell an die Freiheit des Menschen ist. Diese Hand lockt, sie zwingt nicht.

Literatur

* Leicht überarbeitete Fassung des Beitrags: Wozu sind Bilder gut?, in: Katechetische Blätter 116 (1991) S. 123–131. Das „Nachspiel" erstmals als: Hand-Spiel. Zu Caravaggios „Berufung des Matthäus", in: Katechetische Blätter 117 (1992) S. 136f.

Die erwähnte exemplarische Analyse des „Blindensturzes" findet man bei: Sedlmayr, H., Epochen und Werke I. Wien/München 1959, S. 319 – 357.

Die ravennatischen Mosaiken werden ausführlich erläutert durch: Lange, G., Kunst zur Bibel. München 1988, S. 65–72 und 179–188.

Zur methodischen Grundlegung der hier angewandten Praxis des Bilder-Sehens und -Verstehens: Imdahl, M., Giotto. Arenafresken. Ikonographie. Ikonologie. Ikonik. München 1980.

Gottes Bilder.
Ein Überblick

A m liebsten würde ich hinter die Überschrift Dutzende von Frage- und Ausrufezeichen setzen. Aber das sieht die deutsche Rechtschreibung nicht vor. Ich könnte so gleich zu Anfang die Zwickmühle verdeutlichen, in die mich dieses Thema versetzt. Ich habe von der Berechtigung und der Großartigkeit der „Gottes-Bilder" zu reden – und von ihrer Fragwürdigkeit.

Es gibt kaum ein Thema, über das ich in den letzten zehn Jahren häufiger gesprochen habe. Immer wieder werde ich zu Vorträgen und Seminaren unter dieser Überschrift eingeladen. Das Interesse, die Neugier sind groß – aber das Problembewusstsein ist gering. Deswegen beginne ich in letzter Zeit nach Möglichkeit mit einem freundlich-provozierenden Frage- und Antwortspiel. Etwa so:

Gottesbilder soll ich Ihnen zeigen? Im Ernst? Haben Sie sich das gut überlegt? (Aus dem Publikum kommt zögernd die Frage: Was ist denn daran so schlimm? Oder: so schwierig?)

Ich – mit gespielter Entrüstung: Sie sind doch hier alles Christen. Sind Sie der Meinung, für Christen gelten die Zehn Gebote nicht mehr? (Heftiges Kopfschütteln: Klar gelten die!)

Da steht aber geschrieben: Du sollst dir kein Gottesbildnis machen. Der Satz gehört sogar zum „ersten Gebot". Ist also wohl besonders wichtig! (Jetzt macht sich allmählich Nachdenklichkeit breit, Flüstern hier und da, schließlich vorsichtige Einwände. Meistens in dem Sinne: Menschen brauchen Bilder, ohne Anschauung geht es nicht.)

Hier gehe ich zu sanfter Ironie über: Haben Sie Gott das mal in Ruhe dargelegt? Dass er sich das wohl nicht gründlich genug überlegt hat? Vergessen hat, menschliche Bedürfnisse zu berücksichtigen?

Ich beende hier die Einspielung dieses kleinen Szenarios. Und ich stelle klar: Es liegt mir fern, mich über die Unwissenheit meiner Schwestern und Brüder im Glauben zu amüsieren. Aber die „Bilderfrage" spielt nun mal in der christlichen Verkündigung – und damit im Bewusstsein als eine „Glaubensfrage" – keine Rolle mehr. Man fragt nicht mehr: Darf ich Bilder haben oder nicht? Man hat sie einfach. Und ich habe den Eindruck, dass die Selbstverständlichkeit des Umgangs mit Bildern in den Kirchen, im Unterricht und in der Katechese, nicht unbedingt ihren Grund in einer hohen Wertschätzung hat. – Ich möchte die Bilder aber ernst nehmen. Und deswegen frage ich: Dürfen Christen Gottesbilder haben? Und – wenn ja – welche?

Der einzige Grund – der einzige Maßstab

Ich bin ja nicht der Erste, der so fragt. Immer wieder im Laufe der Kirchengeschichte hat man sich mit diesem Problem herumgeschlagen – zeitweise im wahrsten und handgreiflichsten Sinne des Wortes. Nur in der Frühzeit der Kirche gab es nichts zu diskutieren: Man hatte selbstverständlich *keine* Bilder. Man folgte ganz entschieden der jüdischen Tradition. Der Gott Abrahams, Isaaks und Jakobs war auch der Gott Jesu Christi: der Unbegreifbare und Unfassbare, nicht gebunden an einen Kultort, an einen von Menschenhand gemachten Tempel oder ein Kultbild. Erfahrbar in der Geschichte der Menschen, in den großen Taten an seinem Volk, aber nicht verfügbar und fixierbar. Das ist der Sinn des Bilderverbots, das galt für Juden und Christen.

Streng genommen gibt es nur ein Argument, das zu einer Einschränkung – nicht zur Aufhebung – dieser zentralen Weisung für den jüdisch-christlichen Glauben führen konnte und geführt hat: Der Glaube der Christen, dass der verborgene und unsichtbare

Gottes Bilder

Gott in Jesus Christus Mensch geworden ist. Ein Mensch von Fleisch und Blut, den man sehen und anfassen kann. Ein Mensch, von dem man im Glauben bekennen konnte: „Er ist das Ebenbild des unsichtbaren Gottes" (Kol 1,15). Ein Mensch, den der Verfasser des Johannesevangeliums von sich sagen lässt: „Wer mich gesehen hat, hat den Vater gesehen" (Joh 14,9).

Hat sich mit dem Argument der Inkarnation für Christen die Gottesbildfrage erledigt? Ist damit jedes Gottesbild möglich? Keineswegs!

– Zunächst einmal bezieht sich der Glaube an Christus als das „Ebenbild" Gottes auf den lebendigen Christus und gilt nicht zwangsläufig für Bilder dieses Christus, zumal es ein authentisches Bild des Menschen Jesus von Nazareth nicht gibt.

– An Christus glaubt die Kirche – so wurde es auf dem Konzil von Chalzedon 451 formuliert – als „wahren Menschen und wahren Gott". Ein gewichtiges Argument der Bildergegner in den Bilderstreiten war immer: Diese *zwei* Naturen in *einer* Person kann das Bild nicht erfassen, darstellbar ist nur der Mensch – und das ist für ein „wahres" Christusbild zu wenig.

Die Bilderfreunde haben sich am Ende durchsetzen können. Aber die theologischen Argumente aus dem Streit um das Gottesbild/Christusbild wurden zu einem strengen Maßstab: Wenn Gottesbild, dann Christusbild! Gott „der Sohn" ja, aber niemals Gott „der Vater". Auch eine Darstellung der Dreifaltigkeit in menschenähnlichen Gestalten verbietet sich. Diese Grundsätze prägen – von wenigen Ausnahmen abgesehen – die Bildkunst der Ostkirche bis heute und bestimmten zunächst auch die Entwicklung im Abendland. Erst im 12. Jahrhundert kommt es zu ersten „Gottvaterbildern" – merkwürdigerweise von Theologie und Lehramt unwidersprochen. Das mag daran liegen, dass man dem Bild nicht dieselbe Bedeutung für den rechten Glauben und die rechte Lehre beilegte wie dem geschriebenen oder gesprochenen Wort.

Gnadenstuhl, um 1300. Wiesenkirche Soest.

Ein Blick auf ein frühes „Gottvaterbild" lässt zudem erkennen, dass der Maßstab „Nur Christus!" trotz des Regelverstoßes gültig blieb. Der **„Gnadenstuhl"** aus der Kirche **„Maria zur Wiese"** in Soest, um 1300 entstanden, zeigt Christus am Kreuz im Schoße des Vaters. Die Ähnlichkeit von Sohn und Vater ist unübersehbar! Anders ausgedrückt: Wir sehen, dass das Gottvaterbild vom Bild des Sohnes abgeleitet ist. Würde man das Bild des Vaters aus dem Kontext der Dreifaltigkeitsdarstellung lösen – etwa in dem man den unteren Teil des Soester Alabasterreliefs abdeckt – würde jeder unbefangene Betrachter sagen: Das ist Christus. Zumal auch der Vater den Kreuznimbus trägt.

Das Relief lebt von der Spannung zwischen der Ähnlichkeit von Sohn und Vater

Durchblicke

und dem ebenso betonten Kontrast. Der Sohn ist fast nackt, hängt am Kreuz, hat das Haupt geneigt und trägt die Dornenkrone; der Vater ist würdevoll bekleidet, er thront und hält den Kopf mit der Königskrone völlig aufrecht. Das 13. und 14. Jahrhundert hat Christus zunehmend als den Leidenden dargestellt. Vielleicht erschien deswegen Gottvater „auf der Bildfläche", um im Gottesbild ein Gegengewicht zum schieren Leidensbild zu schaffen und sichtbar zu machen, dass der Tod nicht das letzte Wort hat, der Gottessohn gehalten und getragen wird.

Jenseits und diesseits

Auch die bohrende Frage der Bildergegner nach der Darstellbarkeit der „zwei Naturen" ist nicht ohne Folgen in der Geschichte des Christusbildes geblieben. Wie sollte überzeugend anschaulich werden, dass ein solches Werk Gottesbild und Menschenbild zugleich sein will? Ein Bildvergleich aus der Frühgeschichte des Bildermachens.

Zwei Mosaiken aus Ravenna. Äußerlich nicht unähnlich, aber doch verschiedene Themen: einmal eine Darstellung des „guten Hirten" (Joh 10,11–18), zum anderen der richtende Christus zwischen zwei Engeln, der „wie der Hirt die Schafe von den Böcken scheidet" (Mt 25,32). Um 430 ist das eine Mosaik entstanden, um 520 das andere. Ich lade zu einem kleinen Ratespiel ein: Welches ist das ältere? Bei Vorträgen und Seminaren bekomme ich – insbesondere bei einem „kunstinteressierten Publikum" – fast immer die (didaktisch erwünschte) falsche Antwort: der richtende Christus ist der ältere. Ich lasse das Urteil begründen und höre dann immer richtige Beobachtungen: Das Mosaik sei sehr starr und symmetrisch, die „Landschaft" habe keine Tiefe, Menschen und Tiere wirken nicht so „plastisch", so körperlich wie im Bild des „guten Hirten". Der sei „viel fortschrittlicher", Körper und Raum seien „realistischer" dargestellt.

So weit der fruchtbare Irrtum, die falschen Schlussfolgerungen aus den richtigen Beobachtungen. Es gilt nun zu erklären: Die Entwicklung der christlichen Kunst von der Spätantike zum Mittelalter ist kein „Fortschreiten" – wie es sich die meisten vorstellen – zu einer immer „realistischeren" Abbildungsqualität. Es geht genau umgekehrt. Aber das ist auch kein Rückschritt, keine Dekadenzerscheinung, kein Verlust. Unter solchen Aspekten hat die Kunsttheorie der Renaissance die mittelalterliche Kunst beschrieben. Es ist vielmehr die deutliche Absicht festzustellen, „Unwirklichkeit zu üben", eine „Tendenz zur Entweltlichung", die ein positives Ziel hat: die jenseitige Welt, das Überirdische, das Göttliche. Sehr vereinfacht – und paradox – ausgedrückt: Dem Bild wird die dritte Dimension (die Tiefe, der Raum, der Körper) entzogen, um eine „vierte", eine neue und

Guter Hirt, um 430. Mausoleum der Galla Placidia, Ravenna.

Christus als Weltenrichter, um 525. San Apollinare Nuovo, Ravenna.

ganz andere Dimension zu gewinnen. Das „Unnatürliche" meint das „Übernatürliche".

Auf diese Weise versuchte also die christliche Kunst, das „Diesseits", das Handgreifliche und Abbildliche des Bildes, als „Jenseits" zu kennzeichnen. Sie musste in die Krise geraten, als sich die Entwicklung im späten Mittelalter und der Renaissance wieder umkehrte. Die englischen Kunsthistoriker haben für den Stil dieser Zeit einen treffenden Begriff: „down to earth realism". Wenn damals die religiösen Bildthemen „runter zur Erde" geholt wurden, dann steckte dahinter durchaus eine „fromme" Absicht: Die heilsgeschichtlichen Ereignisse sollten im Bild so sichtbar gemacht werden, dass sie miterlebt werden konnten. Das geht nicht ohne „Realismus"; Räume und Landschaften, Dinge und Personen mussten so dargestellt werden, als wären sie „wirklich" da. Dadurch wird aber die „Außenseite" der Ereignisse und Personen so präsent, erscheint so „natürlich", dass das „Geheimnis" vorzeigbar, das Wunderbare entzaubert und das Göttliche entheiligt wird. Zumindest besteht die Gefahr!

Die „großen" Künstler waren sich sicherlich dieser Gefahr bewusst. Ich will wenigstens ein Werk eines Renaissancemalers vorstellen, dem es auf kluge und anregende Weise gelingt, „Gott zu zeigen", seine sichtbare – und seine unsichtbare Seite. Das Fresko des **Andrea del Castagno** in der Kirche **Santissima Annunziata in Florenz** (um 1455 entstanden) ist erst Ende des 19. Jahrhunderts von deutschen Kunsthistorikern entdeckt und freigelegt worden. Es zeigt unten den heiligen Hieronymus – unverkennbar der Löwe und der Kardinalshut zu seinen Füßen – zwischen zwei heiligen Frauen; und oben ein Dreifaltigkeitsbild nach dem uns schon bekannten Schema des Gnadenstuhls, aber in einer völlig ungewöhnlichen Perspektive. Der Gekreuzigte ist wie „von unten" gesehen gemalt; der Vater hält ihn so, dass sich der Korpus in die Bildtiefe erstreckt. Man könnte fast meinen, Andrea del Castagno wolle uns zeigen, dass er die kompliziertesten perspektivischen Aufgaben – etwa einen

menschlichen Körper in extremer „Verkürzung" darzustellen – zu meistern versteht. Aber das „Kunststück" hat hier einen ausgezeichneten Sinn. Mit den heiligen Menschen im Bild schauen wir nach oben; und in der Logik dieser Perspektive „von unten" bleibt der Vater, der den Sohn nach unten hält und zeigt, hinter dem Kreuz verborgen. Der Blick „hinter das Kreuz", den uns das Bild zugleich ermöglicht, ist eigentlich unmöglich; er erfordert eine andere Perspektive. Andrea del Castagno präsentiert uns diese „zweite Perspektive", obwohl dies nach den Regeln der Renaissancemalerei ein Fehler ist: ein Bild darf nur einen „Augpunkt", eine „Zentralperspektive" haben.

Ein genialer „Fehler" als zentrale Bildaussage: Gottvater wird *sichtbar* als jemand, den man eigentlich *nicht sehen* kann. Positiv gesagt erkennen wir die christliche „Gottesbildregel": Was wir Menschen von Gott sehen können, ist eigentlich nur der menschgewordene Sohn Gottes am Kreuz. Wir können nicht den „ganzen Gott" sehen, insbesondere nicht seine Macht und Herrlichkeit. Wir können nur eine Seite Gottes sehen, die Seite Gottes, die „auf unserer Seite" ist. Der gekreuzigte Christus ist „Gott auf unserer Seite".

Es war einmal?

Es ist Zeit für eine Zwischenüberlegung, bevor wir uns einigen Bildbeispielen aus der Moderne zuwenden. Eine Überlegung, die an dieser Stelle zurückschaut und vorausblickt. Das soll in Form einer Doppelthese geschehen, die vor rund 45 Jahren der angesehene Hamburger Kunsthistoriker *Wolfgang Schöne* formuliert hat, in einem Beitrag zur „Bildgeschichte der christlichen Gottesgestalten in der abendländischen Kunst". Seine erste, diese Bildgeschichte bilanzierende Feststellung lautet:

1. Gott (der christliche Gott) hat im Abendland eine Bildgeschichte gehabt.

Das klingt banal, ist es aber beileibe nicht. Da wird Gott eine *Geschichte* zugeschrieben. Das schließt Entwicklungen und Veränderun-

Durchblicke

Andrea del Castagno, Dreifaltigkeit, um 1455. Santissima Annunziata, Florenz.

gen ein, mit Irrwegen und Sackgassen. Das ist so, wenn Gott sich in menschlicher Geschichte offenbart, vom Menschen in dieser Geschichte bezeugt wird. Das Aufregendste an der Formulierung von Wolfgang Schöne ist aber: Gott ist das Subjekt des Satzes – und damit der Bild-Geschichte. Hier wird nicht gesagt: Menschen haben sich von Gott ein Bild gemacht. Sondern: Gott selbst spricht sich in den Werken der Kunst aus. Die Gottesbilder sind **Gottes Bilder** im doppelten Sinne des Wortes, ein Element seiner Autobiographie. So hoch von den Bildern wie der Kunsthistoriker Schöne denken die abendländischen Theologen in der Regel nicht. Unter dem Stichwort „Offenbarung" werden meistens andere Fragen abgehandelt. Das 2. Vatikanische Konzil hat in seiner Offenbarungskonsitution gesagt, dass „Gott die Menschen anredet wie Freunde". Dass zu dieser menschenfreundlichen Zuwendung – vielleicht sogar besonders – die Zeugnisse der Kunst gehören könnten, halte ich zumindest für bedenkenswert.

Nach dieser Hoch- und Wertschätzung der Bilder liest sich der zweite Teil der Doppelthese von Wolfgang Schöne allerdings sehr ernüchternd:

2. Diese Bildgeschichte ist abgelaufen.

Mit anderen Worten: In der neueren Kunst – Schöne setzt die Zäsur etwa um 1800 an – geht nicht mehr, was – erstaunlicherweise, nicht selbstverständlich – über Jahrhunderte möglich war. Die Gründe sind vielschichtig: man müsste von den völlig veränderten geistesgeschichtlichen Bedingungen sprechen – und von der Kunst, die so ganz anders ist als in den „guten, alten Zeiten". Nur: Von Unvermögen oder Schuld der Kunst und der Künstler sollte in diesem Zusammenhang nicht die Rede sein. Gott bleibt das Subjekt der Sätze, die hier zu formulieren sind: Er entzieht sich dieser Kunst der Moderne, ihren Ausdrucksmitteln und Intentionen.

Schönes These kann uns nicht ganz kalt lassen. Man kann sie in Frage stellen. Und sie stellt Fragen.

– Ist Gott wirklich (wieder!) undarstellbar geworden? Ich neige dazu, Schöne zuzustimmen. Ausschlaggebend sind nicht irgendwelche intellektuellen Schlussfolgerungen, sondern die Anschauung: Die Beiträge des 19. und 20. Jahrhunderts zu unserem Thema sind keine „lebens- und geistkräftigen Gottesgestalten" (so Schöne) mehr. Häufig sind sie schwache Nachahmungen mittelalterlicher Vorbilder, nicht selten mit einem Schuss Expressionismus (allerdings ohne Expression). Es

gibt zwar auch eine anspruchsvolle künstlerische Auseinandersetzung mit der Christusgestalt in der Moderne. Aber da geht es sicher nicht um ein Gottesbild.

– Ist die Feststellung vom „Ende des Gottesbildes" beunruhigend? Ja und Nein! Beunruhigen sollte sie uns schon deswegen, damit wir in unseren Kirchen nicht so tun, als wäre nichts geschehen. Können wir uns Bilder leisten, die aufgehört haben, ernsthaft zu den Menschen zu sprechen? Die nur noch so tun, als ob... ? Um deren Glaubwürdigkeit es also schlecht bestellt ist? – Andererseits: wenn „die Bildgeschichte Gottes abgelaufen ist", dann bedeutet das weder den „Tod Gottes" noch das Ende des Glaubens. Wir wissen: So hat es doch auch angefangen. Ohne Gottes Bilder.

– „Ohne Gottesbilder" heißt nicht, dass Bild und Kunst insgesamt ihre Bedeutung für den Glauben verloren haben müssen. Allerdings hat sich diese Bedeutung sehr verändert. Wir haben an den Bildern nicht mehr das, was wir mal hatten. Das „Allerheiligste" ist sozusagen nicht mehr betretbar. Vielleicht auch „das Heilige". Aber – um im sprachlichen Bild zu bleiben: Wir können uns im „Vorhof" umsehen, auch wenn es der „Vorhof der Heiden" ist. Da können wir sogar „Christus" finden, er sieht nur ganz anders aus.

Der leidende Mensch

Die Kunst der Moderne ist nicht gerade von Heiterkeit geprägt. Die Zeiten sind nicht so. Wo die Künstler auf ihre Weise etwas zur „Lage des Menschen" sagen wollen, sieht es meist wenig freundlich aus. Es gibt allerdings ein erstaunliches Phänomen zu beobachten: In diesen Menschenbildern, die so entschieden geprägt sind durch die Erfahrung von Leid und Not, Schmerz und Gewalt, begegnen uns immer wieder Anklänge an die Christusbildtradition. Ein frühes Beispiel der Kunst „nach 1800" ist die berühmte

Durchblicke

„Erschießung der Aufständischen vom 3. Mai 1808", von **Francisco Goya** 1814 gemalt, eine spanische Nationalikone. Den politischen Hintergrund dieses Historienbildes muss man nicht kennen, um es zu verstehen. Die Darstellung zielt auf das Exemplarische. Einer anonymen, gesichtslosen Tötungsmaschinerie stehen die wehrlosen Opfer gegenüber. Unter den Delinquenten ist einer besonders hervorgehoben. Ein leuchtend weißes Hemd und der helle Ockerton seiner Hose lassen ihn fast überirdisch erstrahlen. Er blickt traurig, aber ohne Hass, auf das Erschießungskommando. Gewalt steht gegen Gewaltlosigkeit. Der Mann hat die Arme erhoben und weit ausgebreitet, die Handflächen sind geöffnet: er ist wehrlos und unbewaffnet. Schon diese Haltung und die Lichtregie des Bildes lassen das Thema der „Kreuzigung" anklingen. Überdeutlich wird diese Stilisierung aber in den Handflächen des Mannes: Er trägt die Wundmale Christi!

Einen vergleichbaren politischen Hintergrund hat auch das „**Chilenische Requiem**" von **Werner Tübke**. Der Maler, zu DDR-Zeiten einer der prominentesten Künstler seines Landes, hat es 1974 nach der gewaltsamen Liquidierung der demokratisch gewählten Regierung des Sozialisten Allende durch General Pinochet geschaffen. Vor einer Anden-Kulisse liegt, zu Füßen die chilenische Fahne, der Koloss eines toten Mannes. Über ihn beugt sich, mit Gesten zwischen Trauer und zärtlicher Zuwendung, eine schwarz gekleidete „Mutter". Dieses Symbolbild von Kampf, Niederlage und Trauer des chilenischen Volkes greift unübersehbar die Bildtradition der christlichen Pietà auf: Wir denken an Maria mit dem toten Christus; und der Zettel, der an den toten Baum zu Füßen der Beweinungsgruppe geheftet ist, erinnert an die Kreuzigungsinschrift.

Beide Bilder stehen nicht im Dienst der Verkündigung der christlichen Heilsbot-

Francisco Goya, Erschießung der Aufständischen vom 3.Mai 1808, 1814 (Detail).

Gottes Bilder

Lovis Corinth, Ecce homo, 1925.

Durchblicke

schaft; insbesondere dem Maler aus der DDR wird eine solche Absicht völlig fern gelegen haben. Trotzdem „benutzt" er christliche Bildstrategien, in einer nachchristlichen Gesellschaft. Offenbar sind sich die Maler der Wirkung dieser Rückgriffe auf traditionelle Bildmuster sicher. Aus dem historischen Einzelfall wird so ein grundsätzlicher Vorgang, der Anspruch auf Allgemeingültigkeit wird erhoben: *Ecce homo* – Seht, so leidet der Mensch. Mit der Anspielung auf die Christusgestalt wird aber fraglos auch der moralische Anspruch des Bildthemas intensiviert: Die Opfer sind die moralischen Sieger, sie haben für eine gerechte Sache gekämpft. Und ich möchte auch vermuten, dass „Christus" in diesen Bildern den Hoffnungsaspekt vertritt: Das Leiden war nicht sinnlos, der Tod hat nicht das letzte Wort. Diesen Glauben an „das Gute" haben die Christen nicht gepachtet; und wenn sie wollen, dürfen sie sich darüber freuen, dass „ihr Christus" auch in nachchristlichen Bildern dafür einsteht.

Die Kunst des 20. Jahrhunderts hat sich natürlich auch in direkterer Weise mit der Christusgestalt auseinander gesetzt. Ein charakteristisches Beispiel ist das **„Ecce homo"** von **Lovis Corinth**: ein bewegendes Bild schon deshalb, weil der Maler es 1925 mit schwindenden Kräften als sein letztes Werk geschaffen hat. Hier verbinden sich persönliche Leidenserfahrungen mit denen der Zeit „zwischen den Kriegen". Für die drei Personen des Bildes haben Freunde Corinths Modell gestanden. Den Christus in der Mitte hat Corinth mit den überlieferten „historischen" Bildelementen gekennzeichnet: Purpurmantel und Dornenkrone. Die beiden anderen Männer sind nicht biblisch kostümiert, sie verweisen auf die Gegenwart. Der eine sieht mit seinem weißen Kittel und dem Stirnband wie ein Arzt aus, der andere trägt die Uniform eines Offiziers. So wird die Darstellung des leidenden Christus der „historischen" Einmaligkeit enthoben und zum exemplarischen, auch für die Gegenwart gültigen Menschenbild. Man sollte nicht übersehen, dass das stumme „Opfer", das gefesselte „Lamm, das man zum Schlachten führt" (Jes 53,7), ohnmächtig zwischen Mächtigen, zugleich „über" der Situation steht. Der Gefangene steht vor den beiden anderen, wird nicht überschnitten; die Bewegung der gefesselten Hände geht nach vorne: Etwas wie „Freiheit" liegt in seinem Ausdruck, vielleicht eine Ahnung von „Ostern". Zumindest verliert der Leidende nicht seine Würde.

Dies ist der eine Weg, den die Kunst „nach dem Ende des Gottesbildes" gehen konnte: das Christusbild als Inbegriff-Bild des leidenden Menschen, mit immer wieder sichtbaren „österlichen" Akzenten, die aber nicht ausdrücklich auf die „christliche Hoffnung" zielen.

Ein Bild – kein Bild

Ein **„Olivenhain"** von **Vincent van Gogh**, 1889 in Saint-Remy entstanden, wo der Maler in einer privaten „Irrenanstalt" Heilung von einem Anfallsleiden suchte. Wenn ich Menschen dazu einlade, nach einer längeren Zeit des ruhigen Betrachtens etwas über die emotionale Wirkung dieses Bildes zu sagen, gehen die Antworten fast immer in zwei verschiedene Richtungen: Von Kraft und Vitalität ist die Rede, von Energie und Dynamik – aber auch von Beunruhigung, von Angst, ja sogar von Qual. Die Ursachen werden benannt: der kraftvolle, fast heftige Pinselstrich, die leuchtenden Farben, das südliche Sonnenlicht, das silbrige Grün der Blätter einerseits – aber auch das nach rechts hin abfallende Gelände, die sich windenden Bäume, die schattenlose Glut, der stürmische Wind; der Hain kann ein undurchdringliches Labyrinth sein, der Horizont ist verstellt.

Ist es möglich – so frage ich in christlichen Kreisen häufig weiter – dieses offensichtlich spannungsreiche Landschaftsbild mit einem Ereignis aus dem Leben Jesu zusammenzubringen? Die Antwort liegt dann nahe und kommt fast immer: der „Ölberg", Getsemani. Und ich darf dann darlegen, dass wir Chri-

Gottes Bilder

Vincent van Gogh, Olivenhain, 1889.

sten hier ausnahmsweise mal nicht gewaltsam hineininterpretieren, sondern durchaus Intentionen des Malers erspürt haben. Das Bild kann nämlich in Zusammenhang mit einem Brief gedeutet werden, den Vincent aus Saint-Remy an seinen Bruder Theo geschrieben hat. Da geht es um Getsemani-Bilder seiner Malerfreunde Paul Gauguin und Emile Bernard:

Ich bewundere durchaus gar nicht den „Christus im Olivengarten" von Gauguin, von dem er mir eine Zeichnung schickte. Ebenso wenig Bernard... Nein, in ihre biblischen Deutereien habe ich mich nie eingemischt... Ich will nicht noch einmal mit diesem Kapitel beginnen. Wenn ich hier bleibe, werde ich nicht versuchen, einen Christus im Olivengarten zu malen; vielmehr die Olivenernte, so wie man sie noch sieht, und wenn ich darin die wahren Verhältnisse der menschlichen Gestalt auffinde, so kann man dabei an jenes denken.

„Christus zu malen" erscheint van Gogh unmöglich. Dieser Weg ist ihm – und, wie er meint, auch seinen Kollegen – verstellt. Aber der künstlerisch notwendige Verzicht auf die konkrete Gestalt bedeutet nicht die Kapitulation vor dem Thema: Man *kann* daran denken – man muss aber nicht. Diese Subjektivierung, die mit dem Bildverzicht einhergeht, kann als Mangel, als Verlust beschrieben werden, aber durchaus auch als Gewinn. Die Eindeutigkeit ist dahin, aber ist Offenheit schlecht? „Die Freiheit", so wurde es beim 2. Vatikanischen Konzil formuliert (Gaudium et spes, Nr. 17), „schätzen unsere Zeitgenossen hoch und erstreben sie leidenschaftlich. Mit

43

Durchblicke

Recht." Wer solche Bilder wahrnimmt, ist frei, hier eine starke „religiöse" Erfahrung zwischen Vertrauen und Verzweiflung, zwischen Hoffnung und Angst veranschaulicht zu sehen. Auf jeden Fall werden wir mit einer authentischen menschlichen Erfahrung konfrontiert. Es „riecht nach Erde": Mit dieser Formulierung hat van Gogh den Vorzug seiner Bilder gegenüber den „Christussen" seiner Künstlerkollegen auf den Punkt gebracht.

Ob Gewinn oder Verlust: Wir haben eigentlich keine Wahl. Die Tür zu einem künstlerisch überzeugendem, „direkten" Gottesbild bleibt verschlossen. Ein Beispiel aus jüngerer Zeit kann dies noch einmal veranschaulichen. **Thomas Zacharias** hat vor wenigen Jahren einen umfangreichen Zyklus von „**Radierungen zur Bibel**" geschaffen. Darin gibt es zwei Kreuzigungsbilder. Das erste, zu Mk 15,40, zeigt Christus am Kreuz und ist in diesem Punkt völlig misslungen. Im zweiten, zu Lk 23,48, ist die direkte Sicht auf den Gottessohn durch das Kreuz selbst verstellt. Nur wie verkohlt wirkende Gliedmaße ragen hinter dem breiten Kreuzesbalken hervor. Durch

**Thomas Virnich,
Verlorene Form, 1993.**

**Thomas Zacharias, Kreuzigung
(zu Lk 23,48), 1990.**

diesen Bildverzicht im Zentrum wird nun aber vieles überzeugend und sinnvoll anschaulich. Es entsteht, wenn man so will, ein Gottesbild unter dem Vorzeichen des Gottesbildverbotes.

– Dazu passt das Dunkel in der oberen Bildhälfte. Sicher: man kann die „Finsternis über dem ganzen Land" als Zeichen für das anbrechende Gericht, für die trauernde Schöpfung, auch als Ausdruck der Gottverlassenheit deuten. Aber im Zusammenhang mit dem anderen Zeichen, das die Kreuzigung nach den Passionserzählungen begleitet, mit dem Zerreißen des Vorhangs vor dem Allerheiligsten, lässt sich auch sagen: Diesen absolut dunklen Ort, der als Zeichen für die verborgene, bildlose Gegenwart Jahwes bei seinem Volk gebaut wurde, gibt es so nicht mehr. Gott ist jetzt in einem anderen Dunkel gegenwärtig, am Kreuz.

– Das Kreuz und der Gekreuzigte „von hinten" lassen noch eine andere biblische Gotteserfahrung anklingen, die Offenbarung Gottes vor Mose am Sinai (Ex 33). Mose bittet Gott, „sein Angesicht sehen" zu dürfen. Gott erwidert ihm: „Du kannst mein Angesicht nicht sehen" (Ex 33,20). Dann aber stellt er den Mose an einen Felsen, zieht an ihm vorüber und lässt ihn seinen „Rücken" sehen. Auch diese Epiphanie steht in der Spannung zwischen Offenbarung und Verhüllung, zwischen Zugeständnis und Verweigerung, etwas wird sichtbar und ist zugleich verstellt.

Das Beispiel der Radierung von Thomas Zacharias macht noch einmal deutlich, dass die Situation der Moderne „nach dem Ende des Gottesbildes" mit den biblisch bezeugten Gotteserfahrungen durchaus korrespondiert. Und der notwendige Bild-Verzicht kann durchaus künstlerisch fruchtbar sein.

Auf dem Altar der Sakramentskapelle der Pax-Christi-Kirche in Krefeld steht eine „**verlorene Form**" (1993 entstanden) von **Thomas Virnich**. Da, wo wir in dem Stein den Gekreuzigten sehen, ist eigentlich „nichts". Kein Bild. Und doch – ein Bild.

Literatur

*   Erstmals erschienen in: Bibel heute 35 (1999) S. 96–98. S. 118–122.

Das „Ecce homo" von Lovis Corinth habe ich ausführlich beschrieben und gedeutet in: Fendrich, H. / Eggers, Th., „Ecce Homo". Bilder von Gott und Welt aus der modernen Kunst. Bd. 2: Zu Motiven aus dem Neuen Testament. Düsseldorf 1998, S. 10–14.

Der Beitrag mit den Thesen zum „Ende des Gottesbildes" von Wolfgang Schöne heißt: Die Bildgeschichte der christlichen Gottesgestalten in der abendländischen Kunst, in: Schöne, W./ Kollwitz, J./v. Campenhausen, H., Das Gottesbild im Abendland. Witten/Berlin 1959, S. 7 – 55.

Die gründlichste theologische Auseinandersetzung dazu ist zu studieren bei: Stock, A., Zwischen Tempel und Museum. Theologische Kunstkritik. Positionen der Moderne. Paderborn/München/Wien/Zürich 1991, S. 217–225.

„Sieh, wo du siehest nicht!"
Eine Wahrnehmungsübung

Verkündigung. Ein heute in seiner Bedeutung vielleicht unterschätztes Bildthema. Dabei ist es das eigentliche „Anfangsbild" des christlichen Glaubens. Hier beginnt die Geschichte Gottes mit den Menschen neu. Hier beginnt die Menschwerdung Gottes. Und zwar als Begegnung des göttlichen Boten – als Begegnung Gottes – mit einem Menschen. Menschwerdung Gottes beginnt im Dialog. Gottes Wort plus menschliche Antwort: So wird Gott Mensch. Eine einfache Rechnung? Ganz so problemlos, so glatt, dürfen wir uns diese Begegnung sicher nicht vorstellen. Und so haben sie die großen Maler auch nicht dargestellt. „Wie soll das geschehen?", fragt Maria erstaunt, als ihr der Engel die Geburt eines Sohnes ankündigt.

Konrad Witz und Thomas Mann

Konrad Witz, einer der bedeutendsten altdeutschen Maler, hat um 1440 ein Verkündigungsbild gemalt, das sich heute im Germanischen Nationalmuseum in Nürnberg befindet. Vermutlich handelt es sich um die Außentafel eines nicht mehr vollständig erhaltenen Marienaltars. Witz lässt das Geschehen zwischen Maria und Gabriel in einem ganz ungewöhnlichen Raum spielen. Auffällig ist nicht so sehr, dass es sich um eine europäische Wohnstube des 15. Jahrhunderts handelt. Das ist sogar typisch für die Malerei des Spätmittelalters. Auf diese Weise wollte man das biblische Geschehen in die Gegenwart holen, aus der „alten" Geschichte eine Geschichte „für heute" werden lassen. Menschen konnten sich so von diesem Bild unmittelbar ansprechen lassen, mit der dargestellten Maria sprechen, zu ihr beten. Genau in dieser Funktion begegnet uns das Bild von Konrad Witz – ohne dass der Autor den Maler nennt – in Thomas Manns letztem Roman: „Der Erwählte". Die Herzogin Sibylla sucht in ihrer Herzensnot Trost und Rat bei der Jungfrau:

Von der Gebenedeiten war vor dem Schemel, wo sie (Sibylla, H.F.) kniete, ein schönes Bild ausgespannt, aus guter Schule: nämlich wie sie's erfuhr und von dem Fittich-Boten die ungeheure Botschaft in süßer Demut empfing, – in einer Kemenate von Holz saß sie, in faltenweitem Kleide, hinter dem Scheitelhäuptchen einen Kreis von Glorie und zwischen den erhobenen Händchen ein Buch, darin sie in aller Unschuld gelesen, und wovon sie halb ungern das Köpfchen wandte, so als kehrte sie lieber zu ihrer stillen Beschäftigung zurück als dass sie des lockigen Engels achtete, der an der Tür in weißem gebauschtem Unterkleid und blauem Mantel hockend schwebte, nach oben weisend mit dem Finger seiner Linken, und in der Rechten es schriftlich hatte: ein gerolltes Blatt, worauf es in Lettern geschrieben stand, was sein kleiner roter Mund der Magd eröffnete. Sie aber blickte unter gesenkten Lidern zwischen ihm und dem Buch hinab zum Estrich in heiliger Ziererei, als wollte sie sagen: „Ich? Wie denn wohl? Das kann nicht sein. Du hast zwar Fittiche und hast es schriftlich und kamst, ohne die Tür zu öffnen, aber ich saß hier ohne den leisesten Gedanken der Ehrsucht bei meinem Buch und war auf eine solche Heimsuchung nicht im entferntesten gefaßt."

Da hat Thomas Mann nicht schlecht beobachtet, auch wenn er die Farbe des Engelgewandes – sicher lag ihm eine schwarz-weiß-Abbildung vor – falsch geraten hat. Mit sanfter Ironie und deutlich psychologischem Interesse spürt er dieser Begegnung der besonderen Art nach. Aber ihm entgeht auch Entscheidendes: Menschliches wie Theologisches. Er sieht es nicht. Weil es nicht „etwas" ist. Sondern „nichts".

„Sieh, wo du siehest nicht!"

Der leere Raum

Die Stube ist leer! Da ist absolut nichts: keine Möbel auf dem Dielenboden – nicht mal ein Stuhl für Maria, keine Lampe an der Balkendecke, kahle Wandflächen. Wie leergefegt! Was soll das? Man könnte ganz äußerlich denken: so arm war Maria! Aber dazu passt gar nicht das schöne, faltenreiche Gewand mit der Goldborte. Eher könnte man den zeichenhaften Sinn dieser Leere so „theologisch" deuten: Die „Leere" erinnert an den Moment vor der Erschaffung der Welt: „Die Erde war wüst und leer … und Gottes Geist schwebte über dem Wasser". Das bedeutet für die „Verkündigung": jetzt gibt es gleich eine „neue Schöpfung", Gott setzt einen „neuen Anfang". Und ist bei dieser neuen Schöpfung auch der Schöpfer-Geist dabei? Der Text der Verkündigungsgeschichte sagt es: „Heiliger Geist wird herabkommen", aber zeigt es auch das Bild? Da ist doch „Nichts"!

Doch – da ist etwas! Unübersehbar, obwohl es unsichtbar ist! Halt! – „unsichtbar" ist vielleicht nicht der richtige Ausdruck; es handelt sich ja sogar um die Grundbedingung für alles Sehen. Etwas, das an allem Sichtbarem sichtbar wird und durch das alles Sichtbare sichtbar wird.

Licht – die Stube ist voll mit Licht. Das sieht man auch deswegen so gut, weil sie ansonsten leer ist. So zeichnen sich überall deutlich Schatten ab: auf dem Boden, an der Wand, hinter den Holzbalken, in den Fenster- und Türleibungen. Aus dem Wechselspiel von Licht und Schatten könnte man nun erschließen, woher das Licht kommt. Aber man kann es merkwürdigerweise nicht!

„Natürlich" wäre der Lichteinfall vom Fenster her. Aber das Licht im Raum kommt nicht nur von dort hinten, sondern auch von der rechten Seite, deutlich erkennbar an den Gesichtern Marias und des Engels. Zu diesem Licht würde vielleicht auch der Schatten passen, der sich hinter Maria besonders auf der Wand abzeichnet. Aber wie soll man sich den Schatten **vor** Maria erklären?

Dieser Schatten, der da aus der rechten unteren Ecke hervorkommt, ist völlig unlogisch. Er scheint sich hinter Maria fortzusetzen und wird auf der leeren Wand neben der nach oben weisenden Gebärde des Engels sichtbar. Es gibt eigentlich nur eine sinnvolle Erklärung: der Schatten veranschaulicht geradezu wortwörtlich, was der Engel zu Maria sagt: „Kraft des Höchsten wird dich **überschatten**". Also: Gottes Geist ist dabei!

Das ist schon eine bemerkenswerte Bildidee: in einem auf den ersten Blick realistisch wiedergegebenen Raum wird das geheimnisvolle, unsichtbare Geschehen veranschaulicht durch ein irreales Spiel mit Licht und Schatten, das man aber nur erkennt, wenn man sehr aufmerksam wahrnimmt. Ein schwieriges Thema – aus Gottes Geist beginnt die Geschichte Gottes mit den Menschen ganz neu – wird ohne vordergründige Symbolik und platte Hinweise erschlossen. Das Unsichtbare bleibt unsichtbar!

Hören und Sehen vergehen

Übrigens: Konrad Witz weiß nicht nur darum, dass er als Maler Unsichtbares sichtbar machen muss. Es geht auch um eigentlich Un-Sagbares! Die biblische Geschichte lässt den Engel und Maria miteinander reden. Im Bild vollzieht sich alles schweigend, niemandem kommt ein Wort über die Lippen, es ist ganz still.

Das Bild versucht eben auch eine Antwort auf die Frage: Wie kann ich Gott erfahren, etwas von Gott erfahren, seine „Stimme" hören. Da ist die „Leere" eine wichtige Voraussetzung. Sie entspricht der menschlichen Erfahrung, dass allzu viel im menschlichen Leben der Wahrnehmung der „Sprache Gottes" entgegensteht: Besitz und Macht, aber auch die Enge von Begriffen, Vorstellungen und Bildern. Die Mystik, die ja auch die spätmittelalterliche Frömmigkeit sehr prägte, zitierte hier gern ein Psalmwort in der Fassung der Vulgata (Ps 45,11; heute 46,11): *Vacate, et vi-*

47

Besichtigungen des Unsichtbaren: Bilder zur Menschwerdung

Konrad Witz, Verkündigung, um 1440.

„Sieh, wo du siehest nicht!"

Robert Campin, Verkündigung, um 1425–35.

Besichtigungen des Unsichtbaren: Bilder zur Menschwerdung

dete quoniam ego sum deus. **Werdet leer und seht, dass ich Gott bin!**

Ohne Frage: **Maria sieht** – wie meist in Verkündigungsbildern – den Engel **nicht**. Die „Leere" des Raumes ist nicht nur Ausdruck des mystischen „Leerwerdens", sondern insgesamt ein bildlicher Ausdruck für das „Nicht sehen", für die Unsichtbarkeit der göttlichen Wirklichkeit. Die „Leere" ist aber auch sichtbarer Ausdruck für eine „akustische" Grundbedingung. Der „Leere" – der „Bildlosigkeit" auf der Ebene des Sehens – entspricht auf der Ebene des „Hörens" das Schweigen und die Stille. Auch das wäre aus diesem Bild, das wäre von Maria zu lernen. Johannes Paul II. hat dies sprachlich wunderschön und zutreffend formuliert: *Die Evangelien bezeichnen (Maria) als die große Schweigende, als die im Schweigen Hörende. Ihr Schweigen ist der Schoß des Wortes ...* Entsprechend lesen wir im Buch der Weisheit (18,14f.): *Als tiefes Schweigen das All umfing und die Nacht bis zur Mitte gelangt war, da sprang dein allmächtiges Wort vom Himmel.*

Der Mensch, der etwas von Gott erfahren will, braucht visuell und akustisch beruhigte Räume. Uns muss „Hören und Sehen vergehen", damit Gott zu uns sprechen kann. Angelus Silesius, der barocke Nachfahre der spätmittelalterlichen Mystik, hat gedichtet:
Geh hin, wo du nicht kannst;
sieh, wo du siehest nicht.
Hör, wo nichts schallt und klingt,
so bist du, wo Gott spricht.
(Nr. 199 im 1. Buch des „Cherubinischen Wandersmannes")

Die andere Möglichkeit

Das Verkündigungsbild des flämischen Malers Robert Campin ist etwa zur selben Zeit wie das Werk von Konrad Witz entstanden – zwischen 1425 und 1435 – und es ist von ähnlich herausragender Qualität. Aber welch ein Gegensatz zu der „leeren" Stube! Der Raum ist voll, von oben bis unten, von vorne bis hinten! Würde man das Bild als histori-

sches Abbild missverstehen, müsste man fragen: War Maria so reich? Aber ähnlich wie bei Konrad Witz die „Leere" einen „theologischen" Sinn hat, so muss man hier sagen: diese vielen Details, die haargenau erfassten und wirklichkeitsgetreu abgebildeten alltäglichen Gegenstände wollen uns nicht darüber informieren, wie „gemütlich" es bei Maria zu Hause war, wie schön aufgeräumt und wie sauber, sondern hinter der „Oberfläche" soll der Betrachter eine „tiefere" Bedeutung erkennen. Was auf den ersten Blick wie „Alltag" aussieht, ist für den, der zu sehen versteht, „Heilsgeschichte". Die Kunsthistoriker haben für diese Art der frühen niederländischen Maler, mit sehr irdischen Dingen von „überirdischen" Ereignissen zu erzählen, einen englischen Fachausdruck: „disguised symbolism" – versteckter Symbolismus.

Versteckspiele

Dabei darf man das „Verstecken" nicht missverstehen: die „Sprache" des Bildes will ja verstanden, der verborgene Sinn soll entdeckt werden. Manches ist auch gar nicht so schwer zu verstehen: etwa Handtuch und Wasserkessel als Reinheitssymbole, also als Hinweise auf die Jungfräulichkeit Mariens. Manchmal muss man auch etwas wissen: zum Beispiel, dass die Lilie in der Vase ebenfalls ein Symbol der Jungfräulichkeit ist oder dass man die Löwen auf der Kniebank mit dem Thron Salomons (1 Kön 10,19) in Verbindung zu bringen hat und so auch Maria als „sedes sapientiae", als „Sitz der Weisheit" – eine alte Ehrenbezeichnung für die Mutter Jesu – ausgewiesen wird.

Schließlich gibt es auch einige Elemente, deren Sinn man nicht so eindeutig erschließen kann: Warum ist der eine Kerzenleuchter über dem Kamin mit einer Kerze bestückt, der andere nicht? Sollte das etwas mit dem „Ende" des Alten Bundes und dem „Anfang" des Neuen Bundes zu tun haben? Wobei zu beachten ist, dass die „Kerze des Neuen Bundes" noch nicht angezündet ist! Das würde gut dazu passen, dass der Engel schon in der Stube angekommen ist und das winzige Jesuskind auf einem Lichtstrahl durch das geschlossene Fenster – wieder ein Jungfräulichkeitssymbol – bereits einschwebt; aber Maria hat noch nichts gemerkt, sie ist noch ganz in ihr Buch vertieft! Will der Maler den spannenden Zeitpunkt darstellen, der unmittelbar vor dem Ereignis der Menschwerdung Gottes liegt? Sozusagen: „der Count-down läuft"? Oder will er mit der Maria, die nicht auf den Engel, sondern in ihr Buch blickt, sagen: Es geht hier um eine „unsichtbare Wirklichkeit"; wenn Gott dem Menschen begegnet, ihn anspricht, dann bedarf es keines äußerlichen Hinsehens. Oder sogar: wer Gott begegnen, etwas von Gott erfahren will, der kann dies im „Wort" der Heiligen Schrift! Viele Fragen, viele Antwortmöglichkeiten: mit diesem Bild und seinen mal offenen, mal verborgenen und verschlüsselten Zeichen wird man so schnell nicht fertig.

Pfffft

Und die originellste Bilderfindung des Robert Campin haben wir noch gar nicht erwähnt; sie hat – vielleicht: wer kann das bei einem solchen Bild schon sicher sagen! – etwas mit dem Heiligen Geist zu tun. Hier flattert ja keine Taube als sehr äußerliches Symbol für das Wirken des Geistes in den Raum. Aber auf dem Tisch steht – ziemlich genau in der Bildmitte – eine Kerze. Und die ist – man sieht's am sich kräuselnden Rauch – gerade eben erst ausgegangen. Wer hat die denn ausgepustet? Wer nur „äußerlich" denkt, könnte antworten: Der Engel hat die Tür aufgelassen, hier zieht's. Wer „tiefer" sieht, wird sagen müssen: Hier weht Gottes Geist! Unsichtbar, aber wirklich erfahrbar!

Anbetung im Wald.
Das Weihnachtsbild des Fra Filippo Lippi
für die Medicikapelle von 1459

Seit 1998 sind die Bilder der Sammlung Preußischer Kulturbesitz in Berlin in einem viel gerühmten Museumsneubau zu sehen. Über tausend Gemälde – ein Querschnitt von Meisterwerken aller Epochen und Länder – werden dort gleichzeitig präsentiert. Es kann sein, dass man das auf den ersten Blick wenig spektakuläre Bild des Fra Filippo Lippi in dieser Fülle übersieht. Deswegen erlaube ich mir einen narrativen Einstieg, der die ungewöhnliche Bedeutung dieses Werks herausstellt. Im Adventskalender 1998 „Wir sagen euch an: Advent" habe ich unter der Überschrift „Das Geheimnis des Hauses Medici" versucht, Kindern dieses Bild schmackhaft zu machen.

Ihr habt doch Phantasie? Ja? Wirklich? Dann los!

Stellt euch vor, wir befinden uns in einem ziemlich dunklen Raum. Keine Fenster. Nur Kerzenlicht. Im Dämmerschein seht ihr allmählich: Das muss so eine Art Kirche sein. Eine Kapelle. Sehr vornehm. Sehr kostbar ausgestattet. Viel Gold und dunkles Blau. Marmor, Porphyr, Serpentin an den Wänden, auf dem Fußboden. Und ausgemalt ist die Kapelle. Eine Felsenlandschaft. Menschen sind dort unterwegs, zu Fuß, zu Pferd. Angeführt wird der Zug von drei besonders reich gekleideten Reitern. Ob das vielleicht die Heiligen Drei Könige sein sollen? Alle scheinen ein Ziel zu haben. Es ist der Altarraum der Kapelle.

Sollen wir da mal hin gehen? Vorsicht, Stufe! Wieder sind die Wände rechts und links bemalt. Viele, viele Engel sind zu sehen. Sie knien, sie stehen, sie schweben in einer schönen Landschaft. Fast alle wenden sich dem Altar zu.

Und über dem Altar hängt ein Bild. *Es ist – ihr habt es euch schon gedacht – das Weihnachtsbild, das ihr auf dieser Seite seht.*

Nun will ich euch erst einmal verraten, wo wir sind: In Florenz, im Palast der Familie Medi-

ci, in der Hauskapelle im ersten Stock. Diesen Raum, obwohl über fünfhundert Jahre alt, gibt es heute noch, fast genau so, wie ich ihn beschrieben habe. Ihr könnt nach Florenz fahren und nachschauen. Nur das Schönste und Wichtigste, das Altarbild von Filippo Lippi, ist nicht mehr da. Spätere Besitzer des Palastes haben es verkauft, es hängt heute im Museum in Berlin.

Warum ich euch das so lang und breit erzähle? Ich finde klasse, was die Medici da in Florenz sich ausgedacht haben. Diese Medici beherrschten im 15. Jahrhundert nicht nur die Stadt Florenz, sie waren eine der mächtigsten und reichsten Familien in ganz Europa. Und im Zentrum ihres Palastes haben sie sich diese geheimnisvolle, dämmrige Kapelle bauen lassen. Ich glaube, damit wollten die Medici sich – und anderen – verdeutlichen, was das Allerwichtigste ist, wichtiger als Reichtum und Macht. Das Geheimnis, das tief im Innern verborgen ist und manchmal nur so schwer sichtbar wird. Der letzte Grund, dem wir alles Leben und alle Freude am Leben verdanken. Das eine, auf das es wirklich ankommt, Ausgangspunkt und Ziel zugleich: Gott liebt diese Welt, er will ihre Erlösung, er schenkt seinen Sohn in diese dunkle Welt hinein. Ein kleines Kind, Licht der Welt.

Kurz und gut: Die Anbetung im Wald ist nicht irgendein Bild, sondern ein Werk, das prominente Auftraggeber für einen ihnen besonders wichtigen Ort in einem denkbar aufwendigem Rahmen schaffen ließen. Allerdings: dieser Rahmen fehlt heute und damit ein ganz wichtiger Bedeutungsträger!

Im Kontext eines Museums kann uns niemals der Gedanke kommen, den das Arrangement im Palast Medici nahe legt, uns geradezu aufs Auge drückt: Meine Güte, dieses kleine, „niedliche" Kind ist ein „Ziel", ist das Zentrum eines Hauses, einer Stadt, der ganzen Welt.

Anbetung im Wald

Fra Filippo Lippi, Anbetung im Wald, 1459.

Selbstverständlich: das Bild ist imaginär

Vorausschicken möchte ich meiner Betrachtung des Bildes eine eigentlich selbstverständliche Überlegung, die mir aber doch notwendig und hilfreich erscheint: Die dargestellte Szenerie ist **selbstverständlich imaginär**. Das ist wörtlich (lateinisch *imago*: Bild) zu nehmen. Was wir sehen, ist nur auf diesem Bild zu sehen, gehört in dieser Konstellation nur dem Bild und war nie Teil einer sichtbaren Wirklichkeit, auch wenn es so aussieht. Niemals hat das Jesuskind nackt auf einer Blumenwiese im dunklen Wald gelegen, niemals hat Gott-Vater darüber seine Hände ausgebreitet (Hat Gott überhaupt „Hände"?). Keine Taube schwebte über dem Kind, kein

Besichtigungen des Unsichtbaren: Bilder zur Menschwerdung

Kapelle im Palazzo Medici, Florenz.

Johannesknabe im Kamelhaarkleid stand daneben. Den heiligen Bernhard von Clairvaux gab's noch lange nicht. Und selbstverständlich hat die Mutter Maria das neugeborene Kind nicht angebetet!

Das hört sich nach einer Negativbilanz an. Aber dieses „So war's nicht!" – das sich noch seitenweise fortsetzen ließe – zielt positiv auf die Frage, warum das Bild dies alles **so** zeigt und wir es **so** sehen sollen. Wenn die „imaginären" Elemente nicht eine sichtbare Wirklichkeit bezeichnen, was **bedeuten** sie dann? Und wo sind die Quellen der Imagination zu suchen?

Sicherlich nicht in der Phantasie eines frommen Malers. Es ist völlig unangemessen zu sagen, Fra Filippo habe sich „Weihnachten so vorgestellt". Die Bildmotive haben je für

Anbetung im Wald

sich eine zum Teil sehr lange Geschichte, verweisen auf verschiedene Zeiten und Orte mit den ihnen eigenen geistig-geistlichen und theologischen Horizonten, mit einer bestimmten Frömmigkeit. Die „Kunst" des Malers besteht darin, diese Vor-Gaben in Beziehung zueinander zu bringen und ein neues und unverwechselbares Bildganzes zu gestalten.

Die Einheit des Bildes

Bevor wir uns einzelnen Bildelementen zuwenden, sollten wir kurz darauf schauen, wie der Maler aus dem **Bild eine Einheit** werden lässt. Da ist zunächst eine Einheit des Ortes zu nennen, die dunkel – grüne felsige Waldlandschaft, die bergauf steigt und so das ganze Bild ausfüllt. Überall schlanke, gerade Baumstämme und – merkwürdigerweise – viele Baumstümpfe. Um diese Einheit auf einen symbolträchtigen Punkt zu bringen, kann man auch formulieren: Dieses Bild ist **ganz Erde**. Es fehlt der Horizont mit der Trennungslinie zwischen oben und unten, zwischen Himmel und Erde. Der „Himmel" erscheint auf der Erde.

Die **Personen** des Bildes haben keine Blickbeziehung zueinander, sind aber durch eine **Komposition** miteinander verbunden, die am ehesten an ein **spitzbogiges Fenster** erinnert, das beim Johannesknaben links beginnend über den Rücken des heiligen Bernhard in Gott-Vater seinen Scheitelpunkt erreicht und dann über den Rücken Mariens zur Erde zurückkehrt. Das Kind bildet die Basis. Dieses „gotische Fenster" als Kompositionsprinzip – das übrigens in den behutsam gefalteten Händen Mariens nochmals aufgenommen wird – unterstreicht die Feierlichkeit der Szenerie und will bewirken, dass die Menschen vor dem Bild genauso andächtig werden wie die Personen im Bild. Wir dürfen ebenso glauben: Wir sind im Wald, wie: wir sind in der Kirche.

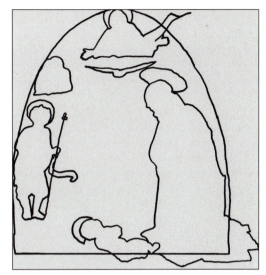

Kompositionsskizze.

Der dreifaltige Gott als Achse

Die Komposition des Bildes ist auch geprägt durch die **Achse**, die aus den drei göttlichen Personen gebildet wird. Die **Dreifaltigkeit** Vater, Sohn und Geist – in der Anschauung: alter Mann, Kind und Taube – wird also noch einmal als eine „Wirklichkeit für sich" hervorgehoben und von den übrigen Personen abgehoben. Das ist gut so, denn sonst müssten wir heftig protestieren. Der dreifaltige Gott ist ja keine „Sache" dieser Welt und ein Bild, das ihn „sichtbar" macht, ist grundsätzlich missverständlich und fragwürdig, gerade auch vor dem unmissverständlichen biblischen Gebot: „Du sollst dir kein Gottesbild machen" (Ex 20, 4). Das ist immerhin das zweite der Zehn Gebote. Es will die Unsichtbarkeit und Unbegreifbarkeit Gottes sicherstellen. Ein Verstoß gegen dieses Gebot ist also keine Lappalie. Aber das Bild liefert die Begründung für den Verstoß gleich mit. Da ist ein Kind. Ein Kind kann man sehen. Wenn Gott in diesem Kind Mensch geworden ist, dann wird der unbegreifliche Gott sichtbar und fassbar.

Menschwerdung Gottes, „Inkarnation": das sagt sich leicht. Dass es keine Kleinigkeit

Besichtigungen des Unsichtbaren: Bilder zur Menschwerdung

ist, wird in unserem Bild besonders an der „Fallhöhe" anschaulich. Gott-Vater ganz oben und das kleine Kind ganz unten auf der Erde – das ist die denkbar größte Distanz. Gott-Vater im Glanz seiner Herrlichkeit und das Kind auf dem dunkelgrünen Waldboden – das sind völlig verschiedene Wirklichkeiten. Man könnte meinen, das Jesuskind überlegt ganz verdutzt: Wie komme ich denn hierher?

Der **Lichtglanz**, der den Vater umgibt, ist auch wichtig wegen des erwähnten **Gottesbildverbots**. Das Bild sagt auf diese Weise: Hier wird etwas anschaulich gemacht, was man „eigentlich" nicht sehen kann. Von unten, von der Erde, von den Menschen her gesehen, verbirgt der Lichtglanz die Gestalt, ebenso wie der zu beiden Seiten emporflatternde Mantel des Vaters und das Gewölk unter ihm. „Gott wohnt in einem Lichte, dem keiner nahen kann...", heißt es in dem schönen Lied von Jochen Klepper (Gotteslob 290).

Bemerkenswert ist, dass die ausgebreiteten **Hände** Gott-Vaters an den Grenzen des Strahlenkranzes nach außen zeigen: „Gottes Hand", sein Wirken, sein Schutz, seine Führung, sein Segen: das alles ist in dieser Welt sichtbar und erfahrbar. An dieser Grenze zwischen Sichtbarkeit und Unsichtbarkeit wird auch die **Taube** als Zeichen für Gottes Geist gezeigt. Die Position zwischen Vater und Sohn kann uns zudem an den Glaubenssatz erinnern, dass Jesus Christus „Fleisch angenommen hat durch den Heiligen Geist".

Der nackte Gott

Im Blick auf das Kind ist insbesondere seine **Nacktheit** auffällig, die ja – ich erinnere an meine Einleitung – nicht „historisch" im Sinne eines „So war es!" missverstanden werden darf. Auf viele Bedeutungen wäre hinzuweisen:

– Mit der rosigen Haut – die Kunsthistoriker nennen sie mit dem Fachbegriff: **Inkarnat** – werden wir darauf aufmerksam gemacht, dass Gott wirklich „Fleisch ange-

nommen" hat. Es geht um „**Inkarnation**".

– Die Nacktheit betont den Unterschied zum hoheitlich-vornehm gewandeten Vater. Diese „Herrlichkeit" hat Jesus aufgegeben. „**Entäußerung**" und „**Erniedrigung**" wären die hier zu nennenden theologischen Stichworte, ganz im Sinne des Christusliedes des Philipperbriefes (Phil 2, 6–11).

– „Nacktheit" signalisiert Armut und Bedürftigkeit, besonders aber auch Schutz- und Wehrlosigkeit. Gott „liefert sich aus". Wir können an den nackten Christus am Kreuz denken. Das Kind bekommt die Erde in jeder Beziehung „hautnah" zu spüren!

An die Kreuzigung werden wir auch durch das dunkelrote **Kreuz** – nur drei Enden sind sichtbar – auf dem **Heiligenschein** erinnert. Zugleich ist der Nimbus aber auch der deutlichste Hinweis auf die göttliche Herkunft des Kindes: Das Haupt seines Vaters umstrahlt derselbe Heiligenschein.

Filippo Lippi hat in seinem Bild eine auffällige „Hierarchie der Heiligenscheine" entwickelt. Der Kreuznimbus ist den göttlichen Personen Vater und Sohn vorbehalten; ganz aus Gold, aber geriffelt ist der Heiligenschein der Gottesmutter Maria. Der Knabe Johannes hat einen bloß punktierten Nimbus, so dass das Grün des Waldes hindurchscheint. Den Kopf des heiligen Bernhard von Clairvaux umgibt schließlich „nur" ein goldener Ring.

Kommunion

Rätselhaft erscheint die Geste des Kindes, der an die Unterlippe gelegte Zeigefinger. Soll dies eine verhaltene Mahnung zum Schweigen und zur **Stille** sein, die ja auch den Gesamteindruck des Bildes bestimmt? Die andächtige Betrachtung, zu der insbesondere Maria, aber auch der herabschauende Vater einladen, indem sie diese Haltung vormachen, verträgt keinen Lärm, kein Gerede. Wo **das Wort** Fleisch wird, müssen die Worte verstummen. Vielleicht hat die Geste aber auch etwas mit der Funktion dieses Bildes an seinem ursprünglichen Ort in der Kapelle der Medici zu tun. Dort ist es doch ein **Altarbild**, das die Menschen daran erinnern soll, was sie in der Eucharistie erfahren und feiern. Insbesondere empfangen sie dort bei der Kommunion den **Leib Christi**! Das Kind, das den Finger an den Mund legt, mahnt: Wisst ihr auch, was ihr jetzt tut? Das Brot, das ihr esst, das ist der Leib Christi! Das bin ich! Ich komme nicht nur einmal zur Welt. Ich komme immer wieder zu den Menschen. Und jetzt bin ich wieder bei euch, bei dir.

Brennen und Blühen

Schließlich sollten wir noch einen Blick auf den Boden werfen, auf dem das Kind liegt: Mitten im Wald eine **Blumenwiese**. Das ist nicht bloß ein hübscher Schmuck. Hier soll – mit diesen schönen und vielfältigen Blumen – anschaulich werden: Weil mit diesem Kind Gott selbst „zur Welt kommt", verändert sich die Welt. Und zwar sichtbar! **Die Erde blüht auf!** Diese Bildsprache erinnert an prophetische Verheißungen. Wenn Deuterojesaja ankündigt: „Seht, hier ist euer Gott! ... Er wird kommen und euch erretten" (Jes 35, 4), dann ist das Wort „Seht" ernst zu nehmen. Die Wüste lebt, wenn Gott kommt: „Die Wüste und das trockene Land sollen sich freuen, die Steppe soll jubeln und blühen. Sie soll prächtig blühen wie eine Lilie ... Man wird die Herrlichkeit unseres Herrn sehen, die Pracht unseres Gottes" (Jes 35, 1 + 2). Zu den Bildzeichen einer veränderten Wirklichkeit gehören auch die zarten punktierten **Goldflämmchen**, die das Kind überall umgeben. Dass die Erde „zu brennen" anfängt, ist jedoch kein harmloses Signal. So ganz schmerzlos geht eben keine Veränderung der Welt vor sich. Hier wäre an das Wort Jesu aus dem Lukasevangelium zu erinnern: „Ich bin gekommen, um Feuer auf die Erde zu werfen. Wie froh wäre ich, es würde schon brennen" (Lk 12, 49).

Maria: Gott kommt zur Welt durch Menschen

Völlig nackt ist das Kind übrigens nicht. Ein durchsichtiger Schleier bedeckt seinen Unterkörper. Es ist der Schleier seiner Mutter. So ergibt sich anschaulich eine zarte Verbindung zwischen Jesus und Maria. Die wird ebenso hergestellt durch das linke Füßchen des Kindes auf dem Gewand der Mutter. Der Heiligenschein Mariens hingegen ragt leicht in das himmlische Licht hinein, das den Vater und den Geist oben umgibt. Die kniende **Gottesmutter** ist also ein Mensch, der Himmel und Erde miteinander **verbindet**. Und durch Maria hindurch ist das göttliche Kind mit Vater und Geist verbunden. Oder von oben nach unten gesehen: Wenn „Gott zur Welt kommt", dann kommt er durch einen Menschen hindurch zur Welt, nicht an den Menschen vorbei. Gott „braucht" Menschen, um „zur Welt zu kommen"!

Maria: Gott kommt zur Welt im Menschen

Maria betet, betet an. Ich habe schon eingangs daran erinnert, dass das alles andere als selbstverständlich ist. In den Kindheitsgeschichten der Evangelien kommt dieses Motiv nirgends vor. Erst im 14. Jahrhundert findet es Eingang in die Kunst, und durch Bilder ist es für uns so selbstverständlich geworden. Die „**Anbetung des Kindes**" entsteht im Zusammenhang einer sich im späten Mittelalter wandelnden Frömmigkeit, die weniger rational, begrifflich und lehrhaft als emotional, „poetisch" und bildlich ist. Es gibt ein größeres Gespür für das „Geheimnis des Glaubens", das kein menschlicher Verstand fassen kann. Nikolaus von Kues, der große Theologe des 15. Jahrhunderts (1401–64), bringt es auf den Punkt: *Quia ignoro, adoro* – „Weil ich nicht weiß (nicht verstehe, nicht erkenne), bete ich an". Literarisch wird das Motiv der Anbetung des Kindes durch Maria entfaltet in Schriften des 14. Jahrhunderts, die durch die

Besichtigungen des Unsichtbaren: Bilder zur Menschwerdung

franziskanische Frömmigkeit beeinflusst sind, die „*Meditationes vitae Christi*" eines italienischen Franziskaners und die „*Revelationes celestes*" der heiligen **Birgitta von Schweden**. In diesen „himmlischen Offenbarungen" erlebt Birgitta die wichtigsten Ereignisse des Lebens Jesu unmittelbar mit. Die Geburt Jesu beschreibt sie so:

Wie Maria so im Gebet stand, gebar sie sofort und in einem Augenblick den Sohn, von dem ein solch unsagbares Licht und ein solcher Glanz ausgingen, dass nicht einmal die Sonne damit zu vergleichen war ... Und sogleich sah ich jenes glorreiche, nackte und sehr niedliche Kind am Boden liegen. Sein Leib war frei von jeder Beflekkung und Unreinheit ... Als die Jungfrau fühlte, dass sie schon geboren hatte, betete sie sogleich den Knaben mit großer Ehrfurcht ... an: Sei willkommen, mein Gott, mein Herr und mein Sohn.

Der Sinn dieser Erzählung – und der entsprechenden Bilder – ist es natürlich, in der anbetenden **Maria** ein **Vorbild** zu sehen. Ihre Haltung sollen die Menschen nachahmen, wie Maria sollen wir das Kind betrachten und über das Geheimnis der Menschwerdung Gottes nachsinnen, es in uns hineinlassen. So kommt Gott zur Welt im Menschen.

Der Blick Mariens in Fra Filippos Bild zeigt dabei deutlich, dass die „**Betrachtung**" nicht auf das Äußerliche und Augenscheinliche zielt. Maria scheint mehr „**nach innen**" zu schauen, und die Form ihrer betenden Hände – nur die Fingerspitzen berühren sich – legt nahe, dass sie das Ereignis selbst nicht fassen, nicht begreifen kann. Man kann übrigens im Bild schon sehen, dass die anbetende Maria hier Vorbild für die Menschen sein soll: Der heilige Bernhard im Hintergrund ahmt genau ihre Haltung nach.

Bußpredigt mit kindlichem Charme

Am linken Bildrand steht auf einer Felsscholle **Johannes der Täufer** im Kamelhaarmantel, ein Knabe von etwa fünf Jahren. In der Linken hält er einen Botenstab: Er ist der „Bote" (Mk 1, 2), der das Kommen des Herrn vorbereitet. Am Stab ist ein Spruchband mit dem *Ecce agnus dei* befestigt, dem Anfang des Satzes, mit dem der Täufer im Johannesevangelium auf Jesus zeigt, nachdem er ihn getauft hat: „Seht, das Lamm Gottes, das die Sünde der Welt hinwegnimmt". Mit dem Bildwort „**Lamm**" (das geschlachtet wird) erinnert Johannes an die **Passion** Jesu. Dazu passt auch die **Kreuz**blume auf seinem Stab und vielleicht die große **Axt** links unten im Bild, auf deren Schaft sich übrigens der Maler „verewigt" hat: *Frater Philippus P(inxit)* steht da, „Fra Filippo hat (dieses Bild) gemalt". In erster Linie ist die Axt aber sicherlich ein Zeichen für das **Gericht**, das Johannes ankündigt.

Warum der Maler ausgerechnet auf diesem Symbol seinen Namen hinterlassen hat, wissen wir natürlich nicht. Vielleicht fühlte er sich von der Gerichtsmahnung besonders angesprochen, vielleicht ist dieses „Autogramm" so etwas wie ein persönliches Schuldbekenntnis. Fra Filippo Lippi lebte nämlich zur Entstehungszeit des Bildes (1459) in einer Situation, die auch ihm selbst als schwerste Sünde erscheinen konnte. Etwa 1406 als Sohn armer Eltern (sein Vater war Schlächter) geboren, wurde er noch als Kind nach dem Tod des Vaters dem strengen Orden der Karmeliter übergeben. Als Fünfzehnjähriger legt er vor dem Prior des Klosters Santa Maria del Carmine in Florenz seine Gelübde ab. Die mönchische Lebensform, die er nun wahrlich nicht „frei gewählt" hatte, wird ihm zunehmend zur Last, insbesondere das Keuschheitsgelübde. 1456 wird er Kaplan des Nonnenkloster Santa Margherita (eine Pfründe). Er verliebt sich in die Nonne Lucrezia Buti, er entführt sie. Ein Jahr später wird der Sohn Filippino Lippi geboren, aus dem ein fast so bedeutender Maler wurde wie sein Vater. 1461 soll ihm dann der Prozess wegen Sittenlosigkeit gemacht werden. Aber da gibt es doch noch ein Happy End für das Liebespaar; Cosimo Medici, der mächtige Gönner Filippos, erreicht bei Papst Pius II., dass Mönch und Nonne von ihren Gelübden befreit werden.

Anbetung im Wald

Zur Symbolik der Axt, die das drohende Gericht anzeigt, passen auch die vielen **Baumstümpfe** im Bild. Johannes ruft: „Schon ist die Axt an die Wurzel der Bäume gelegt; jeder Baum, der keine gute Frucht hervorbringt, wird umgehauen und ins Feuer geworfen" (Mt 3, 10) Auf das „brennende Feuer" um das Jesuskind herum habe ich schon aufmerksam gemacht. Es lässt sich auch im Zusammenhang mit der „Feuertaufe" deuten, die Johannes ankündigt (Mt 3, 11). Als Hinweis auf die Wasser-Taufe – die bei Johannes primär Buß-Taufe ist – lässt sich der Bach verstehen, der am rechten Bildrand entspringt.

Merkwürdig ist für uns vielleicht, dass der **Bußprediger** Johannes hier als **hübscher Knabe** präsentiert wird, der uns zwar nachdenklich, aber bestimmt nicht „drohend" anblickt. Die Florentiner, deren Stadtpatron er war, haben ihn sehr gerne so jung und liebreizend dargestellt, *Giovannino* – „Hänschen" – haben sie ihn am liebsten genannt. Ich halte die Vorstellung eines kindlich-attraktiven Bußpredigers für durchaus bedenkenswert. Sie kann uns darauf aufmerksam machen, dass der dringende Ruf zur Umkehr nicht in erster Linie Angst machen will, sondern im Dienst der „frohen Botschaft" vom nahen Gottesreich steht.

Barmherzigkeit und Gericht

Zum Schluss sollten wir nun noch der Frage nachgehen, was der heilige **Bernhard von Clairvaux** (1090–1153) in diesem Bild zu suchen hat. Bekanntlich war er ein großer Marienverehrer und hat in seinen vielen Schriften immer wieder über das Geheimnis der Menschwerdung Gottes nachgedacht. Ein Gedanke aus seinem *Sermo in nativitate domini* – „Rede über die Geburt des Herrn" scheint mir besonders gut zum Werk des Fra Filippo zu passen. Dort werden nämlich die Themen „Gericht" und „Kind" miteinander verbunden und diese zentralen Bildelemente, die so widersprüchlich scheinen, sinnvoll zusammengefasst: „Deshalb erschien Gott als ein kleines Kind, um Barmherzigkeit vor dem Gerichte anzubieten; die Barmherzigkeit sollte vorauseilen und das am Ende kommende Gericht mildern."

Der heilige Bernhard soll auch das allerletzte Wort haben. Wir haben überhaupt noch nicht darüber nachgedacht, warum Fra Filippo die Szenerie in einen **Wald** verlegt hat. Der „Wald" scheint mir zunächst ein gesuchter **Kontrast** zu der **Weltstadt Florenz** mit all ihrem Reichtum und ihrer Geschäftigkeit zu sein. Das Bild an seinem ursprünglichen Ort scheint mir zu sagen: die Stadt ist kein guter Platz, wo sich Gott finden, Gott erfahren lässt. Da ist kein Raum für Stille und Einkehr.

Der heilige Bernhard hat diese Erfahrung für seine Klostergründungen verpflichtend gemacht; möglichst weit entfernt von den Städten und Siedlungen, in der Einsamkeit der Wälder, sollten seine Mönche, die Zisterzienser, neue Klöster bauen. Aber für Bernhard war der „Wald" nicht nur ein „Kontrastort" zur Stadt, sondern auch zu den „Universitäten"; Büchergelehrsamkeit, intellektuelle Disputationen, „Wissen" waren für ihn keine Wege, die zu Gott führen. In einer Rede vor Pariser Studenten versprach er seinen Hörern: „Du wirst in den Wäldern mehr finden als in den Büchern".

Literatur
* Erstmals in: Katechetische Blätter 125 (2000) S. 446–453.
Oertel, R., Fra Filippo Lippi. Wien 1942.
Neumeyer, A., Filippo Lippi. Anbetung des Kindes. Stuttgart 1964.
Fossi, G., Filippo Lippi. Florenz 1989.
Brug, A., Fra Filippo Lippi. Maria das Kind verehrend – Anbetung im Walde. Berlin 2001.

Wirklich unmöglich.
Die „Anbetung der Könige" von Rogier van der Weyden

Der alte Goethe war sprachlos. Die Brüder Sulpiz und Melchior Boisserée, vermögende Kaufleute aus Köln, hatten ihn eingeladen, ihre Sammlung altdeutscher und altniederländischer Malerei zu besichtigen. Als nach der Säkularisation 1803 kirchlicher Kunstbesitz geradezu verschleudert wurde, hatten die beiden Brüder in ihrer Heimatstadt begonnen zu sammeln und zu retten, was noch zu retten war. Mit ihren Erwerbungen zogen sie 1809 nach Heidelberg, 1819 nach Stuttgart. 1826 konnten sie ihre Kunstschätze an König Ludwig I. von Bayern verkaufen, für den damals ungeheuren Preis von 240000 Gulden. Die Sammlung wurde zu einem Grundstock der Alten Pinakothek in München und ihr Glanzstück ist der so genannte Columba-Altar des Rogier van der Weyden, auf dessen Mitteltafel die Anbetung der Könige dargestellt ist.

Als Goethe den Altar in Heidelberg 1814 und 1815 besichtigte, hielt man noch Jan van Eyck für den Maler. Wilhelm Grimm hat in einem Brief an seinen Bruder Jacob berichtet, welchen Eindruck das Werk auf den 65-jährigen Dichter gemacht hat.

Vor dem großen Bild Eycks hat Goethe lange schweigend gesessen, aber nachmittags beim Spaziergang gesagt: „Da habe ich nun in meinem Leben viele Verse gemacht, darunter sind ein paar gute und viele mittelmäßige, da macht der Eyck ein solches Bild, das mehr wert ist, als alles, was ich gemacht habe."

Goethe litt sonst eigentlich nicht an Minderwertigkeitskomplexen. Ein Bild bringt den Dichterfürsten zum Schweigen – was muss das für ein Bild sein! Die Brüder Boisserée hatten mit ihrer Einladung erreicht, was sie wollten; der in ganz Deutschland verehrte und bewunderte Dichter wurde selbst zum Bewunderer. Und er hat auch die Sprache wiedergefunden und in einem 1816 erschienenen Aufsatz „Kunst und Altertum am Rhein und Main" den Altar seitenlang beschrieben und gewürdigt. Goethe hatte sonst eigentlich wenig Sinn für das Mittelalter und seine Kunstproduktion. Aber jetzt ergeht er sich in Lobeshymnen, weist auf die „meisterhafte Genauigkeit" hin, mit der alle Gegenstände „auf das vollkommenste" erfasst sind. „Von den Flechtbreiten auf dem verwitterten zerbröckelten Ruinengestein, von den Grashalmen, die auf dem vermoderten Strohdache wachsen, bis zu den goldenen juwelenreichen Bechergeschenken, vom Gewand zum Antlitz, von der Nähe bis zur Ferne, alles ist mit gleicher Sorgfalt behandelt und keine Stelle dieser Tafeln, die nicht durchs Vergrößerungsglas gewönne."

Sinn für die Wirklichkeit

Rogier van der Weyden, um 1400 in Tournai geboren, 1464 in Brüssel gestorben, gehört mit Jan van Eyck und Robert Campin – der wahrscheinlich sein Lehrer war – zu den großen Meistern der altniederländischen Malerei. Die drei waren in ganz Europa, auch in Italien, berühmt; Nikolaus von Kues hat Rogier 1453 in einem Brief „maximus pictor", den „größten Maler" genannt. Was diesen Malern solche Bewunderung eingebracht hat, war das, was auch Goethe so enthusiastisch gepriesen hat: die ungeheure Genauigkeit, geradezu Besessenheit, mit der Gegenstände und Menschen, Natur und Architektur erfasst und wirklichkeitsgetreu dargestellt werden. Das war in der Malerei des 15. Jahrhunderts ein entscheidender Fortschritt und ermöglichte den Betrachtern die Erfahrung, Bild und Wirklichkeit miteinander zu verbinden und die dargestellte Geschichte als „wirklich" zu erleben und nachzuvollziehen.

Aber bei allem Wirklichkeitssinn und allem detailgetreuen Realismus: das Bild enthält auch Widersprüche und Ungleichzeitig-

Wirklich unmöglich

Rogier van der Weyden, Anbetung der Könige. Mitteltafel des Columba-Altars, um 1455.

keiten, die in der Wirklichkeit völlig ausgeschlossen sind. Paradox ausgedrückt und auf den Punkt gebracht: das Bild ist „wirklich" und „unmöglich" zugleich, es ist wirklich unmöglich.

Im Vordergrund spielt sich das „biblische" Geschehen ab, im Hintergrund erkennt man mit allen Einzelheiten die Architektur einer Stadt im 15. Jahrhundert, wahrscheinlich eine Ansicht des holländischen Städtchens Middelburg. Wir sehen die biblischen Gestalten Maria, Josef, das Kind und die drei Könige – und links am Bildrand kniet Goddert von dem Wasserfass, der Mann, der dieses Bild für eine Kapelle der Kirche St. Columba in Köln in Auftrag gegeben und bezahlt hat; er war damals gerade Bürgermeister von Köln. Der „Stall" von Bethlehem ist die Ruine eines Gebäudes im Stil der Romanik; romanisch ist auch die Kirche, die hinter dem Stall am rechten Rand erkennbar ist. Gipfel der Ungleichzeitigkeiten: am Mittelpfeiler des Stalles hängt hinter der Gruppe mit Maria, dem Kind und dem knienden König ein gotisches Kruzifix. Oben im Bild ein Nachthimmel – und unten ist heller Tag.

Über all diese unmöglichen Wirklichkeiten hinaus scheint der Maler auch sonst viel

Besichtigungen des Unsichtbaren: Bilder zur Menschwerdung

Sinn für krasse Gegensätze zu haben: die Ruine und die unbeschädigte Kirche, die kostbaren und vielfältigen Gewänder der Könige und das völlig nackte Kind, der mit einem Krummschwert bewaffnete junge König und mit einem zerbrechlich wirkenden Wanderstock der heilige Josef, die goldenen Gefäße und der steinerne Futtertrog, die eher plumpen Tiere im Stall und der schlanke, edle Jagdhund der Könige. Ganz vorne links im Bild ist erkennbar, dass man sich den Stall auf einem hohen Felsen denken muss; Josef steht ziemlich gefährdet auf der letzten schmalen Stufe der Treppe, die dort hoch führt, Maria blickt auf ihr Kind herunter – und vielleicht in einen Abgrund.

Verborgener Sinn

Wenn man die „Anbetung der Könige" von Rogier van der Weyden nicht bloß wegen der Kunstfertigkeit des Malers bewundern und bestaunen, sondern etwas vom Bild verstehen will, dann zeigt die beschriebene „unmögliche Wirklichkeit", dass es Rogier nicht einfach darum geht, die biblische Geschichte als Wirklichkeit erfahrbar zu machen, dem Betrachter zu suggerieren, so sei es gewesen, so müsste man sich es vorstellen. Im Gegenteil, das Bild sagt fast mehr: so war es auf keinen Fall. Das Bild mit seinen Widersprüchen zwingt uns dazu, hier nicht platte Abbildung von Wirklichkeit zu sehen, sondern Verweise auf eine ganz andere, hintergründige Wirklichkeit. Das hier so meisterhaft sichtbar Gemachte verweist auf Unsichtbares; es geht nicht um Illustration von Geschichte, sondern um Heilsgeschichte, um verborgenen Sinn.

Diese Spannung zwischen dem offensichtlichen und dem verborgenen Sinn der dargestellten Wirklichkeit zwingt auch dazu, bei der Sicherheit der Deutung zu unterscheiden: Gegenstände und Personen lassen sich meistens eindeutig identifizieren; sind sie aber hintergründige Zeichen und Symbole, so kann und muss bei dem Versuch, sie zu verstehen, vieles offen bleiben, Unsicherheiten

und Mehrdeutigkeiten müssen ausgehalten werden.

Fangen wir an:

Es ist Tag und Nacht zugleich. Rein äußerlich lässt sich schon sagen, dass der Nachthimmel – übrigens eine der ersten Darstellungen in der abendländischen Kunst – eine überzeugende Folie für den großen Stern abgibt, der halb hinter der Stallruine hervorscheint, man muss wohl fast sagen: aufgeht. Der Stern gehört zu den vertrauten Elementen der Magiergeschichte („wir haben seinen Stern aufgehen sehen", Mt 2,2), erinnert in diesem Bild aber auch deutlich an die Weissagung des Bileam Num 24,17: „Ein Stern geht in Jakob auf". Wie sehr der Stern hier weniger Wegweiser als Zeichen für den „neugeborenen König der Juden" ist, zeigt die optische Parallele zu den kreuzförmigen Strahlen um das Köpfchen des Kindes: a star was born.

Meistens wird die „Nacht" in diesem Bild als Zeichen für die zu Ende gehende „dunkle" Zeit des Alten Testamentes gedeutet, ähnlich übrigens wie die Stallruine als Bild des zerfallenden Alten Bundes. Der „Tag" der Erlösung, die Heilszeit des Neuen Bundes bricht an. Im Zusammenhang mit der dargestellten „Anbetung der Könige" liegt es aber auch nahe, an die prophetischen Weissagungen von der „Völkerwallfahrt" zu denken, insbesondere an die Verse des Tritojesaja, auf die auch die matthäische Magiererzählung deutlich Bezug nimmt: „Finsternis bedeckt die Erde und Dunkel die Völker, doch über dir geht leuchtend der Herr auf, seine Herrlichkeit erscheint über dir. Völker wandern zu deinem Licht und Könige zu deinem strahlenden Glanz" (Jes 60,2f.).

Das „Dunkel" steht in diesem Prophetenwort für die unerlöste „gottlose" Welt, deren Menschen vom „Licht" des Gottesreiches, wo Gerechtigkeit und Frieden herrschen, angezogen werden. In einem anderen prophetischen Bild von der Völkerwallfahrt wird der Kontrast zwischen den „Völkern" und dem messianischen Reich dadurch ausgedrückt, dass die Stadt Gottes auf einem hohen Berg

Wirklich unmöglich

liegt: „Zu ihm strömen alle Völker. Viele Nationen machen sich auf den Weg; sie sagen: Kommt, wir ziehen hinauf zum Berg des Herrn und zum Haus des Gottes Jakobs" (Jes 2,2f.). Vielleicht wollte der Maler auch auf diese Weissagung hindeuten, als er den „Stall" auf einen Berg stellte. Der schon erwähnte Gegensatz zwischen dem Schwert des jungen Königs und dem Wanderstock des Josefs würde gut in den Horizont des Prophetenwortes passen, wo es weiter heißt: „Dann schmieden sie Pflugscharen aus ihren Schwertern und Winzermesser aus ihren Lanzen. Man zieht nicht mehr das Schwert, Volk gegen Volk, und übt nicht mehr für den Krieg"(Jes 2,4). Es gibt eine ganze Reihe von Bilddeutungen, die in dem jungen König ein Portrait des Burgunderherzogs Karl des Kühnen sehen. Dann wäre diese Darstellung auch möglicherweise eine Kritik an diesem ausgesprochen kriegsfreudigen Herrscher, der allzu oft eben nicht den Hut zog wie hier, sondern das Schwert. 1477 fiel er – fürchterlich zugerichtet – in der Schlacht von Nancy.

Schließlich ist die „Völkerwallfahrt" auch direkt ins Bild gesetzt: die „drei Könige" führen eine lange Prozession von Menschen an, die sich durch den Torbogen rechts drängen. Die Völker „stehen Schlange" an der Krippe.

Krippe und Kreuz

Über den Sinn des „widersinnigen" Kreuzes am Mittelpfeiler des Stalles lässt sich in vielfältiger Weise nachdenken. Damit klingt ein Thema an, dass uns auf den ersten Blick nicht so recht zu Weihnachten zu passen scheint. Wer aber genauer hinsieht, entdeckt gerade in den großen Werken der Kunst zu Themen der Kindheitsgeschichte Jesu immer wieder Elemente, die auf Passion und Tod hinweisen; so ist beispielsweise die Windel im Weihnachtsbild des Isenheimer Altares das Lendentuch des Gekreuzigten, im Verkündigungsbild auf dem Merode-Altar des Robert Campin (s. oben S. 49) trägt das winzige, herabkommende Jesuskind bereits das Kreuz. Auch in Bildern

Konrad von Soest, Kreuzigung, Bad Wildunger Altar, 1403.

von den „drei Königen" klingt das Thema immer wieder an. Rogier van der Weyden selbst hat auf seinem „Middelburger Altar" die Sternvision der „drei Könige" dargestellt: auf dem Stern erkennt man den nackten Jesusknaben und der Strahlenkranz deutet das Kreuz an. Rogier hatte hier vielleicht den Text der „Legende der Heiligen Drei Könige" vor Augen, den der Karmeliterprior Johannes von Hildesheim um 1360/70 verfasst hat. Dort heißt es von dem Stern: „Der Stern sah aber nicht so aus, wie er in unseren Kirchen gemalt wird, sondern es gingen viele lange Strahlen von ihm aus … In sich trug er die Gestalt eines Kindleins, darüber das Zeichen des Kreuzes".

Konrad von Soest, einer der bedeutendsten deutschen Maler der Spätgotik, hat in seinem Bad Wildunger Altar (1403) der Thematik eine überraschende, aber konsequente Fortsetzung gegeben: dort stehen die drei Könige zusammen mit dem heidnischen Hauptmann unter dem Kreuz. Die Könige sind so Zeugen der ganzen Jesusgeschichte; zur Menschwerdung Gottes gehören Geburt und Tod, „Krippe" und „Kreuz" bilden eine Einheit, sind „aus demselben Holz". Im Columba-Altar zeigt die leere Krippe mit der rechten Oberkante genau auf das Kreuz; die Muttergottes mit dem Kind ist

Besichtigungen des Unsichtbaren: Bilder zur Menschwerdung

mit ihrem geneigten Haupt und dem liebevoll-traurigen Blick tatsächlich auch eine „Maria unter dem Kreuz". Das völlig nackte Kind führt uns nicht nur in allen Konsequenzen vor Augen, was Inkarnation, „Fleischwerdung" bedeutet, es verweist auch schon auf den bis aufs Lendentuch entblößten Gekreuzigten. Nicht zu übersehen ist auch der kreuzförmige Heiligenschein des Kindes. Das Christuslied des Philipperbriefes fasst die Einheit der „Entäußerung" Christi in seiner Menschwerdung mit den Worten zusammen: „Er war Gott gleich, hielt aber nicht daran fest, wie Gott zu sein, sondern er entäußerte sich und wurde wie ein Sklave und den Menschen gleich. Sein Leben war das eines Menschen; er erniedrigte sich und war gehorsam bis zum Tod, bis zum Tod am Kreuz" (Phil 2,6–8).

Epiphanie und Eucharistie

Das Kreuz an der Stallruine, die von den Bauformen her eine Kirchenruine ist, lässt sich auch noch in einem ganz anderen thematischen Horizont deuten: das Kreuz lässt den Raum davor zum Altarraum werden, in dem es viele Bezüge zur Eucharistie gibt. Das liegt insofern nahe, als es sich bei dieser „Anbetung der Könige" um die Mitteltafel eines Altarbildes handelt; die theologische Beziehung zwischen dem weihnachtlichen Geschehen und der Eucharistiefeier ist ebenfalls leicht herzustellen: In jeder Messe geschieht Epiphanie, kommt Gott zu den Menschen; in diesem Sinne ist jeder Altar eine Krippe.

Im Mittelalter gab es in den Kathedralen und bedeutenden Abteien einen besonderen Ritus, der die Beziehung zwischen Epiphanie und Eucharistie herausstellte: am Erschei-

nungsfest zogen drei Geistliche – bekrönt und in prunkvollen Gewändern – durch den Kirchenraum zum Altar und trugen dabei kostbare Gefäße aus dem Kirchenschatz. So stellten sie die Könige dar, die ihre Gaben dem Kind darbrachten. Sie sangen dabei abwechselnd Deutungen ihrer Geschenke: das Gold verweise auf das Königtum Christi, Weihrauch auf seine Göttlichkeit, während Myrrhe Passion und Tod versinnbildliche. Die Darstellung des Columba-Altar will sicher auf solche Prozessionen anspielen. Der kniende König hat das Altargerät, ein Ziborium, bereits überreicht, es steht auf dem dreibeinigen Hocker vor der Krippe. Der zweite König hält den Kelch noch ehrfürchtig in den Händen, während er bereits niederkniet; der junge König streckt die Hand aus, um das Gefäß von einem weiß gekleideten Diener in Empfang zu nehmen. Alle drei sind – wie der heilige Josef – barhäuptig, der vorderste hat seinen Hut mit der Krone vor sich gelegt, der nächste klemmt ihn vor die Brust, der letzte zieht ihn gerade: dies alles sind auch Gesten der Ehrfurcht vor dem Altarsakrament – bis heute.

Hat man sich erst einmal an den Gedanken gewöhnt, diese „Anbetung der Könige" auch als ein Eucharistiebild zu verstehen, so bekommt der auffällige „Handkuss" des alten Königs noch einen besonderen Ausdruck: er wird vollzogen wie ein Kommunionempfang, ein „Kosten" des „Leibes Christi". Die Menschen, die vor einem solchen Altarbild kommunizierten, den „Leib Christi" empfingen, wurden – sehr anschaulich und eindringlich, aber nicht platt – daran erinnert, dass die Hostie viel mehr ist als ein Stück Brot: wirklich Christus, der Sohn Gottes, der für uns Mensch geworden ist.

Literatur
* Erstmals erschienen in: Bibel heute 38 (2002) S. 107–111.
Arndt, K., Rogier van der Weyden. Der Columba-Altar. Stuttgart 1962.
Delenda, O., Rogier van der Weyden. Das Gesamtwerk des Malers. Stuttgart/Zürich 1988.
Fendrich, H., Krippe und Kreuz, in: Jesus von Nazareth, zu Bethlehem geboren. Die biblischen Überlieferungen im Spiegel von Kunst und neuer Forschung. Freiburg 2003, S. 108–129.
Nilgen, U., Epiphanie und Eucharistie. Zur Deutung eucharistischer Motive in mittelalterlichen Epiphanie-Bildern, in: Schülerfestgabe für Herbert von Einem. Bonn 1965, S. 197–215.
Schlie, H., Bilder des Corpus Christi. Sakramentaler Realismus von Jan van Eyck bis Hieronymus Bosch. Berlin 2002.

Paradis perdu.
Ein „Weihnachtsbild" von Paul Gauguin?

„Te tamari no atua" steht unten links auf der Leinwand. Paul Gauguin hat vielen Werken, die er auf Tahiti geschaffen hat, einen Titel in der Landessprache gegeben und diesen neben seiner Signatur auf dem Bild festgehalten. Möglicherweise war es aber mit seinen Sprachkenntnissen nicht allzu weit her. Bengt Danielsson hat einige tahitianische Bildertitel des Malers untersucht und zu „Te tamari no atua" kritisch angemerkt, hier müsse Gauguin ein Fehler unterlaufen sein. „Atua" sei das polynesische Wort für „Gott" oder „Gottheit", „tamarii" allerdings sei ein Plural und müsse richtig „Söhne" übersetzt werden. Gauguin könne aber doch wohl nur den Singular gemeint haben: „Sohn Gottes", keinesfalls „Söhne Gottes". Im großen Katalog der Bayerischen Staatsgemäldesammlung wird als Übersetzung „Kinder Gottes" vorgeschlagen.

Wie auch immer – merkwürdigerweise hat sich eine eindeutige „Verchristlichung" des Titels eingebürgert, die über die polynesische Formulierung hinaus – oder hinweggeht: Im Werkkatalog von Georges Wildenstein wird das Bild (Nr. 541) unter dem Titel „La Naissance du Christ le fils de Dieu" geführt, im deutschen Sprachraum findet man meistens knapp „Geburt Christi" oder auch poetischer – im Katalog zur Katholikentagsausstellung 1980 – „Polynesische Weihnacht". Treffen solche Formulierungen, wenn nicht den ur-

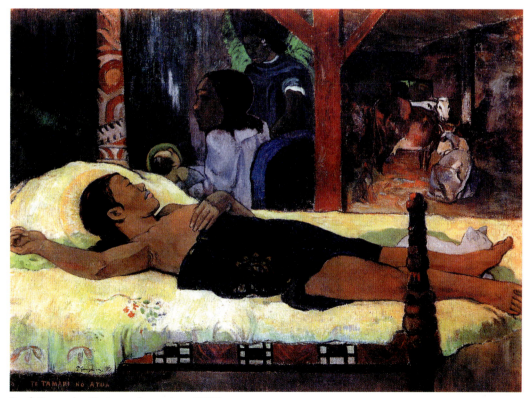

Paul Gauguin, Te tamari no atua, 1896.

Besichtigungen des Unsichtbaren: Bilder zur Menschwerdung

sprünglichen Titel, so doch die Intention des Malers? Einfach gefragt: Ist „Te tamari no atua" ein Weihnachtsbild? Wer sich ein wenig in das Bild eingesehen hat, wird in dem fremden, polynesischen Milieu eine ganze Reihe von Elementen entdecken können, die ihm aus der Tradition christlicher Weihnachtsbilder vertraut sind. Die Mutter und das kleine Kind haben eine Art Heiligenschein; die Mutter liegt im Vordergrund auf einem großen Bett. So wird auch Maria im byzantinischen Weihnachtsbild – bis heute auf Ikonen – dargestellt; in der Frau, die das Kind trägt, könnte man eine Hebamme erkennen, ein Motiv, das – apokrypher Literatur entstammend – ebenfalls häufig in Darstellungen der Geburt Christi zu finden ist. Die Gestalt hinter der „Hebamme" könnte ein Engel mit grünen Flügeln sein, auf dem blauen Gewand der Mutter ist ein Stern zu entdecken. Schließlich ist im rechten Bildhintergrund – räumlich nicht in das Gemälde integriert, eher eine Art „Bild im Bild" – ein Stall mit Rindern zu erkennen. Gauguin zitiert hier ein Gemälde von Octave Tassaert, das im Besitz seines Vormundes Gustave Arosa war.

Berechtigen diese Beobachtungen dazu, das Bild als eine Art Inkulturationsversuch der christlichen Botschaft zu verstehen, eine Aktualisierung des biblischen Geschehens im polynesischen Milieu? Kann man sagen: „Die biblische Geschichte ist ... in die Welt der Südsee versetzt" (Walther). Oder: „Signifikant ist an diesem Bild die Verschmelzung von christlicher Thematik und eingeborenem Schauplatz" (Hofstätter)?

Die Entstehungsgeschichte

Ein Weihnachtsbild? Wenn man sich die Entstehungsgeschichte des Bildes vergegenwärtigt, könnte einem dieser Anspruch sogar als Zumutung erscheinen. Man stelle es sich vor: Ein französischer Maler, schon ziemlich angegraut, gesundheitlich angeschlagen, weitgehend erfolglos, ständig in Finanznöten,

„steigt aus", kehrt der Zivilisation den Rücken und fährt 1891 nach Tahiti; 1893 kommt er noch einmal nach Europa zurück, 1895 verlässt er das christliche Abendland endgültig Richtung Südsee, er stirbt 1903 auf den Marquesas. In Europa bleiben nicht nur eine Kunstszene zurück, die wenig mit diesem Außenseiter anzufangen weiß, sondern auch seine Frau Mette mit fünf Kindern – in Kopenhagen – und einige Geliebte: Annah, eine Javanerin, und Juliette Huet, eine Näherin, mit der er eine Tochter (geb. 1891) hat. Auf Tahiti und auf den Marquesas lebt Gauguin mit einer Reihe von Maorimädchen zusammen. Die jungen Eingeborenenfrauen haben eines gemeinsam: Sie sind zwischen 13 und 14 Jahre alt. Bei seinem zweiten Aufenthalt auf Tahiti wird Gauguin mal wieder Vater. Er schreibt im November 1896 in bester Macho-Manier an seinen Freund Daniel de Monfreid: „Ich werde demnächst Vater eines Mischlings sein. Meine scharmante Dulcinea hat sich entschlossen zu gebären". Im Dezember wird das Kind geboren, und der Vater nimmt das Erlebnis zum Anlass, dieses Bild zu malen. Ist das nicht fast skandalös? Gauguin malt seine Konkubine mit dem Heiligenschein der Maria und lässt den unehelich gezeugten Mischling zum Christkind werden? Mal ganz davon abgesehen, dass das Kind obendrein ein Mädchen ist: Wird hier nicht „Heiliges" auf unerträgliche Weise profanisiert, „entweiht"? Von wegen „Weihnachtsbild"!

Glück und Leid

„Te Tamari no atua" ist kein Weihnachtsbild im Sinne der christlichen Verkündigung. Das sollte man zunächst einmal festhalten, nicht nur weil die eigene moralische Vorurteilslosigkeit sonst allzu sehr beansprucht würde. Gauguin steht dem Christentum eher distanziert gegenüber, gerade auch den Missionspraktiken der katholischen und evangelischen Kirche auf den Südseeinseln. Man wird dem Bild wohl viel eher gerecht, wenn man es zunächst von der oben skizzierten Entste-

Paradis perdu

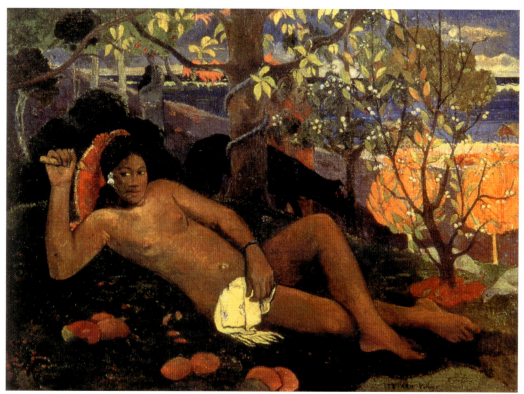

Paul Gauguin, Te arii vahine, 1896.

hungsgeschichte her zu verstehen sucht. In seinem autobiographischen Bericht über den ersten Aufenthalt in Tahiti „Noa Noa" hat Gauguin insbesondere auch über das Zusammenleben mit seiner ersten maorischen Lebensgefährtin Tehura Auskunft gegeben. Auch wenn der Text eine deutlich romantisierend-verklärende Tendenz hat, so spürt man doch, dass der Maler etwas vom „Paradies", das er suchte, gefunden hat.

Nun fing ein vollkommen glückliches Leben an. Glück und Arbeit begannen zugleich mit der Sonne und strahlend wie sie. Das Gold von Tehuras Antlitz erhellte das Innere unserer Hütte und die Landschaft ringsum mit einem Schimmer von Freude und Heiterkeit. ... Wir lebten beide in aller Einfachheit. Wie wohl tat es, sich morgens im nächsten Bach zu erfrischen – ganz wie ich mir denke, dass es im Paradies der erste Mann und das erste Weib getan haben! Paradies von Tahiti, nave nave fenua – köstliches Land! Und die Eva dieses Paradieses entwickelte sich immer liebevoller und empfänglicher. Ich bin von ihrem Duft durchdrungen: noa, noa! Sie ist zur rechten Zeit in mein Leben getreten. ... Und ich habe kein Bewusstsein mehr von Tagen oder Stunden, von Gut und Böse. Das Glück ist zuweilen so seltsam, dass der Begriff davon fast aufgehoben wird. Ich weiß nur, dass alles gut ist, weil alles schön ist.

Dieses Lebensgefühl, das „unbegreifliche Glück", ist im Bild in der Gestalt der jungen Mutter auf dem Ruhebett ausgedrückt. Entspannt hat sie den rechten Arm zurückgelegt, die Faust leicht geöffnet, das rechte Bein ist locker angewinkelt, am linken Bein kuschelt sich eine Katze, die den Eindruck von Zärtlichkeit und animalischer Wärme noch verstärkt. Das lichte Gelb der Bettdecke umschließt die Liegende ganz, kontrastiert mit der dunklen Haut und dem blauen Sarong, verbindet sich

Besichtigungen des Unsichtbaren: Bilder zur Menschwerdung

aber mit dem Heiligenschein und dem Stern zum Zeichen der „Ausstrahlung" dieser Frau, lässt sie zu einer säkularen „goldenen Madonna" werden, viel mehr „Eva" als „Maria", Symbol – Realsymbol – des Ursprünglichen und Paradiesischen, das der Maler auf Tahiti suchte. Im Sommer 1896 hatte Gauguin eine Sammlung von Erinnerungen und Meinungsäußerungen unter dem Titel „Diverses Choses" zusammengestellt. Da heißt es:

„Sie ist sehr subtil, sehr wissend in ihrer Naivität, die tahitische Eva. Das Rätsel in den Tiefen ihrer Kinderaugen kann ich nicht beschreiben. Nein, das ist Eva nach dem Sündenfall, die trotzdem noch ohne Scham nackt sein kann und deren tierhafte Anmut noch intakt ist wie am ersten Tag. Ihre Hüften bleiben fest, die Mutterschaft kann sie nicht verunstalten; die Füße einer Vierhändigen! Ihr Körper ist tierhaft geblieben, wie der Körper Evas. Aber ihr Kopf hat die Evolution mitgemacht, das Denken hat an Raffinement gewonnen, die Liebe hat ihr ein ironisches Lächeln auf die Lippen getrieben, und naiv sucht sie nun in ihrem Gedächtnis nach dem Warum der Vergangenheit, der Gegenwart. Mit Rätselaugen schaut sie euch an."

Wenige Monate zuvor hatte Gauguin die junge Mutter, mit der er hier auf „Maria" anspielt, in einer Aktpose gemalt und durch zahlreiche Anspielungen – Baum mit Schlange, fruchtpflückende Gestalt – als „Eva" gekennzeichnet. Man darf nicht zu gering schätzen, welche Vorurteilslosigkeit und Hochachtung gegenüber den Maorifrauen darin liegt; die Regel wird bei seinen Zeitgenossen eher das koloniale Überlegenheitsgefühl des Europäers und ein entsprechendes Schönheitsideal gewesen sein, das diese Frauen als „Primitive" abtut. Der schwedische Schriftsteller August Strindberg, den Gauguin 1895 um das Vorwort zu einem Katalog gebeten hatte, schrieb:

„Monsieur .., Sie haben einen neuen Himmel und eine neue Erde geschaffen, aber ich bin nicht gern in ihrer Schöpfung ... Und in Ihrem Paradies lebt eine Eva, welche nicht meinem Ideal entspricht."

Auf dem Bild teilt die hintere Bettkante das Bild in eine lichtdurchflutete untere und vordere und dagegen krass dunkle hintere und obere Hälfte, die wiederum dreigeteilt ist durch einen im tahitianischen Stil bemalten runden Pfosten links und eine fast wie ein Gabelkreuz anmutende schmucklose Stütze rechts. Dazwischen erscheinen – verbunden durch eine kompositorische Diagonale, die vom Kopf der Mutter ausgeht – das von hinten gesehene, zurückgefallene Köpfchen des Kindes, das strenge Profil der „Amme", deren Blick sich im Dunkel verliert, und der „Engel" mit geneigtem Haupt und niedergeschlagenen Augen. Außer den tiefdunklen Gesichtern fällt noch die „Stuhllehne" im Rücken der Amme auf, eine dunkle Höhle, die – über dem Schoß der Mutter – vielleicht auf die Geburt anspielt. Die Gestalt der Amme im Zusammenhang mit der liegenden Mutter und dem ornamentierten Pfosten erinnert schließlich an das beim ersten Tahiti-Aufenthalt Gauguins entstandene Bild „Der Geist der Toten wacht".

Wer sich fragt, was diese vielfältigen Symbole und Hinweise auf Leid, Trauer und Tod in diesem „Geburtsbild" bedeuten sollen, kann zunächst einmal auf einen deutlichen biographischen Hintergrund verwiesen werden: Das Töchterchen, das im Dezember 1896 geboren wird, lebte nur wenige Tage, und Gauguin scheint Geburt und Tod in diesem – und einem weiteren Bild – verarbeitet zu haben. In dem zweiten Bild „Bébé" ist die Perspektive umgekehrt, die Mutter in den hellen Hintergrund verschoben, während die Amme im Vordergrund mit dem Kind auf dem Arm insbesondere durch das herabhängende Ärmchen des Babys an eine Pietà erinnert und der traurige Ausdruck dadurch noch verstärkt wird.

Weihnachten: Sehnsucht nach dem anderen Leben

Lohnt es sich, über dieses Bild der Sehnsucht nach dem Paradies und dem ursprünglichen

Paradis perdu

Paul Gauguin, Bébé, 1896.

Leben, vom Glück der Geburt und der Trauer über den Tod, auch im Horizont des christlichen Weihnachtsfestes nachzudenken? Immerhin scheint ja der Maler der Meinung zu sein, dass Elemente des traditionellen Weihnachtsbildes geeignet sind, seinen Intentionen zu dienen, seinen Gefühlen und seinem Ausdruckswillen zu entsprechen. Es lässt sich doch zumindest so viel sagen: Das Bild besitzt Authentizität, es hat eine lebensgeschichtliche Verankerung, eine „Erdung", die viele Weihnachtsbilder im Dienst christlicher Verkündigung nicht haben. Der Maler weiß etwas von sich mitzuteilen, von einem Gefühl „wie Weihnachten". Und dann die Zivilisationsmüdigkeit des Malers, sein Unbehagen am schönen Schein der „Belle Epoque", die doch nur die Entfremdung im Zeitalter des Fortschritts und der industriellen Revolution zu kaschieren sucht, seine Sehnsucht nach dem „Paradies". Ist für uns Weihnachten nicht immer auch das Fest der unerfüllten Träume und des schlechten Gewissens? Wir singen: „Heut' schließt er wieder auf die Tür zum schönen Paradeis", und spüren gerade an Weihnachten, wie wir meilenweit davon entfernt sind. Vielleicht hält das Bild diese Sehnsucht nach dem „anderen Leben" – heute sagt man; alternativ – wach, auch wenn man ernüchternd sagen muss: Der Maler selbst ist nie im „Paradies" angekommen. Schon in „Noa Noa" hatte er geschrieben:

„Das war ja Europa – das Europa, von dem ich mich zu befreien geglaubt hatte! – und dazu noch unter den erschwerenden Umständen des kolonialen Snobismus und der bis zur Karikatur grotesken Nachahmung unserer Sitten, Moden, Laster und Kulturlächerlichkeiten. Sollte ich einen so weiten Weg gemacht haben, um das zu finden, gerade das, dem ich entflohen war?".

Im September 1901 unternimmt Gauguin den letzten Fluchtversuch, verlässt Tahiti und fährt weiter zu den Marquesas, den östlichsten ozeanischen Inseln im Pazifik. Aber auch dort im „äußersten Meer" (vgl. Ps 139,9) findet er nicht das irdische Paradies. Für sein Pamphlet „L'Esprit moderne et le Catholicisme" illustriert er 1902 den Buchdeckel, und

Besichtigungen des Unsichtbaren: Bilder zur Menschwerdung

Paul Gauguin, L'Esprit moderne et le Catholicisme. Inneneinband, 1902.

über eine paradiesische Szene auf der hinteren Innenseite notiert er: „Paradis perdu". Am 8. Mai 1903 stirbt der Maler auf den Marquesas, möglicherweise an einer Morphiumüberdosis.

Schließlich die Nähe von Geburt und Tod in Gauguins Bild: Sie ist nicht nur eine menschliche Grunderfahrung, sondern auch eine Thematik, die in den Horizont des christlichen Weihnachtsfestes – man denke nur an die „Unschuldigen Kinder" und den Märtyrer Stephanus – gehört und immer wieder in großen Werken der christlichen Kunst anklingt. Gauguin hat 1903 auf den Marquesas eine letzte autobiographische Schrift unter dem Titel „Avant et apres" zusammengestellt. Als eine Art „Vorwort" schrieb er darüber:

Zum Weinen   zum Lachen
zum Sterben   zum Leben
zum Leiden   zur Freude
in secula seculorum.

Literatur
*   Überarbeitete Fassung meines Beitrags: Paradis perdu. Die so genannte „Geburt Christi" von Paul Gauguin, in: Katechetische Blätter 119 (1994) S. 786–794.
Anderson, W., Gauguin's Paradise Lost. London 1971.
Danielsson, B., Gauguin's Tahitian Titles, in: The Burlington Magazine 109 (1967) S. 233.
Graber, H., Paul Gauguin. Nach eigenen und fremden Zeugnissen. Basel 1946.
Hofstätter, H. H., Christliche Thematik im Werk von Paul Gauguin, in: das münster 42 (1989) S. 297–306.
Hoog, M., Paul Gauguin. Leben und Werk. München 1987.
Hopp, G. (Bearb.), Die Geburt – Te tamari no atua, in: Impressionisten, Post-Impressionisten, Symbolisten (ausländische Künstler). Vollständiger Katalog der Bayerischen Staatsgemäldesammlungen, Bd. 7. München 1990, S. 114–117.
Prather, M./Stuckey, Ch. F. (Hrsg.), Paul Gauguin. 1848–1903, Köln 1994.
Walther, I. F., Paul Gauguin. 1848–1903. Bilder eines Aussteigers, Köln 1988.
Wildenstein, G., Gauguin. Catalogue, Vol. 1. Paris 1964.
Zeichen des Glaubens – Geist der Avantgarde. Katalog zur Katholikentagsausstellung 1980, Hrsg. v. W. Schmied, Stuttgart 1980.

„Er hörte ihnen zu und stellte ihnen Fragen".
Das Kind Jesus und die Schriftgelehrten
in einem Bild von Max Liebermann

Suchen. Und finden: So hieß das Motto für das ökumenische Bibeljahr 2003. Zu diesem Thema bietet die Heilige Schrift jede Menge nahe liegenden Stoff. Eine Geschichte, die sich weniger aufdrängt, ist die von einem „verlorenen Sohn", der Jesus heißt. Sie schließt die Kindheitsgeschichte des Lukasevangeliums ab (Lk 2,41–52). Wir erinnern uns: Die tagelange Suche der verzweifelten Eltern nach dem Zwölfjährigen bei Verwandten und Bekannten, die Rückkehr nach Jerusalem – und dann die ganz und gar nicht glückliche Auffindung des Jungen im Tempel. Denn es gibt „Zoff" in der „heiligen Familie". Der Junge muss sich heftige Vorwürfe Gefallen lassen. Und die Eltern müssen erkennen, dass ihnen „ihr" Kind eigentlich schon gar nicht mehr gehört. Das können sie nicht verstehen.

Merkwürdigerweise hat die Volksfrömmigkeit und die Malerzunft sich wenig mit der dramatischen Suche nach diesem „verlorenen Sohn" Jesus beschäftigt (wäre doch mal was anderes als die allzu idyllische Herbergssuche!). Auch die spannende Familienkonferenz am Schluss ist nur selten dargestellt worden (großartige Ausnahme das Liverpooler Bild Simone Martinis von 1342). Die meisten Bilder zeigen die Szene im Tempel: die Eltern Jesu eher am Rande, im Zentrum aber den Zwölfjährigen unter den Schriftgelehrten. Genauer gesagt: über den Schriftgelehrten. In Umkehrung der traditionellen Rollen thront der Junge über den Alten, die mehr oder weniger andächtig seinen Ausführungen folgen. Auf der Bildtafel aus Duccios Maestà in Siena belehrt Jesus seine Eltern gleich mit. Hier wird – sicher nicht im Sinne des Bezugstextes – eine Überlegenheit zelebriert, die durchaus eine antijüdische Spitze hat.

Der deutsche Jude Max Liebermann (1847–1935) hat nun 1879 ein Bild zu eben diesem Thema gemalt, das sich – begreiflicherweise – von solchen Traditionen deutlich absetzt.

Ein Skandalbild

Wer Liebermanns Werk heute in der Hamburger Kunsthalle sieht, wird kaum verstehen, was an diesem Werk so aufregend sein soll – oder gewesen sein soll. Sein Maler wurde durch dieses Bild mit einem Schlag berühmt. Oder berüchtigt, je nachdem. Fünfzig Jahre nachdem es zum ersten Mal in München präsentiert worden war, schreibt der Achtzigjährige in seinen Erinnerungen:

Mein Bild „Der Jesusknabe im Tempel", das ich 1879 in München ausstellte, veranlaßte einen richtigen Skandal. Der Hofprediger Stöcker wurde durch das Bild sogar zu seiner Judenhetze veranlaßt. Im bayerischen Landtag „wogten" die Debatten darüber zwei Tage lang. Das hatte ich mir wirklich nicht träumen lassen, als ich das unschuldige Bild malte! Heute hat doch kein Mensch was gegen das Bild, das aufrichtig von mir empfunden worden war...

Bei Eröffnung der Ausstellung wurde seitens der Klerikalen verlangt, es sollte von seinem Platz entfernt werden. Na, mich tröstete die Ansicht meiner Kollegen über das Bild. Vor allem waren Lenbach und die ganze Jury ... für mich eingetreten. Man gratulierte mir zu dem Bilde. Es sei das Beste, das seit fünfzig Jahren in München gemalt sei – und man hatte es auf den besten Platz gehängt....

Von Stund an war ich in München berühmt, was aber nicht verhinderte, dass, wenn ich in die Regensburger oder Nürnberger Wurstküche kam, wenn gerade das Bier besonders gut war, die Philister einander zuriefen: „Da kommt der Herrgottschänder" (zitiert nach Leppien S.21f.).

Zu den Malerkollegen, die das Bild hoch schätzten, gehörte auch Fritz von Uhde. Er er-

Besichtigungen des Unsichtbaren: Bilder zur Menschwerdung

Max Liebermann, Der zwölfjährige Jesus im Tempel, 1879.

tauschte es von Liebermann gegen dessen Bild: „Der Leierkastenmann kommt". Als nach Fritz von Uhdes Tod 1911 die Erben das Bild verkaufen wollten, erwarb es die Hamburger Kunsthalle, dessen Direktor Alfred Lichtwark ein „Fan" von Liebermann war.

Kostenpunkt: die horrende Summe von 60.000 Mark! Lichtwark stellte es – 33 Jahre nach dem Münchener Skandal – wieder aus und schrieb an Liebermann:

Wir haben unsere Ausstellung eröffnet ... Im Mittelpunkt steht für Alle Ihr Jesus. Es ist ein

„Er hörte ihnen zu und stellte ihnen Fragen"

wahres Andachtsbild. Hätten wir das früher gehabt, hätten wir das früher gekannt, sagen die Leute, die sich nun endlich getroffen fühlen ... Ihr Jesus im Tempel ist den ganzen Tag belagert. Aber niemand spricht ein Wort davor, es ist alles eitel Andacht und Versenkung. Heute knirschen keine Zähne mehr und keine Verwünschung wird laut. Ich habe meine großen Freudentage durch das Bild... (zitiert nach Leppien S.25).

Damit ist die wechselvolle Geschichte des Bildes noch nicht beendet. Das Bild des jüdischen Malers geriet noch einmal in die Mühlen des deutschen Antisemitismus. Nach 1933 stellte Harald Busch, der damals Direktor der Kunsthalle war, das Bild mutig weiter aus. 1935 wurde er dann aus dem Amt gejagt und sein Nachfolger war froh, das Werk schnell loszuwerden. Bei einem Hamburger Arzt, der Liebermann sehr schätzte. So sehr, dass er das Bild nach dem Krieg auch behielt, als die Kunsthalle es zurückerwerben wollte. Nach dem Tod dieses Sammlers stellten die Erben 1979 das Bild dann zunächst leihweise dem Museum zur Verfügung, bis es dann 1989 erworben werden konnte.

Duccio di Buoninsegna, Der zwölfjährige Jesus im Tempel. Aus der Maestà, 1308–11.

Antisemitische Polemik

Was hatte eigentlich 1879 bei der ersten Ausstellung die Gemüter so erregt? Im „Christlichen Kunstblatt für Kirche, Schule und Haus" hieß es:

Was man heuer bieten zu dürfen glaubt, das hat Liebermann mit seinem „Christus im Tempel" gezeigt. Ein schielender Judenknabe im schmutzigen Kittel mit rothem Haar und mit Sommersprossen, verhandelt, ja handelt mit übelriechenden, gemeinen Schacherjuden in schmutzigen Säcken und Gebetsmänteln – das hießen Volks- und Poesiegenossen des jüdischen Malers „ein realistisch wahrscheinliches Bild des zwölfjährigen Jesus im Tempel."

Daß ein Jude gewagt hat, seinen christlichen Mitbürgern solche Verhöhnung ihres Heilands ins Gesicht zu schleudern, ist weit nicht das ärgste gewesen. Ein recht eigentliches Zeichen der Zeit war und ist, dass inmitten der christlichen „Bildung" sich Vertheidiger und Bewunderer eines solchen „Realismus" gefunden haben (zitiert nach Leppien S.27).

Bei der schon erwähnten Diskussion des Bildes im Bayerischen Landtag stellt ein Dr. Daller fest, dass

der erhaben göttliche Gegenstand dieses Bildes in einer so gemeinen und niedrigen Weise dargestellt ist, dass jeder positiv gläubige Christ sich durch dieses blasphemische Bild aufs tiefste beleidigt fühlen müsste (zitiert nach Leppien S.21)

Realismus?

Wir ahnen, was die Gegner dieses Bildes – außer der jüdischen Herkunft des Malers – an diesem Bild so störte. Sie vermissten den abgehobenen, lebens-und wirklichkeitsfernen „Idealismus" biblischer Historienbilder ihrer Zeit, mit ihrem süßlichen Schönheitsideal und äußerem Pathos. Aber ist das Bild wirklich „realistisch"? Auf keinen Fall im historischen Sinn. Wir sehen ja nicht in den Tempel von Jerusalem! Sondern in eine Synagoge des 19. Jahrhunderts. Mit Juden des 19. Jahrhunderts. Liebermann hatte 1876 bei einem längeren Aufenthalt in Amsterdam das jüdische

Besichtigungen des Unsichtbaren: Bilder zur Menschwerdung

Max Liebermann, Der zwölfjährige Jesus im Tempel. Bleistift-/Kreideskizze 1879.

Viertel durchstreift und die Portugiesische Synagoge besucht. Skizzen aus dieser Zeit zeigen, dass er dabei schon die Idee zu einem Gemälde dieses Themas entwickelt haben muss. Zwei Jahre später besuchte er bei einem Venedigaufenthalt auch die dortige Synagoge. Aus einer damals entstandenen Ölstudie entlehnte er die Wendeltreppe, die dort in den Frauenraum hinauf führte.

Das Bild des Jesuskindes im Gespräch mit den frommen jüdischen Männern ist also eine radikale Vergegenwärtigung, „Modernisierung" des biblischen Geschehens! Nichts von weltferner Erbaulichkeit. Das war der „Skandal" des Bildes. Das christliche Thema in einem zeitgenössischen, eindeutig jüdischem Milieu. Streng historisch betrachtet ist dieser Anachronismus „unrealistisch". Aber diese Bildstrategie der Vergegenwärtigung gehört seit dem späten Mittelalter selbstverständlich zur Tradition der christlichen Kunst.

Verfälschung oder Verharmlosung?

Allerdings – das Jesuskind passt nicht so recht in dieses Milieu. Es ist „historisch" kostümiert, in einem gegürteten, hellen Kittel. Und sehr jüdisch wirkt das Kind auch nicht. Wenn wir uns an die Äußerungen im „Christlichen Kunstblatt" erinnern („schielender Judenknabe mit schmutzigem Kittel"), reiben wir verwundert die Augen: Kann Antisemitismus so blind machen? Was hat der Mann gesehen?

Ein anderes Bild. Zumindest, was das Jesuskind angeht. Schon ein oberflächlicher Blick auf das Bild zeigt deutliche, nachträgliche Überarbeitungsspuren unter den Füßen und am Rücken Jesu. Eine Skizze zeigt den ursprünglichen Zustand. Da sieht man tatsächlich ein Kind jüdischen Typs, etwas zotteliges Haar, eine lange Nase, ein krummer, fast buckliger Rücken, keine Schuhe.

Nun haben wir viel zu denken: Was war der ursprüngliche Bildsinn? Was bewirkt die Überarbeitung? Welche Fassung finden wir besser?

Halten wir zunächst das beiden Fassungen Gemeinsame fest. Jesus wird nicht – wie in der christlichen Bildtradition – als der überlegene Lehrer gezeigt. Kein Heiligenschein spricht von göttlicher Würde. Es findet ein wirklicher Dialog statt. Es ist atemberaubend zu sehen, dass die Männer diesem Kind zuhören, nachdenklich werden. Das Kind argumentiert, versucht in eindringlichen Gesten zu überzeugen. Es gewinnt immer mehr Aufmerksamkeit. Links an der Kniebank schaut einer überrascht von seinem Buch auf und beugt sich über die Lehne, um besser hören zu können; rechts dreht sich der Mann im Kaftan um, vielleicht wollte er gerade gehen. Am stärksten wirken aber die beiden Alten, die sich – so gar nicht würdevoll – hingehockt haben, auf eine Treppenstufe vielleicht, um „auf Augenhöhe" mit dem Kind sprechen zu

„Er hörte ihnen zu und stellte ihnen Fragen"

können. Der uns frontal zugewandte Grauhaarige hat sich ein wenig zurückgelehnt, wirkt eher skeptisch und reserviert, aber nicht ablehnend. Der andere Bärtige mit dem Gebetsschal hat das Buch sinken lassen, das Kinn nachdenklich in die Rechte gestützt und schaut intensiv – ganz leicht von unten nach oben – in die Augen des Kindes.

In der ursprünglichen Fassung des Bildes mit dem jüdischen Kind hätten wir es mit einem innerjüdischen Dialog und mit einer Betonung des Judeseins Jesu zu tun (die vielleicht besonders die antisemitischen Polemiken provoziert hat). In der späteren Fassung sehen wir ein „Christuskind" im Sinne der christlichen Bildtradition. Aber ich möchte in dieser einschneidenden Veränderung nicht nur eine Verharmlosung sehen. Sie zeigt ja so ein Gespräch zwischen „Judentum und Christentum". Fast in idealer Weise. Ohne Überlegenheitsgesten.

Am liebsten aber würde ich dieses Bild aus allen interreligiösen Zwistigkeiten und Fragestellungen heraushalten. Und mich am Anblick eines wirklichen Gesprächs erfreuen. Wo Alt und Jung aufeinandersehen und aufeinanderhören. Wo Argumente und Einsichten allmählich Gestalt gewinnen. Wo gesucht wird. Und vielleicht gefunden.

Literatur

* Erstmals in: Katechetische Blätter 128 (2003) S. 364–368.

Stock, A., Poetische Dogmatik. Christologie.4.Figuren, Düsseldorf 2002, S. 20–29.

Leppien, H. R., Der zwölfjährige Jesus im Tempel von Max Liebermann. Hrsg. von der Kulturstiftung der Länder in Verbindung mit der Hamburger Kunsthalle. Hamburg 1989.

Boskamp, K., Die ursprüngliche Fassung von Max Liebermannns: Der zwölfjährige Jesus im Tempel. Ein christliches Thema aus jüdischer Sicht, in: das münster 46 (1993) S. 29–36.

Das Sehen des Gekreuzigten.
Eine Bildpredigt

Wir verkündigen Christus als den Gekreuzigten:
für Juden ein empörendes Ärgernis, für Heiden eine Torheit,
für die Berufenen aber, Juden wie Griechen,
Christus, Gottes Kraft und Gottes Weisheit (1 Kor 1,23).

Eine Ansprache beim Festgottesdienst zu einem Silbernen Priesterjubiläum. Der Jubilar hatte mich eingeladen, seinen Weihespruch aus dem ersten Korintherbrief „in Wort und Bild" auszulegen. So entstand ein Rundgang durch ein kleines „Museum" mit Kreuzigungsdarstellungen aus tausend Jahren christlicher Kunst. Und ein „Einblick" in die Glaubensgeschichte, in den Wandel von Theologie und Frömmigkeit.

Gleich gibt es was zu sehen; ich hoffe, Sie sind schon neugierig. Was soll es zu sehen geben? Den **Gekreuzigten**; Christus, den Gekreuzigten. Für Paulus – wir haben es gerade gehört – die Mitte, der Dreh- und Angelpunkt seiner Botschaft. Kurz und gut – es geht um das Wesentliche. Ein schönes Thema also? Nein, sagt Paulus, ein schwieriges Thema. Schlimmer noch: eine Dummheit, ein Ärgernis, ein Skandal. Im Abstand von fast zweitausend Jahren fällt es uns schwer, das nachzuvollziehen. Wir haben uns halt dran gewöhnt: an das „Wort vom Kreuz" und auch an das „Sehen des Gekreuzigten". Für das Nachdenken und für das Ernstnehmen ist sie aber nicht gut, diese „Macht der Gewohnheit". Umso besser, dass ich zu Beginn dieser Führung durch ein kleines „Museum" von Darstellungen des Gekreuzigten ganz entschieden sagen kann: Am Anfang gibt es **nichts zu sehen**!

Es ist so: Erst einmal müssen wir sehen, dass wir nichts sehen. Die Mitte der christlichen Botschaft, „Christus, der Gekreuzigte", wird 400 Jahre lang nicht ins Bild gebracht. Und auch aus dem 5. Jahrhundert kennen wir lediglich zwei Beispiele. Woran mag das liegen, dieses „Schweigen" der Bilder? Obwohl doch das Thema so wichtig ist! Die nahe liegendsten Gründe haben wir von Paulus gerade selbst gehört. Wenn schon das „Wort vom Kreuz", also das „bloße Reden", anstößig ist, wie viel größer wird das Problem, wenn man es auch noch veranschaulicht, den „gekreuzigten Christus" zeigt!

Wir müssen uns einfach klar machen, dass die Hinrichtung am Kreuz die widerlichste und abschreckendste Art und Weise war, einen Menschen umzubringen, die man in der Antike kannte. Das wissen Sie vielleicht: Kreuzigen und Gekreuzigtwerden war im Römischen Weltreich eine solche Schande, dass es verboten war, einen römischen Bürger durch das Kreuz hinzurichten.

Das Sehen des Gekreuzigten

Der berühmte römische Politiker und Redner Cicero schreibt:

Das bloße Wort „Kreuz" soll fern sein, nicht nur vom Leib römischer Bürger, sondern auch von ihren Gedanken, Augen und Ohren. Denn nicht nur der tatsächliche Verlauf dieser Hinrichtungsweise, sondern auch deren Anblick, ja ihre bloße Erwähnung, sind eines römischen Bürgers und freien Mannes unwürdig.

„Fern sein" soll das Kreuz den „Augen und Ohren": Deswegen gibt es in der antiken Kunst nicht ein Beispiel für die Darstellung eines Gekreuzigten. Der Christ, der das im 5. Jahrhundert zum ersten Mal macht, ist der Erste überhaupt. Das ist eine künstlerische Schwierigkeit besonderer Art, wenn man keine Vorbilder hat. Aber die „Humanitätsgründe", die Cicero nennt, und die künstlerischen Probleme sind noch nicht alles. Ich glaube, es gibt noch einen sehr wichtigen inneren Grund, dass es erst so spät zu einer Darstellung des Gekreuzigten in der christlichen Kunst gekommen ist. Und den will ich Ihnen an einem Bild aus dem 15. Jahrhundert erläutern, einem Fresco von **Andrea del Castagno** aus der Kirche **Santissima Annunziata** in Florenz (siehe auch S. 38).

Oben im Bild sehen wir – allerdings in sehr ungewöhnlicher Perspektive – eine Darstellung der **Dreifaltigkeit** nach dem Schema des „Gnadenstuhls". Dabei hält Gottvater den gekreuzigten (oder leidenden) Christus, dazwischen oder darüber der heilige Geist im Bild der Taube.

Unten steht der hl. **Hieronymus** – gekennzeichnet durch „seinen" Löwen – als Büßer zwischen zwei heiligen Frauen. Er schaut zu dem Gottesbild empor.

Ich weiß nicht, was Sie denken, wenn Sie so ein Gottesbild sehen: Ob Sie mit den Achseln zucken und „Na und?" sagen, ob Sie ins Nach-Denken und Nach-Beten geraten oder ob Sie rebellieren: „Das darf doch nicht wahr sein!"

Wie auch immer – ich möchte Sie darauf aufmerksam machen, dass so ein Bild des dreifaltigen Gottes eine schwierige, anstößi-

Andrea del Castagno, Dreifaltigkeit, um 1455, Santissima Annunziata, Florenz.

ge, ja eigentlich unmögliche Sache ist: Da wird doch versucht, das innerste Wesen und Geheimnis Gottes abzubilden! Das kann man doch nicht sehen und nicht sichtbar machen, erst recht nicht in der Bildsprache der Renaissance, die die Menschen, Dinge und Räume so wieder zu geben pflegt, wie sie „in Wirklichkeit" aussehen, d. h. wie sie unserem Auge erscheinen. Und Gott sieht doch nicht „wirklich" so aus! Wissen das denn die Maler und ihre Auftraggeber nicht?

In diesem Fall, bei diesem Bild – so glaube ich – hat der Maler es gewusst. Darum finde ich auch, dass das hier ein sehr gutes und kluges Bild ist. Der Maler wusste: Eigentlich male ich hier etwas, was man nicht sehen kann. Und damit der Betrachter das weiß, male ich

Besichtigungen des Unsichtbaren: Leiden

es so, dass es für die Menschen **im** Bild nicht so zu sehen ist wie für die Menschen **vor** dem Bild. Gott-Vater „im Himmel" hält den gekreuzigten Sohn nach unten zur Erde, gibt ihn, schenkt ihn, zeigt ihn den Menschen. Aber von den Menschen her – im Bild – ist der Vater, der das Kreuz hält, hinter dem Kreuz verborgen, nicht zu sehen.

Anders gesagt: was wir Menschen **von Gott sehen** können, ist eigentlich **nur der menschgewordene Sohn Gottes am Kreuz**. Wir können nicht den „ganzen Gott" sehen, insbesondere nicht seine Macht und Herrlichkeit. Wir können nur „**eine** Seite Gottes" sehen, die Seite Gottes, die „auf unserer Seite" ist. Christus, der Gekreuzigte, das ist „Gott auf unserer Seite".

Verstehen Sie jetzt, warum die Christen der ersten Jahrhunderte „Christus, den Gekreuzigten" nicht darstellten? Sie wussten: das ist eigentlich ein Gottesbild, sogar **das** Gottesbild. Und bei diesem Thema hielten sie sich streng an das zweite der zehn Gebote: „Du sollst dir kein Gottesbild machen".Und dann das Problem sozusagen „hoch drei": dieses Gottesbild sollte das Bild eines Gekreuzigten sein! Wie sollte man das denn machen? Sichtbar machen, dass dieser auf so furchtbare Weise umgebrachte Mensch „von Gott gehalten" wird, ja Gottes Sohn selber ist?. Nicht nur der „Erniedrigte", sondern auch der „Erhöhte"? Nicht nur „gekreuzigt, gestorben und begraben", sondern auch „auferstanden am dritten Tag"?

Ich will Ihnen an einem Beispiel zeigen, wie in den ersten Kreuzigungsbildern das Problem gelöst worden ist, nicht am frühesten Zeugnis, sondern an einer Kreuzigungsdarstellung aus dem 6. Jahrhundert. Sie sehen eine von vier Bildseiten aus dem **Rabula-Codex**, so genannt nach dem Malermönch, der dieses Buch um 586 in einem Kloster in Mesopotamien geschaffen hat. Es ist ein Hauptwerk der frühen byzantinischen Kunst.

Na, werden Sie vielleicht sagen, so schwierig ist das doch gar nicht mit der Kreuzigung.

Es ist doch genau das zu sehen, was die Evangelien beschreiben; so ungefähr soll man sich die Kreuzigung Christi vorstellen. Der Maler hat so ziemlich an alles gedacht: Er hat außer Christus noch die beiden Verbrecher gemalt, die mit ihm gekreuzigt wurden, den Soldaten mit dem Essigschwamm und den mit der Lanze, dann noch die, die das Gewand Christi unter sich verlosen. Maria und der Lieblingsjünger fehlen nicht, und auch nicht die Frauen, die nach dem Bericht des Markusevangeliums von ferne zuschauen. Das war's, so war's!

Ich muss sie enttäuschen! Der Maler hat in keiner Weise die Absicht, uns eine Vorstellung davon zu vermitteln, wie das denn ausgesehen haben mag bei der Kreuzigung. Das merkt man am deutlichsten daran, dass hier Elemente auftauchen, die zeitlich entschieden auseinanderliegen – die Geschichte mit dem Essigschwamm spielt sich vor dem Tod Jesu ab, die mit dem Lanzenstich nach dem Tod; es gibt noch andere Dinge zu sehen, die man so nebeneinander nicht sehen kann wie Sonne und Mond; und manches ist – wenn man es äußerlich versteht – völlig unmöglich, geradezu absurd: der Hingerichtete trägt ein purpurnes Gewand mit Goldstreifen. Dem Maler geht es nicht um das **W i e**, sondern um das **W a s**, also um die Bedeutung und Deutung des Kreuzes Christi, insbesondere um das, was ich **das Problem** genannt habe: im Gekreuzigten Gottes Sohn sichtbar werden zu lassen, nicht bloß seine Erniedrigung, seine Niederlage, sondern auch seine Erhöhung, die Überwindung des Kreuzes, den Sieg über den Tod. Dabei kommt sicherlich die Veranschaulichung von Leid, Not und Schmerz zu kurz, aber bei diesen frühen Bildern muss uns das nicht wundern. Um es mit Paulus zu sagen: dem Maler geht es nicht um „Ärgernis und Torheit" des Kreuzes, sondern um „Gottes Kraft und Weisheit".

Das Kreuz Christi überragt die Kreuze der Schächer, es ist so schon sichtbar **erhöht**. Vor der Bergkulisse ragt es – im Gegensatz zu den beiden anderen – in den **Himmel**, Christus

Das Sehen des Gekreuzigten

Kreuzigung und Frauen am Grabe, Rabula-Codex. 586 in Mesopotamien entstanden.

ist so anschaulich der Erde entrückt. Er trägt einen Heiligenschein; auch das ist ja nicht etwas äußerlich Sichtbares, sondern ein Hinweis auf göttlichen Glanz, auf seine **Herrlichkeit**. Sonne und Mond als Bildzeichen hat der Maler aus den Bildern der Kaiser übernom-

Besichtigungen des Unsichtbaren: Leiden

men, dort signalisierten sie die umfassende Herrschaft der Dargestellten. Hier meinen sie dasselbe: Jesus Christus ist der Herr!

Am deutlichsten wird das vielleicht in dem „unmöglichen" Purpurgewand mit den Goldstreifen; so ein kostbares Gewand trugen nur die Mächtigen. Das es hier so gemeint ist, wissen wir ganz sicher aus einem Lied auf das Kreuz, das genau zur selben Zeit entstanden ist. Ich meine das *Vexilla regis prodeunt* des **Venantius Fortunatus**, das Sie in seiner deutschen Übersetzung aus dem Gotteslob kennen: *Des Königs Banner wallt empor*. Da heißt es in der vierten Strophe vom Kreuz:

O Baum, wie schön ist deine Zier!
Des Königs Purpur prangt an dir;
dein auserwählter, edler Stamm
berührt das hehre Gotteslamm.

Alles klar also. Das Purpur des Gewandes ist „des Königs Purpur". Der Gekreuzigte ist ein König!

Und schließlich möchte ich Ihren Blick noch auf den **Lanzenstich** lenken. Nach dem Bericht des Johannesevangeliums geht es dem Soldaten um die Vergewisserung, dass Jesus wirklich tot ist. Das geschieht auf eine sehr brutale Weise, etwa nach dem Motto: Falls er noch nicht tot war, jetzt ist er es bestimmt. Das findet aber auch der Evangelist wichtig; er will allen Schwärmern (Jesus hatte nur einen „Scheinleib") und Zweiflern (Jesus war nur „scheintot") klar machen: Er ist wirklich am Kreuz gestorben.

In der Auslegung der Kirche hat dieses Geschehen aber noch eine andere Dimension gewonnen; ich lese Ihnen einmal vor, was der heilige **Augustinus** in seinem Johanneskommentar zu dieser Stelle des Evangeliums (der Soldat „öffnete die Seite und es floss Blut und Wasser heraus") sagt:

Eines vorsichtigen Wortes bediente sich der Evangelist, indem er nicht sagte: Er durchbohrte seine Seite oder verwundete, oder sonst etwas, sondern: „Er öffnete", damit dort gewissermaßen die Türe des Lebens aufgetan würde, woher die Sakramente der Kirche flossen, ohne welche man zum Leben, welches das wahre Leben ist, nicht

eingeht. Jenes Blut ist zur Vergebung der Sünden vergossen worden; jenes Wasser mischt den heilsamen Becher, es gewährt sowohl Bad wie Trank.

Mit der geöffneten Seite wird **der Tod Jesu** direkt als **Quelle des Lebens** veranschaulicht; Wasser und Blut sind Sinnbilder der Sakramente Taufe und Eucharistie. *Venantius Fortunatus* hat entsprechend gedichtet:

Sein Herz durchbohrt der Lanzenstich,
ein Quell des Heils eröffnet sich.
Seht, Blut und Wasser fließt herab,
das wäscht all unsre Makel ab.

Im Tod ist das Leben: unseren christlichen Ohren klingt das nicht mehr ungewohnt. Aber eigentlich ist der Gedanke alles andere als selbstverständlich. Wie paradox er ist, wird in den frühen Kreuzigungsbilder durch einen eklatanten Widerspruch anschaulich. **Lanzenstich** und **Seitenwunde** zeigen: Er ist **wirklich tot**; aber zugleich sehen wir die **Augen** des Gekreuzigten: sie sind **offen**, er **lebt**.

Ein gutes Beispiel für den toten Gekreuzigten mit den offenen Augen ist das Fresko aus der römischen Kirche **Santa Maria Antiqua**, das in der Mitte des achten Jahrhunderts entstanden ist. Wir sehen nicht, was seine großen Augen sehen – vielleicht den Vater?

Nun habe ich Ihnen an einem frühen Beispiel gezeigt, wie **das Problem** in der Frühzeit der Kreuzigungsbilder gelöst wurde. Aber haben Sie auch das Gefühl, dass bei dieser Art von Bildern das Sehen, das richtige Hinsehen auf den Gekreuzigten zu kurz kommt? Man hat es hier mehr mit symbolischen, „sinnbildlichen" Hinweisen zu tun, die wie eine Denksportaufgabe zu entschlüsseln sind. Das bedeutet das und dies bedeutet jenes und zusammengenommen kommt am Ende heraus: Der Gekreuzigte lebt.

Es hat aber auch eine Zeit gegeben, in der das **Sehen des Gekreuzigten** eine ganz andere, eine zentrale Rolle gespielt hat. Das ist die Zeit der Gotik, des hohen und späten Mittelalters. Da wurden Werke geschaffen, die dazu da waren – und dazu geeignet waren – dass

Das Sehen des Gekreuzigten

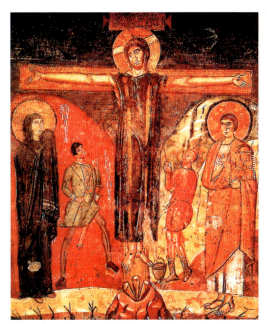

Kreuzigung, um 750. Santa Maria Antiqua, Rom.

man sich ganz und gar in den Anblick des Gekreuzigten versenkte. Da ging es gar nicht mehr so sehr um das Denken und Schlussfolgern, sondern mit den Mitteln des Sehens um das Fühlen, das Miterleben, das Mit-Leiden.

Ich zeige Ihnen als Beispiel den Gekreuzigten, den der berühmte **Naumburger Meister** in der Mitte des 13. Jahrhunderts geschaffen hat. Schon die Aufstellung im Naumburger Dom ist bemerkenswert. Sie können den Gekreuzigten hier von ganz nah sehen! Zuvor – in den großen sächsischen Triumphkreuzen, etwa in Halberstadt – hatte man die Kreuzigungsgruppe auf einen Balken montiert und hoch **über** dem Lettner angebracht. Daher der Name „Triumphkreuz": **Erhöhung** und **Entrückung** waren nicht zu übersehen.

Und jetzt ist der Gekreuzigte den Menschen nah, fast beängstigend nah. Er ist **die Tür** zum Westchor, es führt kein Weg an ihm vorbei. Und was die Menschen am Gekreuzigten sehen sollen, ist auch klar: den Schmerz und das Leid. Schauen Sie mal auf das Haupt Christi! Er trägt eine schwere Dornenkrone, die Stirn ist furchtbar zerkratzt, über die Wangen strömt Blut. Vielleicht denken Sie: ein **Haupt voll Blut und Wunden**! Da denken Sie richtig; dieses Lied ist genau in dieser Zeit entstanden, **Arnulf von Löwen** hat es auf Lateinisch geschrieben – *Salve caput cruentatum* – und der evangelische Pfarrer und Dichter **Paul Gerhardt** hat 1656 die uns vertraute deutsche Fassung geschaffen. Das Lied des Arnulf von Löwen zeigt sehr eindringlich, wie intensiv sich der Betrachter in den Anblick dieses Schmerzensmannes vertiefen soll:

Du edles Angesichte, vor dem sonst alle Welt
erzittert im Gerichte, wie bist du so entstellt?
Wie bist du so erbleichet, wer hat dein Augen-
   licht,
dem sonst ein Licht nicht gleichet, so schändlich
   zugericht't.
Die Farbe deiner Wangen, der roten Lippen
   Pracht
ist hin und ganz vergangen ...

Noch etwas können wir am Naumburger Westlettner gut erkennen: Maria und Johannes sollen dem Betrachter helfen, den leidenden Christus zu sehen. Sie stehen in Naumburg **nicht** mehr **unter** dem Kreuz, sondern **daneben**, sozusagen auf Augenhöhe. Man kann hier an das Wort Jesu aus dem Johannesevangelium denken: „Wenn ich über die Erde erhöht bin, werde ich alle zu mir ziehen".

Aber in der Hauptsache geht es um die Nähe zum leidenden Christus. Maria und Johannes stehen hier als Vorbilder, wie sie sollen die Menschen auf den Gekreuzigten sehen und mitleiden. Es gibt – wieder einmal – ein sehr bekanntes Lied vom Ende des 13. Jahrhunderts, das eindrucksvoll zu genau diesem Weg der Betrachtung des Leidens Christi auffordert, das **Stabat mater dolorosa**: Christi Mutter stand mit Schmerzen. Maria wird im Lied oft direkt angesprochen: *Lass mich mit dir beim Kreuz stehen*. **„Mit dir"** (lateinisch: tecum) ist das Lieblingswort des Liedes; mit dir weinen, trauern, klagen.

Besichtigungen des Unsichtbaren: Leiden

Das Sehen des Gekreuzigten

Gib, o Mutter, Quell der Liebe,
dass ich mich mit dir betrübe,
dass ich fühl die Schmerzen dein.
Lass mit dir mich herzlich weinen,
ganz mit Jesu Leid vereinen,
solang hier mein Leben währt.
Bei dem Kreuz mit dir zu stehen,
dort zu teilen deine Wehen,
ist es , was mein Herz begehrt.

Die Nähe zum leidenden Christus: Wir sollten uns hier jetzt ruhig eingestehen, dass das ein Bildprogramm ist, mit dem man Schwierigkeiten haben kann. Ich kenne ja die Einwände kritischer Zeitgenossen. Schierer Masochismus! rufen die. Oder: So hat die Kirche den Menschen die Lebensfreude ausgetrieben! Die Liste ließe sich fortsetzen. Fazit: Wieder mal ein „Ärgernis"? Allen möglichen Einwänden zum Trotz halte ich es für lohnend, nach dem positiven Sinn eines solchen Bildprogramms zu fragen. In den erwähnten Liedern aus der Entstehungszeit könnte man manche Antworten entdecken, übrigens auch solche, die uns Verstehensschwierigkeiten machen. Da ist z. B. immer davon die Rede, dass dieses ungeheure Leiden etwas mit **unserer Schuld** zu tun haben soll. „*Dass ich weiß, was ich verschuldet ...*" heißt es im *Stabat mater*.

Mit zwei Gedanken kann ich allerdings sehr viel anfangen. Der **eine**: Das Leiden Christi hat etwas zu tun mit seiner Liebe, der Liebe Gottes zu den Menschen. **So weit geht seine Liebe.** Und: Wer auf diese Liebe, die Leid und Tod nicht scheut, schaut, kann sich rühren lassen, anstecken lassen von diesem Übermaß an Liebe, wird vielleicht selbst zu solcher Liebe fähig.

Bei Franz von Assisi ging das Mit-Leiden mit dem Leiden Christi so weit, dass sich die sichtbaren Zeichen dieses Leidens, die Wundmale, auf ihn übertrugen. Aus der Zeit kurz vor seinem Tod wird dieses Gebet des Heiligen überliefert:

◁ **Kreuzigungsgruppe am Eingang zum Westchor des Naumburger Domes, um 1250/60.**

O Herr, lasse mir vor meinem Tod zweimal deine Gnade zuteil werden. Erfülle mich so tief wie möglich mit den Leiden, die du ... in der grausamen Passion auf dich genommen hast. Und lasse mich so tief wie möglich die maßlose Liebe verspüren ... um derentwillen du freiwillig so viel Schmerz für uns armselige Sünder gelitten hast.

Der **zweite Gedanke**: Der Anblick des leidenden Christus soll **nicht nur Mitleid wecken**. Der, der am Kreuz leidet, ist **selbst einer**, der **mit-leidet**, mit-leidet mit den Menschen, die in Angst und Schmerz und Todesnot auf ihn schauen. Sie müssen jetzt nicht mehr alleine damit fertig werden. Die Zeit des späten Mittelalters war doch eine Zeit ungeheuren Leides: Pest, Kriege und Hungersnöte. Dieses Leid wurde nicht verdrängt, sondern konnte bewältigt werden im Anblick des mitleidenden Christus am Kreuz.

Der Schweizer Dichter **Conrad Ferdinand Meyer** schildert in seiner Versdichtung „Huttens letzte Tage", wie der Reichsritter und Humanist (1488–1529) sterbenskrank auf der Insel Ufenau im Zürcher See seinem Tod entgegensieht. Beim Betrachten eines Kruzifix lässt er ihn sprechen:

Je länger ich's betrachte, wird die Last
mir abgenommen, um die Hälfte fast,
denn statt des einen leiden unserer zwei:
mein dorngekrönter Bruder steht mir bei.

Jetzt könnten Sie gut fragen: Wird denn diese **Wechselseitigkeit des Mitleidens** in den Kreuzigungsdarstellungen anschaulich z. B. auch in Naumburg? Und: Wie wird sie anschaulich?

Ich glaube ganz entschieden, dass der Naumburger Meister dieses Hin und Her sichtbar machen wollte, und zwar auf die denkbar eindrucksvollste Weise: Es gibt hier eine **Wechselseitigkeit des Sehens**. Es ist nicht nur so, dass die Menschen den Gekreuzigten sehen können und sollen. Auch der Gekreuzigte **sieht**! Er sieht zu seiner Mutter herüber. Das entspricht durchaus dem, was wir im Johannesevangelium lesen: *Als Jesus seine Mutter* **sah** *und bei ihr den Jünger, den er liebte ...*

83

Besichtigungen des Unsichtbaren: Leiden

Das Sehen des Gekreuzigten

Und es ist ein **unmögliches** Sehen: Am Naumburger Gekreuzigten erkennen wir die Seitenwunde, er ist „eigentlich" tot. Aber sein Sehen hört nicht auf. Er sieht auf seine Mutter und mit seiner Mutter auf alle Menschen, die unter dem Kreuz stehen und zu ihm aufschauen.

Ich möchte Sie zum Schluss bitten, unter diesem Aspekt noch einmal auf das Fresko von Andrea del Castagno zu sehen. Gibt es hier nicht auch diesen wechselseitigen Blick? Hieronymus **schaut auf**, der Gekreuzigte **schaut** auf ihn **herab**. Normalerweise können wir das ja nicht gut haben, wenn man auf uns herabschaut. Aber der Blick des Gekreuzigten hat nichts von Überheblichkeit. Er schaut ja **vom Kreuz** herab, er ist der, der wirklich mit den Menschen leidet.

Kindern und Erwachsenen hat man früher beigebracht, vor dem **Auge Gottes** Angst zu haben: *Ein Auge ist, das alles sieht ...* Hier kann man sehen: Der Blick, mit dem Gott auf uns sieht, ist der Blick des Gekreuzigten. Da braucht man keine Angst zu haben, das ist der Blick des mitleidenden, des barmherzigen Gottes.

Um das **Sehen des Gekreuzigten** ist es uns gegangen und wir haben am Ende gemerkt: Die Formulierung hat einen doppelten Sinn. Wir sehen den Gekreuzigten, der Gekreuzigte sieht uns, sieht mich. Paulus hatte behauptet, im „Ärgernis des Kreuzes" liege **für die Berufenen** Gottes Kraft und Weisheit". Paulus meint vermutlich: Niemand kann von sich aus im Kreuz „Gottes Kraft und Weisheit" entdecken. Oder so ausgedrückt, wie wir es soeben gelernt haben: Wir können auf den Gekreuzigten schauen, weil er zuallererst uns angeschaut hat.

Mein Schlusswort möchte ich mir von einem Dichter leihen, von **Edzard Schaper**. Viele von Ihnen werden seine Erzählung vom „vierten König" kennen, dem kleinen russischen König, der sich aufmacht, um seine Gaben zum Kind nach Bethlehem zu bringen und der schließlich nach vielen Irrwegen und Hindernissen auf Golgotha ankommt. Hier – unter dem Kreuz – findet er die Erfüllung seiner Sehnsucht, auch seiner Seh-Sucht. Schmerz und Glück zugleich brechen ihm das Herz, er stirbt im Anblick des Gekreuzigten.

Da steht am Schluss der Geschichte der schöne Satz: **Ihn anzuschauen und von ihm angeschaut zu werden – das war zu viel für des kleinen Königs Herz.**

Ihn anzuschauen
und
von ihm angeschaut zu werden...

◁ **Kreuz am Eingang zum Westchor des Naumburger Domes.**

Besichtigungen des Unsichtbaren: Leiden

Echternacher Codex aureus, Passionsszenen, um 1031.

Im Tod das Leben

Echternacher Codex aureus, Kreuzweg, Kreuzigung, Grablegung, um 1031.

Im Tod das Leben.
Passion und Tod Jesu in den Bildern des Codex aureus von Echternach

Der Codex aureus von Echternach ist eines der wertvollsten Evangelienbücher des abendländischen Mittelalters und seit 1955 der kostbarste Besitz des Germanischen Nationalmuseums in Nürnberg. Entstanden um 1031 im Kloster Echternach (heute in Luxemburg) beginnt mit diesem Werk die 20 Jahre während Blütezeit der Schreib- und Malwerkstatt. Aus dieser Zeit sind zehn Bücher erhalten geblieben; hohe geistliche und weltliche Herren waren die Auftraggeber. Nur dieses erste – und vielleicht beste – Buch haben die Echternacher Möche für sich behalten und bis zur Auflösung des Klosters über 750 Jahre liturgisch verwendet. In diesem Beitrag werden die zwei Bildseiten zur Passionsgeschichte, weiter unten – unter der Überschrift „Die Erde blüht auf" – die Osterbilder vorgestellt.

Auf **16 Bildseiten** haben die Echternacher Maler die Jesusgeschichte dargestellt – von der Verkündigung an Maria bis zur Geistsendung. Die Bilder sind dabei nicht direkt einem entsprechenden Text oder Evangelium zugeordnet, sondern sie stehen in **vier Blöcken** zu je vier Seiten zu Beginn der vier Evangelien: Bilder zur Kindheitsgeschichte vor dem Matthäusevangelium, zum Wirken Jesu vor dem Markusevangelium, zu vier Gleichnissen vor dem Lukasevangelium. Die letzten vier Seiten vor dem Johannesevangelium zeigen schließlich die Passion Jesu und die Osterereignisse mit Himmelfahrt und Pfingsten.

Alle Bildseiten sind nach dem **gleichen Schema** aufgebaut. Ein goldener Rahmen fasst drei gleich große Querstreifen zusammen, auf denen bis zu drei Szenen dargestellt sind. Über jedem Streifen steht ein gerahmtes goldenes Schriftband mit ein oder zwei Hexametern, die das Bild „theologisch" kommentieren. Die Bildseiten sind bis zum Rand mit Purpurfarbe bemalt. Ein heller Randstreifen hebt das Bild auf diesem dunklen Grund hervor.

Die erste Doppelseite vor dem Johannesevangelium präsentiert Ereignisse der Passion Jesu. Links oben sehen wir den Einzug in Jerusalem, in der Mitte die Gefangennahme und das Verhör durch den Hohenpriester Kajaphas, unten die Verleugnung des Petrus und die Geißelung Jesu. Auf der rechten Seite beginnt mit der Dornenkrönung der Kreuzweg Jesu, Simon von Cyrene trägt ihm das Kreuz voran. Es folgt die Kreuzigung in der Mitte und im unteren Bildstreifen Kreuzabnahme und Grablegung.

Wer aufmerksam die linke und rechte Seite vergleicht, wird entdecken, dass hier zwei verschiedene Maler am Werk waren. Man achte etwa auf die „Stiefel" der beteiligten Personen oder auf die Frisuren. Charakteristisch ist auch die jeweilige Bildformel für die „Erde", auf der sich die Menschen bewegen, durchgehende „Wellen" links, einzelne „Schollen" rechts.

Auch wenn sich die Maler die Arbeit an dieser Doppelseite geteilt haben, so bildet sie doch eine **Einheit**. Das wird besonders gut anschaulich in den beiden oberen Bildsequenzen. Sie verbindet ein ähnliches Streifenmuster. Aber welch ein Gegensatz! Der Einzug in Jerusalem, die freudige Begrüßung, die messianischen Huldigungen, sie setzen sich fort im Weg zum Kreuz; dem „Hosianna" folgt die Dornenkrönung, die Verspottung als König.

Es ist ein besonderes Kennzeichen – und eine künstlerische Leistung – der Maler des Codex aureus, dass sie immer wieder formale und inhaltliche Bezüge zwischen den Einzelszenen einer Seite entstehen lassen, die es sich lohnt zu deuten. Ich nenne einige Beispiele.
– Palmzweige (so nur Joh 12,12 in Anlehnung an Ps 118,27) überragen die Köpfe

der Menschen, die Jesus in Jerusalem begrüßen, fast wie ein Strahlenkranz; sie sind Zeichen der Freude und Ausdruck des Jubels über das Kommen des Messias, der Frieden bringt (Sach 9,9). In der nächsten Szene, der Gefangennahme, ist aus dem Kranz von Palmzweigen ein solcher aus Schwertern und Knüppeln, Zeichen der Gewalt geworden. So nah liegen die Gegensätze beieinander, auf Frieden und Freude folgt Hass und Gewalt.

– Viermal ist auf der Seite mit den ersten Szenen der Passionsgeschichte **Christus** zu sehen. Und er wird **jedes Mal kleiner**! Im ersten Bild sieht man ihn noch ganz in seiner „Hoheit" daherreiten – wenn auch auf dem Rücken eines Esels –; in der Gefangennahme steht er auf dem Boden, überragt aber noch deutlich den Judas, vor dem thronenden Kajaphas ist er wieder etwas kleiner und im letzten Bild der Seite an der Geißelsäule ist seine „Erniedrigung" – so muss man ja wohl diese Verkleinerungstendenz deuten – an den äußersten Punkt gekommen.

– Auf der zweiten Seite ist das die Einzelszenen verbindende anschauliche Element ohne Frage das Kreuz Christi. Es ist weniger Marterinstrument als Heilszeichen, erstrahlt ganz in Gold, mit rotem Rand. Im mittleren und unteren Streifen durchmisst es den ganzen Bildraum, verbindet oben und unten, „Himmel" und „Erde". Wir sehen Christus wieder viermal auf dieser Seite und könnten wieder eine Bewegung der „Erniedrigung" erkennen: vom **Stehen** zu Beginn des Kreuzweges über das **Hängen** am Kreuz; **gebeugt** ist der Leib Christi bei der Kreuzabnahme zu sehen, schließlich **liegt** er im Grab. Aber diese Abwärtsbewegung wird regelrecht durchkreuzt von der Diagonale der drei goldenen Kreuze, die den „Abstieg" zugleich als „Aufstieg" veranschaulichen.

Schon dieser erste Überblick über die Doppelseite zeigt, dass hier die **Leidensgeschichte** – selbstverständlich – **als Heilsgeschichte**

gezeigt wird. Dem modernen Betrachter mag es vielleicht sogar so erscheinen, dass hier allzuglatt von Leid, Not und Tod „abgesehen" wird. Wir sollten allerdings nicht vergessen, dass der mittelalterlichen Kunst nur wenige Ausdrucksmittel zur Verfügung standen, die diese Thematik hätten veranschaulichen können. Wenn man dies berücksichtigt, so ist etwa die Darstellung des halb nackten, mit Striemen übersäten und vor Schwäche in die Knie gehenden Christus an der Geißelsäule in ungewöhnlicher Weise vom Leiden geprägt. Dieses Bild bleibt aber die Ausnahme. In der Hauptsache geht es in diesen Passionsszenen um die kaum anfechtbare Souveränität Christi, um den „Sieg" in der „Niederlage", um die „Hoheit" in der „Niedrigkeit". Das entspricht auch durchaus der Intention der biblischen Passionsberichte. Im Eingangschor zur „Johannespassion" von J. S. Bach ist sie auf den Punkt gebracht:

Herr, unser Herrscher...
Zeig uns durch deine Passion,
Dass du, der wahre Gottessohn,
Zu aller Zeit,
Auch in der tiefsten Niedrigkeit,
verherrlicht worden bist!

Den Bildern zur Passion geht es nicht nur um die Christusverkündigung; immer wieder lenken sie auch den **Blick auf die Menschen**, die – im Guten wie im Bösen – an der Geschichte beteiligt sind. Wir sehen den Verrat des Judas – und des Petrus, wir sehen aber auch „vorbildliche" Handlungen und Haltungen.

So schon im ersten Bildstreifen auf der linken Seite mit dem **Einzug in Jerusalem**. Jesus in der Mitte – zwischen Menschen, die ihn jubelnd empfangen, ihm entgegengehen und ihn begrüßen und solchen, die ihm nachfolgen. Zwei Weisen des Jünger-Seins, des Christ-Seins. Jesus zwischen seinen Anhängern – ein starker Kontrast zur Einsamkeit an der Geißelsäule im letzten Bild der Seite.

Die linke Menschengruppe wird angeführt von Petrus und einem weiteren Jünger. Die Jünger Jesu sind im Codex aureus immer

Besichtigungen des Unsichtbaren: Leiden

Detail Einzug in Jerusalem.

gut an ihren nackten Füßen zu erkennen. Dass sie barfuß sind – wie ihr Herr – kennzeichnet sie als „**Nachfolger Christi**" in der Bedürfnislosigkeit und Sorglosigkeit entsprechend der Weisung Jesu in den Aussendungsreden: „Nehmt keine Vorratstasche mit auf den Weg, kein zweites Hemd, keine Schuhe ..." (Mt 10,10; vgl. Lk 10,4). Den unmittelbaren „Nachfolgern" haben sich weitere Menschen angeschlossen, die im Bild als *turbae* „Menge" bezeichnet sind. Wer nachfolgt, zieht andere mit.

Die rechte Menschengruppe mit den schon erwähnten Palmzweigen vollzieht den Huldigungsritus mit dem **Ausbreiten der Kleider**. Von rechts nach links neigen sich die Köpfe der Menschen immer mehr. So wird die Bewegung der Verbeugung in einzelnen Phasen und als ganze sichtbar gemacht. Der Ritus mit dem Ausbreiten der Kleider ist vergleichbar mit dem „**roten Teppich**", mit dem wir heute besondere Gäste begrüßen, nur viel persönlicher. Das „Kleid" steht ja als Zeichen für den Menschen selbst, der sich hier ganz hingibt, sich „unterwirft". Gut erkennbar ist im Bild auch, dass die Kleider der Menschen sogar den Sattel Jesu ersetzen, entsprechend Mk 11,7 par. Im Alten Testament gibt es die Geste des Kleiderausbreitens als **Huldigungsritus** für einen neuen **König**, damals Jehu, in 2 Kön 9,13: *„Sogleich nahmen sie alle ihre Kleider, legten sie ihm zu Füßen auf die bloßen Stufen, stießen in das Horn und riefen: Jehu ist König."*

Das Besondere an dem „Christ-König" ist natürlich, dass er auf einem Esel sitzt, eine zeichenhafte Selbstbescheidung und Demut, die als Erfüllung der prophetischen Verheißung Sach 9,9f. verstanden werden will: *Juble laut, Tochter Zion! Jauchze, Tochter Jerusalem! Siehe, dein König kommt zu dir. Er ist gerecht und hilft; er ist demütig und reitet auf einem Esel... Er verkündet für die Völker den Frieden.*

Von dem Gegensatz zwischen dem Königtum Christi und der Demutsgeste des Eselsritts her deutet auch der Hexameter in der Bildüberschrift die Szene. **Reg**n**a**tor *c*a**e**li *fit* **vi**lis *s*e**ss**or *a*sel*li* – „**Das** ist der **Herr**scher des **Him**mels. Er **macht** sich zum Eselchen**rei**ter."

Der zweite Hexameter lenkt den Blick auf den Huldigungsgestus und die Jubelgesänge. **Ster**n*endo* ves*tes* cui **dant** pia can*tica* ple*bes*. „**Klei**der legt **nie**der das **Volk** und **wid**met ihm **fromm**e Gesänge".

Im Mittelstreifen folgen die Szenen mit der **Gefangennahme Jesu** und dem **Verhör** vor dem Hohenpriester, der als „Cayphas" (Kajaphas, vgl. Mt 26,57) bezeichnet wird. Je-

Im Tod das Leben

Detail Gefangennahme und Verhör.

sus erscheint bei seiner Verhaftung keinesfalls als hilfloses Opfer, im Gegenteil: Er „beherrscht" die Szene, er „lässt sich gefangen nehmen". Das wird in vielen Einzelheiten erkennbar. Jesus ist der Aktive: er streckt seine Linke den Häschern entgegen; nur deswegen können sie ihn ergreifen. Mit der ausgestreckten Rechten heilt Jesus das Ohr des Knechtes – Malchus nach Joh 18,10 – und weist Petrus zurecht, der „zum Schwert greift" (Mt 26,52): „Steck dein Schwert in die Scheide". Mit seinen ausgestreckten „leeren" Händen steht Jesus als der Gewaltlose und Friedfertige zwischen den bewaffneten Häschern rechts – mit Schaufel, Knüppel und Schwertern – und den Jüngern links, die zumindest zwei Schwerter haben. Die erinnern an den Dialog, der das letzte Abendmahl im Lukasevangelium beschließt (Lk 22,38). Die Jünger möchten dort ihre Kampfbereitschaft in der Stunde der Entscheidung unter Beweis stellen: „Herr, hier sind zwei Schwerter". Jesus tadelt sie: „Genug davon!"

Das Zentrum der Szene bildet der verräterische Kuss. Auch hier ist Jesus der absolut Überlegene. Judas muss sich geradezu „abstrampeln", um Kuss und Umarmung anzubringen. Er „verliert den Boden unter den Füßen" bei seinem Verrat. Judas schmiegt Mund an Mund und Wange an Wange; das Bild zeigt in krassester Weise, wie Gesten der Zuneigung und des Friedens geheuchelt werden können. So deutet auch die Bildüberschrift: **Cum** *signo* **pa**cis *hunc*, **Iu**da **pes**sime, **tra**dis. „**du**, mieser **Ju**das, ver**rät**st den **Herrn** mit dem **Zei**chen des **Frie**dens."

Die **Verhörszene** ist von dem Kontrast zwischen Jesus und Kajaphas geprägt. Der eine steht, der andere sitzt. Eigentlich die ganz normale Ordnung: der Angeklagte und sein Richter. Aber der Betrachter, der weiß, dass Jesus der wahre „Hohepriester" ist, „der sich zur Rechten des Thrones der Majestät im Himmel gesetzt hat" (Hebr 8,1), wird im Thronen des Kajaphas Selbstherrlichkeit und Machtanmaßung sehen – wie beim Herodes auf der Weihnachtsseite des Codex aureus – im Stehen Jesu aber Unbeugsamkeit und Standhaftigkeit, die sich vor einem solchen Richter nicht klein machen muss. Kajaphas hat nicht etwa fromm die Hände gefaltet; er zerreißt sein Gewand (vgl. Mt 26, 65 / Mk 14,63) und unterstreicht damit sein Urteil über Jesus: „Er hat Gott gelästert!" (Mt 26,65). Die Bildüberschrift betont die Freiwilligkeit der Passion Jesu, der sich nicht Macht anmaßt, sondern auf sie verzichtet. **Cap**tus *tu* **duci**, **dux**, *ad* **Cay**phan *volu*isti. „**Füh**rer,

Besichtigungen des Unsichtbaren: Leiden

Detail Verleugnung des Petrus und Geißelung Jesu.

du ließest dich gefangen zu Cayphas führen".

Der untere Bildstreifen zeigt mit der **Verleugnung des Petrus** und der **Geißelung Jesu** zwei Szenen, die man am besten nicht nacheinander zu sehen hat, sondern als gleichzeitige Ereignisse. Dann wird der Gegensatz richtig eindringlich! Der Apostel hatte kurz zuvor beim letzten Mahl noch den Mund reichlich voll genommen: „Herr, ich bin bereit, mit dir sogar ins Gefängnis und in den Tod zu gehen" (Lk 22,33). Jetzt sitzt er da und leugnet gegenüber der Magd, den Herrn überhaupt zu kennen (Lk 22,57). Und **zugleich** ist sein Herr allein „im Gefängnis" und wird gefoltert. Größer kann seine Verlassenheit nicht sein: verraten und verleugnet von den eigenen Leuten, gefangen, verspottet und gequält von den Gegnern.

Die Gestalt des Petrus wird von einem auffälligen Bildzeichen begleitet. Das Gebäude, das den Sitzenden halb rahmt, ist ein Fragment, eine Ruine in Schieflage. Sie droht umzufallen. Am besten ließe sich dieses Detail als bildlicher Ausdruck für den Zustand des Apostels, für seinen „Fall", verstehen. Sein späterer Kollege Paulus hat aufgrund ähnlicher Erfahrungen formuliert: „Wer also zu stehen meint, der gebe Acht, dass er nicht fällt" (1 Kor 10,12). Vom „Fall Petrus" spricht auch der beigeschriebene Hexameter: **Ad** can**tum** gal**li** re**mi**nis**cere te**, Petre, fal**li**. „Petrus, beim **Krähen** des **Hahns** erinnere **dich** an dein **Fal**len". Unübersehbar, geradezu herausfordernd, vielleicht auch im Sinne der Mahnung und Warnung, hat der Maler den Hahn auf dem Dach des Gebäudes rechts angebracht.

Auf die für die ottonische Kunst ungewöhnliche Darstellung Christi in der Geißelszene habe ich bereits hingewiesen. In einem verbreiteten Lexikon (Christliche Ikonographie in Stichworten, München 1975, S. 142) heißt es zum Stichwort „Geißelung Christi": „Auf keiner ottonischen Darstellung erscheint bei Christus der Ausdruck des körperlichen oder seelischen Schmerzes". Der Codex aureus zeigt die Ausnahme, die die Regel bestätigt: Die Spuren der Geißelhiebe auf dem nackten Oberkörper, die wirr herabhängenden Haare, das angedeutete Zusammenbrechen: Das alles meint die Wirklichkeit der Passion. Dass Christus sie aushält, heißt nicht, dass er nicht leidet. Im Vers darüber heißt es: **Vir**g**arum** Chris**tus** pati**en**ter sus**tul**it ictus. „**Chris**tus er**trä**gt ge**dul**dig die **hef**tigen **Hie**be der Geißeln."

Die **Geißelsäule**, an der Christus gefesselt ist, kommt in den biblischen Passionsberich-

Im Tod das Leben

Detail Kreuzweg.

ten nicht vor. Vermutlich ist das Motiv in der Kunst aufgekommen – und dadurch für uns selbstverständlich geworden – weil die Geißelsäule als Reliquie, als eines der Leidenswerkzeuge, „entdeckt" und verehrt wurde. Vielleicht darf man aber auch in der Säule ein Symbol sehen für den, der „standhält", weil er weiß, dass er letztlich nicht bezwungen werden kann. In diesem Sinne spricht Gott dem Propheten Jeremia bei seiner Berufung mit dem Bild von der „Säule" Mut zu: *„Ich selbst mache dich heute zur befestigten Stadt, zur eisernen Säule und zur ehernen Mauer gegen das ganze Land, gegen die Könige, Beamten und Priester von Juda und gegen die Bürger des Landes. Mögen sie dich bekämpfen, sie werden dich nicht bezwingen; denn ich bin mit dir, um dich zu retten ..."* (Jer 1,18f)

Haben wir Christus noch halb nackt an der Geißelsäule gesehen, so wird er auf der nächsten Bildseite mit **Kreuztragung, Kreuzigung, Kreuzabnahme und Grablegung** durchweg mit dem Purpurmantel bekleidet gezeigt – und dies gegen die biblischen Passionsberichte! Nachdem die Soldaten Christus mit Dornenkrone und Purpurmantel bekleidet und so als Karikatur eines Königs verhöhnt hatten, heißt es: „Nachdem sie so ihren Spott mit ihm getrieben hatten, nahmen sie ihm den Purpurmantel ab und zogen ihm seine eigenen Kleider wieder an" (Mk 15,20). Wenn Christus auf dieser Bildseite dennoch den Purpurmantel trägt, dann signalisiert das dem Betrachter: Er ist wirklich der König. Und er bleibt es. Den Purpurmantel als Königsmantel deutet auch der alte Hymnus auf das Kreuz *Vexilla regis prodeunt* („Des Königs Banner wallt empor", Venantius Fortunatus, um 600, Gotteslob 834): „O Baum, wie schön ist deine Zier, des Königs Purpur prangt an dir."

Die Bildseite verkündigt den Gekreuzigten als den „König": Dazu passt auch die auffällige Darstellung des Simon von Cyrene, der Christus das Kreuz **voraus** trägt. Meistens hat die Kunst die Szene so dargestellt, dass Simon Christus das Kreuz **nach**trägt (so auch Lk 23,27). So wurde Simon anschaulich zum Vorbild in der „Kreuzesnachfolge" entsprechend der Weisung Jesu: *„Wer mein Jünger sein will ..., nehme täglich sein Kreuz auf sich und folge mir nach"* (Lk 9,23). Wie aber soll man das Voraustragen deuten, dass hier inszeniert wird? Soll der Betrachter an eine feierliche Prozession denken? Oder ist Simon ein Herold, der das Kreuz wie ein Erkennungszeichen des Herrschers oder wie eine Siegestrophäe voranträgt? Er könnte mit Paulus sagen: *„Wir verkündigen Christus als den Gekreuzigten..."* (1 Kor 1,23).

Besichtigungen des Unsichtbaren: Leiden

Der Hexameter, der die Szene kommentiert, ist sicher ein Appell an den Leser, Simon in der Kreuzesnachfolge zu übertreffen. Was leicht möglich ist: Denn der trägt das Kreuz nicht freiwillig! Con*pul*sus *val*de *fit* lig*ni* **p**ortitor is*te*. „**Nur** gezwun*gen*erma*ß*en wird **di**e*s*er zum **Träger** des **Kreu**zes."

Die **Dornenkrönung** im linken Teil des Bildstreifens gehört eigentlich in den Kontext der Geißelung. Aber hier, auf diesem „Kreuzweg", wirkt sie wie eine Geste aus einem antiken Triumphzug. Die Krone – ein gewundenes Seil mit Dornen – wird Christus nicht aufs Haupt gedrückt, sondern wie ein Siegeskranz, ein Lorbeerkranz über ihn gehalten. Der Vers zur Dornenkrönung lautet: **Spi***nis* con*tex***tam** *po***nunt** *tibi,* **Chris**te, *co*ronam. „**Chris**tus, mit **Dor**nen ge**spickt** ist die **Kro**ne, **die** man dir **auf**setzt".

Die **Kreuzigungsszene** im mittleren Bildstreifen ist streng symmetrisch aufgebaut. So bekommt sie einen feierlichen und vornehmen, aber auch ganz unirdischen Charakter. Alles hat seinen festen Platz, steht unverrückbar und unveränderlich im Bild; die Zeit steht still. Man könnte denken: Die Welt hält den Atem an. Oder auch: Das ist ein Geschehen für alle Zeiten, für die „Ewigkeit". Die Gleichgewichtigkeit der Bildelemente rechts und links betont das Kreuz in der Mitte, das so auch Zentrum, Dreh- und Angelpunkt der ganzen Seite ist. Jedes Bildelement hat in dieser Szene eine Entsprechung auf der jeweils anderen Bildseite, nur das Kreuz Christi ist „einmalig".

Dass das rotumrandete, goldene Kreuz nicht mehr Marterinstrument, sondern Heilszeichen ist, habe ich schon erwähnt. Im sorgfältig gestuften Aufbau der Personen ist der Gekreuzigte der „Höchste"; so wird die **Erhöhung** in der Erniedrigung veranschaulicht. Maria und der Lieblingsjünger sind durch ihre Größe ebenfalls besonders hervorgehoben. Sie sind fast auf Augenhöhe mit dem „Erhöhten", haben eine besondere Nähe zu ihm, wie sie auch in der johanneischen Kreuzigungserzählung ausgestaltet ist (Joh 19,26 f). Vielleicht klingt in dieser besonderen Nähe

auch die Verheißung Jesu an: „*Wenn ich über die Erde erhöht bin, werde ich alle an mich ziehen*" (Joh 12,32).

Nahezu alle Elemente dieses vielfigurigen Kreuzigungsbildes – insgesamt 11 Personen – können im Spannungsfeld von Leid und Erniedrigung einerseits, von Heil und Erlösung andererseits gedeutet werden. Das, was vordergründig als Schmach und Qual erscheint, muss fast immer als Erfüllung alttestamentlicher „Verheißungen" – und damit als Wille Gottes – verstanden werden. Ich nenne nur die wichtigsten Elemente.

Die **Schächer** am rechten und linken Bildrand weisen darauf hin, dass Jesus wie ein Schwerverbrecher behandelt und hingerichtet wird. Aber zugleich ist er so der gerechte **Gottesknecht**, der, wie es im vierten Gottesknechtslied heißt, „*sein Leben dem Tod preisgab und sich unter die Verbrecher rechnen ließ*" (Jes 53,12; vgl. Lk 22,37). Davon sprechen auch die Hexameter über der Szene: **Mun***di* **sal***vator* **mo***ritur* hic **ut** *male***fac**tor. **Qui** *solus* ius*tus* est, *cum* re*pro*bis *cruci*fixus. „Hier **stirbt** der Erlöser der **Welt** wie einer, der **Bö**ses ge**tan** hat. **Er**, der **ein**zig Ge**rech**te, **wird** mit Ver**bre**chern ge**kreu**zigt."

Neben den Schächern sehen wir die Soldaten, die ihnen die **Beine zerschlagen**, um einen raschen Tod herbeizuführen. Das ist ein Motiv, das nur im Johannesevangelium erzählt wird. Dabei geht es ausdrücklich um den Kontrast zu Jesus, der schon tot ist. Um ganz sicher zu gehen, stößt ihm ein Soldat eine Lanze in die Seite. Der Evangelist (Joh 19,36f.) kommentiert das Geschehen ausdrücklich als „Schrifterfüllung" im doppelten Sinn. Er erinnert an das **Passalamm**, an dem nach den rituellen Vorschriften kein Knochen zerbrochen werden durfte (Ex 12,46). Jesus ist also das wahre Passalamm (Nach dem Zeitschema der johanneischen Passionsgeschichte wird Jesus am Vortag des Passafestes gekreuzigt, zu dem Zeitpunkt, wo im Tempel die Passalämmer geschlachtet werden). Und die Verheißung des Propheten **Sacharja** erfüllt sich: „*Sie werden auf den blik-*

Im Tod das Leben

Detail Kreuzigung.

ken, den sie durchbohrt haben" (Sach 12,10; vgl. auch Offb 1,7).

Die **geöffnete Seite** Jesu, aus der „Blut und Wasser floss" (Joh 19,34), wurde schon von frühen Interpreten ebenfalls als **Heilszeichen** gedeutet. Ob dies auch der Intention der johanneischen Passionserzählung entspricht, mag dahin gestellt bleiben. Als „klassischer" Belegtext gilt der Johanneskommentar des heiligen Augustinus (120. Vortrag, Abschnitt 2) zur „Öffnung" der Seite Jesu:

Eines vorsichtigen Wortes bediente sich der Evangelist, indem er nicht sagte: Er durchbohrte seine Seite oder verwundete, oder sonst etwas, sondern: „Er öffnete", damit dort gewissermaßen die Türe des Lebens aufgetan würde, woher die Sakramente der Kirche flossen, ohne welche man zum Leben, welches das wahre Leben ist, nicht eingeht. Jenes Blut ist zur Vergebung der Sünden vergossen worden; jenes Wasser mischt den heilsamen Becher, es gewährt sowohl Bad wie Trank.

Diese Deutung des Lanzenstichs und der geöffneten Seite Jesu ist auch eine der wichtigsten Voraussetzungen für die in späterer Zeit einsetzende Herz-Jesu-Verehrung. In diesem Zusammenhang wird oft gefragt, warum denn der Lanzenstecher die **rechte Seite** Jesu durchbohrt und nicht die linke, wo das Herz sitzt. Hier ließe sich zunächst einmal darauf verweisen, dass die rechte Seite die Seite der Bevorzugten, die Heilsseite ist. Man denke an das Gleichnis vom Weltgericht: *„Dann wird der König denen auf der rechten Seite sagen: Kommt her, die ihr von meinem Vater gesegnet seid, nehmt das Reich in Besitz, das seit der Erschaffung der Welt für euch bestimmt ist."* (Mt 25,34)

Vielleicht wird aber auch deswegen als „Quelle des Heils" die rechte Seite dargestellt, weil man hier an eine Vision des Propheten Ezechiel denken kann. Vom endzeitlichen Tempel fließt dort Wasser herab, und zwar auf der rechten Seite (Ez 47,1). Da auch der Leib Christi im urchristlichen Verständnis ein „Tempel" (vgl. Joh 2,21) ist, lag es nahe, im Wasser aus der Seite Jesu eine Erfüllung der prophetischen Weissagung zu sehen und das Kreuzigungsbild entsprechend zu gestalten.

Dem Lanzenstecher gegenüber steht auf der rechten Seite der Mann, der dem Herrn am Kreuz den **Essigschwamm** auf einer Stange reicht. Auch dieses Motiv, das vordergründig vom quälenden Durst des Sterbenden erzählt, muss als Erfüllung alttestamentlicher Verheißung verstanden werden. Hier klingt ein Vers aus dem Psalm 22 an: *„Meine Kehle ist*

Besichtigungen des Unsichtbaren: Leiden

trocken wie eine Scherbe, die Zunge klebt mir am Gaumen, du legst mich in den Staub des Todes" (Ps 22,16; vgl. auch 69,22: *„Für den Durst reichten sie mir Essig."*).

Auf Psalm 22 nimmt auch die Szene unter dem Kreuz Jesu Bezug. In allen Passionsberichten wird die alttestamentliche Klage wörtlich zitiert: *„Sie verteilten meine Kleider unter sich und warfen das Los um mein Gewand"* (Ps 22,19; vgl. Mk 15,24 par). Im Verständnis der alten Kirche hat das Gewand Jesu aber noch eine andere Dimension gewonnen, auf die die bildliche Darstellung sehr wahrscheinlich anspielt. Das im Johannesevangelium ausdrücklich als „nahtlos" beschriebene Untergewand Jesu wurde als Symbol der in Jesus Christus ungeteilten Menschheit und Göttlichkeit angesehen. Deswegen breiten die Soldaten so feierlich den **nahtlosen Rock** unter dem Gekreuzigten aus. Sie „unterstreichen" bildlich: Seht, Jesus Christus, den Gekreuzigten: Wahrer Mensch und wahrer Gott!

Eine andere Deutung, wie sie etwa im schon erwähnten Johanneskommentar des heiligen Augustinus nachzulesen ist (118. Vortrag, Abschnitt 4), sieht in dem ungeteilten, „ganzen" Rock ein Bild für die Kirche, die nach dem Willen Jesu **eine** Kirche sein soll. Augustinus erinnert seine Zuhörer daran, dass diese Wesenseigenschaft der Kirche als Anspruch schon in dem Wort „katholisch" enthalten ist (griech. καθολικος „das Ganze betreffend"). Im nahtlosen Rock ein Symbol für die Einheit der Kirche zu sehen, liegt im Kontext des Johannesevangeliums durchaus nahe. Dieses Thema prägt ja das „hohepriesterliche Gebet", das den Abschluss der johanneischen Abschiedsrede Jesu bildet: *„Sie sollen eins sein, wie wir eins sind, ich in ihnen und du in mir. So sollen sie vollendet sein in der Einheit, damit die Welt erkennt, dass du mich gesandt hast ..."* (Joh 17,22f.)

Auch die überlieferte **Kreuzigungsinschrift**, die über dem Gekreuzigten direkt auf den Balken aufgebracht ist (*IHS Nazarenus Rex Iudaeorum* „Jesus von Nazareth, König der Juden"; so nur Joh 19,19; kürzer die Synoptiker

Mk 15,26 par), steht in dem Spannungsverhältnis, das wir nun vielfach erkannt haben. Zunächst einmal wird hier ja – so alle Synoptiker – die Schuld eines Angeklagten festgehalten, der wegen Hochverrats hingerichtet wird; zugleich verspottet die exekutierende Besatzungsmacht das unterdrückte Volk: So sieht ein König der Juden aus. Aber – gleichsam eine unbeabsichtigte prophetische Leistung des Pilatus – die Inschrift ist auch „wahr", Christus ist wirklich ein König.

Oben neben dem Kreuzesbalken sehen wir in **Personifikationen** die **Sonne** (lat. *sol*, deswegen eine männliche Gestalt) und den **Mond** (lat. *luna*, deswegen eine Frau). Sie standen in den antiken Kaiserbildnissen für den universalen Herrschaftsanspruch, können also auch hier als Hoheitszeichen verstanden werden: Christus ist der Herr über den Kosmos. Aber Sol und Luna führen auch die verhüllten Hände an den Kopf. Das ist in der Antike ein Trauergestus. So wird gezeigt: Die ganze Schöpfung betrauert den Schöpfer. So kann ja auch die in den Passionsberichten (Mk 15,33 par) überlieferte Finsternis beim Tode Jesu gedeutet werden.

Im unteren Bildstreifen sehen wir Josef von Arimathäa und den nur im Bericht des Johannesevangeliums erwähnten Nikodemus bei der **Kreuzabnahme** und der **Grablegung**. Am linken Rand ist mit einer Torarchitektur die Stadt Jerusalem angedeutet. Das Bild kann uns so daran erinnern, dass Jesus **vor den Toren** der Stadt, außerhalb der menschlichen Gemeinschaft hingerichtet worden ist. Der Verfasser des Hebräerbriefes hat aus diesem Sachverhalt eine „Theologie" entwickelt, die im Bild vielleicht angedeutet werden soll. Nach den Vorschriften des Alten Testamentes musste am Versöhnungstag das **Sühneopfer** aus dem Heiligtum weggeschafft und außerhalb des Lagers verbrannt werden (Lev 16,27). *„Deshalb"*, so Hebr 13,12, *„hat auch Jesus, um durch sein eigenes Blut das Volk zu heiligen, außerhalb des Tores gelitten."* Der Hebräerbrief will in der Passion Jesu „vor den Toren" nicht nur einen Hinweis auf den „Op-

Im Tod das Leben

Detail Kreuzabnahme und Grablegung.

fertod" Jesu für unsere Sünden sehen, sondern auch die Schmach und Schande, ausgestoßen zu sein. Er reflektiert wohl die Außenseiterrolle der frühen Christen, wenn er schreibt, dass sie an dieser Schande Anteil haben (vgl. Hebr 13,13f.).

Man kann sich fragen, warum die **Kreuzabnahme**, die in der Leidensgeschichte doch nur am Rande erzählt wird, so häufig in der christlichen Kunst – auch als Einzelbild – dargestellt wird. Die Darstellung der Echternacher Maler ist hervorragend geeignet, die Frage zu beantworten: Das Bild bietet die Möglichkeit, die Kreuzabnahme als „Kreuz-Annahme" zu veranschaulichen. Es wird gezeigt, dass das Sterben Jesu ein Sterben für uns, für die Menschen war. Wir sehen im Haupt Jesu, das sich über Josef von Arimathäa legt, aber auch in seiner gebeugten Gestalt, den Ausdruck liebender Hingabe; in den Gesten des Josef und des Nikodemus die dankbare Annahme dieser Liebe. Unübersehbar ist, dass sich die beiden dafür unter das Kreuz beugen, sich klein machen müssen. Der „Erlöser der Welt" wäre vergeblich gestorben, wären die Menschen nicht der Erlösung bedürftig und bereit, sie als Geschenk für ihr Leben anzunehmen.

Die Hexameter zur Szene greifen das johanneische Bild vom Weizenkorn auf, das sterben muss, um reiche Frucht zu bringen (Joh 12,24). Gra*num* de*pos*i*tum de* ligno mortificatum. Obsequiis horum sepelitur fructificandum. „**Hier** wird vom **Holz** ge**nom**men ein **abgestor**bener **Sa**me. **Folg**sam **wird** er be**gra**ben, um **reich**lich **Früch**te zu **tra**gen."

Bei der **Grablegung** biegen sich die stilisierten Bäumchen, die die Szene rechts und links rahmen, mit Josef und Nikodemus über das Grab; Mensch und Natur verabschieden sich mit einer letzten Verbeugung, die Ausdruck der Trauer und der Ehrfurcht ist. An den Bäumchen erkennt man sowohl abgeschnittene Äste als auch überdimensionierte „Blüten", behutsame Anspielungen auf den auch in den Hexametern thematisierten Zusammenhang von Tod und Leben. Der Leichnam Jesu ist für das Grab zu „groß". Wir ahnen schon: Der Tod wird ihn nicht halten.

Nur Not und Tod?
Der „Rote Christus" von Lovis Corinth

Rotwerden vor Scham. Rotsehen vor Wut. Das Rot der Ampel. Das rote Herz. Die dialektische Farbe unter den Farben, die in sich diese Ambivalenz trägt, sie verbietet und lädt ein. Wie das rote Licht an den Bordellen in Paris, das eine Warnung und eine Einladung zugleich ist ... Die Farbe des Bluts, des frischen, noch fließenden Bluts, dieses reine leuchtende Rot, das im Gerinnungsprozeß schnell zu einem Rotbraun, schließlich Dunkelrotbraun wird. Der Schreck als Kind war groß, als ich zum ersten Mal mein Blut strömen sah ... Rot, die Farbe des Schrecks. Rot, das als sinnlicher Reiz, Achtsamkeit, Vorsicht evoziert. Signalkellen. Halteschilder. Keine Farbe sticht so ins Auge. Darum findet sich Rot an den Feuerwehren, den Rettungsringen. Der Rotstift, der kürzt und streicht, das Bremslicht, ... Der Kaiser trug Purpur, ebenso die Kardinäle. Das Rot der Macht, der Korrektur, der Abschreckung, aber auch der Verheißung, Farbe der Pfingstflamme ... Rot ist die erste Farbe, die wir als Neugeborene erkennen können, und die letzte, die wir sterbend sehen. Schönes Rot." (Uwe Timm, Rot, Köln 2001, S. 227f.)

Uwe Timms („Rennschwein Rudi Rüssel") Roman ist ein virtuoses Stück Literatur. Eine Grabrede, die der Ich-Erzähler Thomas Linde, Dr. phil., Alt-Linker, von Beruf Beerdigungsredner und Jazzkritiker, sich selbst und uns, den „verehrten Trauergästen", in seinen letzten Sekunden hält. Geschichten des Lebens und der Liebe. Und – wie der Titel schon sagt – Variationen und Meditationen über das Thema „Rot". Die Farbe. Das Wort. Die Gesinnung. Fazit: Rot ist eine ambivalente Farbe.

Der „Rote Christus" ist ein Spätwerk von Lovis Corinth. Der Maler wurde 1858 in Tapiau in Ostpreußen geboren und starb 1925 auf einer Holland-Reise – er wollte noch mal „einen Rembrandt" sehen – im Grand Hotel von Zandvoort. Das Bild ist 1922 entstanden, auf Holz – nicht wie üblich auf Leinwand – gemalt. Bei diesem „roten" Christus kann auf den ersten Blick von einer Ambivalenz der Farbe nicht die Rede sein. Rot ist die Farbe der Wunden, mit denen der Körper des Gekreuzigten über und über bedeckt ist, die Farbe des Schmerzes, des Todes. Rot ist nicht nur das Blut, das über das ganze Bild verspritzt zu sein scheint, blut-rot ist auch der Himmel. Die dominierende Farbe – aber auch die Haltung des Gemarterten – erinnern an die Schlachthausszenen, die Corinth Jahrzehnte zuvor häufig gemalt hat. Kein „schönes Rot".

Kühler Naturalismus

Im Gesamtwerk des Malers spielen religiöse Themen nicht die Hauptrolle, aber das Christusthema greift er immer wieder auf, ausschließlich in Passionsbildern. „Das große Martyrium", 1907 als Konfirmationsgeschenk für seinen Sohn Thomas gemalt, zeigt eine „Kreuzigung" im ganz wörtlichen Sinn, also den Vorgang der „Kreuzannagelung". Auffälligerweise vermeidet der Bildtitel die Zuordnung zur christlichen Thematik. Das ist konsequent, denn auch im Bild selbst sind keine Hinweise auf eine heilsgeschichtliche Bedeutung der Szene zu entdecken. Wir sehen eine Kreuzigung als Exempel einer Hinrichtung, Das Interesse des Malers gilt dem, was äußerlich sichtbar wird. Wie wir aus der Entstehungsgeschichte des Bildes wissen, hat Corinth Modelle engagiert, die den Vorgang im Atelier nachspielen mussten. Ein Berufsathlet mimte das Opfer. Er wurde immer für kurze Zeit, so lange er es aushalten konnte, an einem Pfosten hochgezogen. Diese Pose sieht man dem schwellenden Bizeps des Gefolterten noch an.

Merkwürdigerweise lässt mich dieses Bild einer grauenvollen Hinrichtung ziemlich kalt. Vielleicht genügt die bloße „naturgetreue" Inszenierung, das äußerlich richtige

Nur Not und Tod?

Lovis Corinth, Der rote Christus, 1922.

Abbilden nicht, um Empfindungen zu wecken, Emotionen zu provozieren. Ich sehe mich in die Rolle des distanzierten Zuschauers versetzt, nicht unähnlich dem Exekutionskommandanten im linken Vordergrund, der lässig seine Arme auf dem Rücken verschränkt. Auch die drei Folterknechte gehen ohne sichtbare Emotion ihrer Arbeit nach. Der Nagel muss ins Holz. Ein Handwerk wie jedes andere. Leid und Qual eines Menschen werden dabei nicht wahrgenommen. Hier teilt sich dann doch möglicherweise Betrof-

Besichtigungen des Unsichtbaren: Leiden

fenheit mit: Das ist unter Menschen möglich. Grausamkeit als Handwerk. Töten als Technik. Für ein Bild vom Anfang des 20. Jahrhunderts eine prophetische Leistung.

Eine andere Qualität: Unwirklichkeit üben

Fünfzehn Jahre später hat Corinths Bild des „Roten Christus" mit Realismus nichts mehr im Sinn. Kein Athlet, sondern eine ausgemergelte, spitzknochige Gestalt. Sie ist über den ganzen Bildraum gespannt, die Arme deutlich überlängt, wie auf einem Prokrustesbett überdehnt. Von einem Kreuz ist nichts zu sehen, der Gequälte scheint auf einem Stumpf zu sitzen. Er hängt irgendwo unwirklich im Bildraum und ist aufdringlich nah an die vorderste Bildebene herangerückt. Die Knie springen vor und verstärken noch die Bewegung aus dem Bild heraus, auf den Betrachter zu, Distanz ist kaum möglich. Zur Aggressivität der Farbe Rot kommt diese Haltung: das ganze Bild springt mich an.

Die blutüberströmten Arme werden durch den Bildrand überschnitten und erscheinen so wie abgehackt. Diese „Stümpfe" wirken dadurch viel grausamer, als wenn wir die Nagelwunden selbst sehen würden. Geradezu abstoßend hässlich ist das Gesicht dieses „Christus". Ein im Grunde genommen Corinth wohlgesonnener zeitgnössischer Kritiker, Hermann Priebe, beschreibt seinen Eindruck: „Aber das ist gar kein Christus, das ist eher ein Affenmensch mit schwarzem, wolligen Bart, vorstehender grober Mundpartie", und er fügt in Klammern hinzu: „um nicht fachmännisch zu sagen Schnauze" (zitiert nach Schwebel 27). Für anatomisch oder sachlich richtige Details interessiert sich Corinth offensichtlich nicht mehr; die expressive Überbetonung des Leidens erinnert an spätmittelalterliche Darstellungen, Pestkreuze etwa. Der alte Maler feiert geradezu in einer Tagebucheintragung wenige Monate vor seinem Tod seine „Entdeckung der Unwirklichkeit": „Ein Neues habe ich gefunden: Die

wahre Kunst ist Unwirklichkeit üben. Das Höchste! ... Realisten sind Stümper" (Selbstbiographie 216).

Nur Not und Tod?

Wie können wir die „Unwirklichkeit" der Bildwirklichkeit deuten? Es liegt natürlich nahe, diese exzessive Leidensdarstellung mit der Realität des Ersten Weltkrieges zusammen zu denken. Die Schlachten, das Schlachten und Geschlachtet-Werden, in diesem Krieg übertrafen alles bis dahin Denkbare. Wie sehr das Lebensgefühl, das Welt- und Menschenbild davon getroffen wurde, zeigen auch eindrucksvoll die Zeugnisse des literarischen Expressionismus: „Menschheit vor Feuerschlünden aufgestellt..." (Georg Trakl). Auch die ganz persönliche Leidenserfahrung des Malers wäre zu nennen, der 1911 einen Schlaganfall erlitt, von dessen Folgen er sich nur mühsam erholte. Aber ist das alles? Ist das Bild „nur" Ausdruck persönlicher und epochaler Erfahrung der Gewalt und des Leids? Warum stellt der Maler dieses Thema dann ausdrücklich in die Tradition des Christusbildes? Soll der Rückgriff auf das historische Bildmuster die Grundsätzlichkeit der Thematik betonen, wird so der Anspruch auf Allgemeingültigkeit der Aussage erhoben: Seht, so leidet der Mensch? Das haben sich Menschen immer schon angetan und das wird nie aufhören? Oder wird mit der Anspielung auf die Christusgestalt ein Hoffnungsaspekt ins Bild eingeführt? Denkt an Christus! Sein Leiden war nicht sinnlos, das „Gute" wird das „Böse" besiegen, der Tod hat nicht das letzte Wort!

Horst Schwebel hat sich in seiner Dissertation 1980 („Das Christusbild in der bildenden Kunst der Gegenwart") gründlich mit Lovis Corinth auseinander gesetzt und für den „Roten Christus" geurteilt: „Von einer Überwindung des Schrecklichen, von einem ‚Sieg Christi über die Mächte', erfahren wir in diesem Werk allerdings nichts" (Schwebel 28). Schwebels Wertung ist sicherlich davon

Nur Not und Tod?

Lovis Corinth, Das große Martyrium, 1907.

geprägt, dass er die Entwicklung des Christusbildes in der Moderne insgesamt als Ausdruck einer „theologia crucis" in Reinkultur deutet. In der Formulierung Martin Luthers: „Nichts anderes ist offenbar als Schmach, Not, Tod und alles, was uns am leidenden Christus gezeigt wird" (Weimarer Ausgabe, Bd. 5, 208).

Sinnzeichen

Gibt es im Bild nicht doch Elemente, Signale, die zumindest offen sind für eine weiter gehende Deutung? Ich sehe solche „Sinnzeichen" auf mehreren Ebenen. Ich gebe zu: Sie drängen sich nicht auf, sie sind – wie das Leben – mehrdeutig.

Besichtigungen des Unsichtbaren: Leiden

Eine erste Ebene: Die Bildtradition. Corinth greift hier nicht nur das Kreuzigungsthema allgemein auf, sondern bringt auch Einzelelemente aus dieser Überlieferung durchaus absichtsvoll ins Bild. Selbstverständlich kann nicht vorausgesetzt werden, dass die Zitation solcher Traditionen auch deren ursprünglichen Sinn einschließt; aber sie müssen doch in eine Gesamtdeutung mit einbezogen werden.

Maria – Johannes

Im linken Mittelgrund unter dem Arm des Gekreuzigten sinkt die Mutter Jesu ohnmächtig in die Arme des Lieblingsjüngers. Dieses Personal der johanneischen Passionsgeschichte (Joh 19,26f.) gehört schon seit frühester Zeit zum Bestand der Kreuzigungsdarstellung. Seit der Gotik stehen Maria und Johannes unter dem Kreuz als Vorbilder, die zur Kreuzesbetrachtung anleiten und motivieren. Die Menschen vor dem Bild sollen wie sie das Leid auf sich wirken lassen, mit-leiden, aber auch sich trösten lassen. Bei Corinth könnte man das Mit-Leiden mit dem „Roten Christus" in der korrespondierenden Gewandfarbe des Lieblingsjüngers ausgedrückt sehen.

Eine andere Kreuzigungsdarstellung Corinths scheint mir in unserem Zusammenhang interessant; ein Altarbild für die evangelische Kirche seiner Heimatstadt Tapiau, das 1911 im „Christlichen Kunstblatt" heftig und kontrovers diskutiert wurde. Zum Anwalt Corinths machte sich dort kein Geringerer als Theodor Heuss, 1949 der erste Bundespräsident der BRD. Er wies u.a. daraufhin, dass ein so krasser Leidensausdruck im späten Mittelalter durchaus nicht unüblich war, und verglich Corinths Bild mit dem Isenheimer Altar von Matthias Grünewald. An diesem Vergleich nahmen die Gegner Corinths Anstoß. Ein Willy Pastor gab zwar zu, auch Grünewald habe Christus „in einer solchen, fanatischen, fast inquisitorischen Art" dargestellt; „aber", so wandte er ein, „bei Grünewald weilt doch bei dem Gemarterten noch die Liebe der letzten Getreuen." (zitiert nach Schwebel 27).

Man könnte von daher fragen, ob nicht tatsächlich die Maria-Johannes-Gruppe in das Bild des „Roten Christus" einen menschlich-milderen Ton, vielleicht gar einen tröstlichen Zug hinein trägt. Mir scheint auch im Blick des Lieblingsjüngers ebenso viel Schmerz und Betroffenheit wie ruhiges Vertrauen zu liegen.

Lanzenstich und Essigschwamm

Ebenfalls zur traditionellen Kreuzigungsdarstellung gehört ein weiteres Paar: Im Vordergrund des „Roten Christus" erkennt man links den Soldaten, der nach der johanneischen Passion die Seite Jesu mit einer Lanze öffnet, um den Tod festzustellen (Joh 19, 33f.). Die Tradition nennt ihn Longinus. Rechts sieht man den Schergen, der unmittelbar vor dem Tod Jesu dem Gekreuzigten mit einem Stock einen Essigschwamm reicht (Joh 19,28ff.; vgl. auch Mk 15,36par).

Mit der Gestalt des Longinus, mit der Öffnung der Seite Jesu, verbindet sich in der Bild- und Auslegungsgeschichte eine vielfältige soteriologische und sakramentale Deutung. Es wäre sicherlich unangemessen, alle diese Bezüge in Corinths Bildzitat wirksam zu sehen. Aber immerhin erscheinen die beiden Soldaten ohne den Ausdruck von Hass und Aggression. Und es ist hier ein Widerspruch unübersehbar, der so auch schon zur traditionellen Bildstrategie gehörte. Der Lanzenstich dient der Vergewisserung des Todes Jesu. Aber der Gekreuzigte lebt: er schreit und blickt mit weit aufgerissenen Augen aus dem Bild heraus. Der Tote lebt! Einen Ausdruck dieser realistisch unmöglichen Vitalität mag man auch in dem kräftigen Blutstrahl sehen, der aus der Wunde herausschießt und sich über den Essigschwammträger ergießt. Eine Visualisierung der Heilsbedeutung des „Blutes" für die Menschen? Lebensenergie, die verströmt, verschenkt wird? Oder Ausdruck der Schuld (im Sinne von Mt 27,25)? Erwähnt sei schließlich noch, dass auch die dunklen Augenhöhlen des Longinus bei Corinth durchaus im Sinne der Tradition gedeutet werden könnten. Die Legende berichtet, dass Longinus blind war, und durch das Blut Christi „sehend" wurde.

Sonne und Licht

Der schon erwähnte Vergleich mit dem Isenheimer Altar legt es nahe, auch die blutrote Sonne am oberen Bildrand als eine traditionelle Bildformel zu beachten. Sollen wir an Hitze und Glut einer sengenden Sonne denken, die das Leiden des Gekreuzigten noch verstärkt? Oder darf man sich daran erinnert fühlen, dass im Isenheimer Altar das Kreuzigungsbild – ganz im Sinne der synoptischen Erzählungen (Mk 15,33par) – von Finsternis beherrscht ist? Die Sonne prägt dort das Osterbild!

Die Sonne lenkt den Blick nun auch noch auf eine andere Ebene. Sie steht im Widerspruch zur Lichtregie des Bildes. Sie scheint „von hinten" und fordert so zumindest die Frage heraus, warum der „Rote Christus" im hellen Licht „von vorne" und „von oben" erscheint. Ein „göttliches" Licht?

Ein Vexierbild

Eine letzte Beobachtung geht über ikonographisches Wissen hinaus und betrifft die Ebene der unmittelbaren Anschauung. Das so abstoßend hässliche Gesicht des „Roten Christus" kann als eine Art Vexierbild erkannt – und gedeutet – werden. Günter Rombold hat den schwierigen Sachverhalt versucht zu beschreiben. „Eigenartig ist die ‚Doppelgesichtigkeit' Christi. In der einen Sicht richtet Christus die Augen auf den Betrachter, die dunklen Verschattungen der unteren Partien erscheinen als Bart; in der anderen – wohl

Skizze zur Verdeutlichung des „Vexierbildes".

vom Maler intendierten Sicht – ist das Antlitz nach oben gewendet, der Sonne zu, er ist bartlos, und die Schwärzen erscheinen als Schatten" (Rombold 151).

Meiner Erfahrung nach wird in der Regel immer nur ein Gesicht – mal das eine, mal das andere – gesehen, beide Gesichter zugleich nur von wenigen ohne Hilfe erkannt. Ich habe deswegen versucht, durch eine grobe Nachzeichnung diese beiden Sehweisen zu verdeutlichen.

Es liegt nahe, in diesen beiden unterschiedlichen Gesichtern die Ambivalenz des „Roten Christus" insgesamt veranschaulicht zu sehen. Einmal schreit er sein Leid und seine Qual laut heraus; aber wir können auch „ein anderes Gesicht" erkennen, das ruhig, mit fragendem, vielleicht schon vertrauensvollem Blick aufschaut.

Also doch: „Schönes Rot"? Ich halte zumindest den „Roten Christus" für eines der überzeugendsten Christusbilder der klassischen Moderne, weil es in seiner radikalen Menschlichkeit, mit seiner übersteigerten Expressivität des Leidens, doch die Perspektive seiner Überwindung und der Hoffnung offen lässt oder gar positiv anstößt.

Literatur
* Erstmals erschienen unter dem Titel: Christus rot, in: Katechetische Blätter 127 (2002) S.36–41.
Schwebel, H., Das Christusbild in der bildenden Kunst der Gegenwart. Gießen 1980.
Dube, W. D., Der rote Christus von Lovis Corinth, in: Christusbild im 20. Jahrhundert. Katalog. Linz 1981, S. 33–40.
Rombold, G., Der Streit um das Bild. Stuttgart 1988.
Corinth, L., Selbstbiographie. Herausgegeben und mit einem Nachwort versehen von R. Hartleb. Leipzig 1993.
Schuster, P.-K./Vitali, Chr./Butts, B. (Hrsg.), Lovis Corinth. München-New York 1996.

Besichtigungen des Unsichtbaren: Leben

Echternacher Codex aureus, Osterszenen, um 1031.

Die Erde blüht auf.
Ostern, Himmelfahrt und Pfingsten in den Bildern des Codex aureus von Echternach

Auf dem letzten Bildstreifen der Passionsseiten des Codex aureus von Echternach konnten wir in der Grablegungsszene zwei Bäume sehen, die sich mit Josef und Nikodemus trauernd über das Grab beugen. Nun wachsen die Bäume in den Himmel, die Erde blüht auf: Die beiden gekrümmten Bäumchen, das letzte Motiv der Passionsseite, stehen nun wie verwandelt da, aufrecht und blühend, Sinnbilder der Osterbotschaft, die im ersten Bildstreifen der Engel den Frauen am Grab verkündet. Dieses Bildthema ist bis ins 12. Jahrhundert hinein das Osterbild der abendländischen Kirche. Die uns vielleicht allzu vertraute Darstellung des auferstehenden Christus hat es über tausend Jahre in der christlichen Kunst nicht gegeben. Dieses „Schweigen der Bilder" hat seinen guten Sinn – und ein biblisches Fundament! Nirgendwo in den Evangelien und auch nicht in der Briefliteratur des Neuen Testaments gibt es eine Beschreibung der Auferstehung Christi aus dem Grab. An diesem „Geheimnis des Glaubens" wird nicht gerüttelt. Man bleibt dem von Paulus so schön formulierten Grundsatz treu, dass „das Große, das Gott denen bereitet hat, die ihn lieben", etwas ist, „was kein Auge gesehen und kein Ohr gehört hat" (1Kor 2,9).

Die Zweiteilung des Bildstreifens in eine Hälfte für die Menschen und eine Hälfte für den göttlichen Boten unterstreicht, dass hier den Frauen eine Botschaft zugemutet wird, die Menschen eigentlich nicht fassen können. Zwei Welten begegnen sich, die so leicht nicht zusammenkommen. Alle Initiative geht von dem göttlichen Boten aus; seine Rechte streckt er den Frauen entgegen und die äußerste Flügelspitze ragt über dem Bäumchen in den Bereich der Menschen hinein. Seine Botschaft ist veranschaulicht in dem **Deckel** des offenen Grabes, der – wie in nahezu allen Bil-

dern dieses Themas – vom Grab weg **nach oben** zeigt: *„Er ist auferstanden! Er ist nicht hier!"* (Mk 15,6)

Die **Hand des Boten**, die den Menschen so einladend entgegenkommt, signalisiert noch etwas, was mir wichtig erscheint. Sie zeigt nicht auf das leere Grab – im Sinne des Satzes: *„Seht, da ist die Stelle, wo man ihn hingelegt hatte"*(Mk 15,6) – sondern in die entgegengesetzte Richtung! Man könnte dem Engel hier die lukanische Botschaft in den Mund legen: *„Was sucht ihr den Lebenden bei den Toten?"* (Lk 24,5) Die Frauen tragen Salbgefäße in ihren verhüllten Händen – ein antiker Gestus der Ehrfurcht – und zeigen so, dass sie gekommen waren, dem Toten einen letzten Dienst zu erweisen. Sie werden weggewiesen zu den Lebenden, sie sollen dort die frohe Botschaft vom lebenden Christus verkünden. Der Engel sagt (Mk 16,7): *„Geht und sagt seinen Jüngern ... Er geht euch voraus nach Galiläa ..."* Der Engel weist **weg vom „leeren Grab"**; das Grab ist nicht der Grund des Osterglaubens. Der Grund ist die Begegnung mit dem lebendigen Christus: *„...dort werdet ihr ihn sehen ..."* Folgerichtig wird in den übrigen Bildern dieser Seite die Begegnung mit dem Auferstandenen gezeigt. Die Hexameter sind eine freie Formulierung der Engelsbotschaft. O *vos* **Christico**lae *nimium* **no**lite *timere.* **Quem** *mors* **ext**in**xit** *Jesus* surgen*do* re*vixit.* „**Ihr**, die ihr **Christus** ve**rehrt**, braucht **keine Angst** mehr zu **haben**. **Ihn** ver**tilg**te der **Tod**, jetzt **ist** er le**bend**ig er**stand**en."

Die **Emmausgeschichte** bildet im Mittelstreifen das Zentrum der „Osterseite". Sie ist ja auch die längste – und vielleicht schönste – der Ostererzählungen. Die Zweiteilung in ein „Weg-Bild" und ein „Mahl-Bild" erschließt in mehrfacher Weise den Sinn der Geschichte. Sie zeigt die Möglichkeit der Christusbegeg-

Besichtigungen des Unsichtbaren: Leben

Detail Frauen am Grab.

nung **draußen** und **drinnen** – im Alltag, auf den „Straßen", im „Unterwegssein" und im Gottesdienst, in der Feier des Herrenmahls. Die Struktur der urchristlichen Eucharistiefeier – Wort-Gottesdienst und Mahlritus – die die Emmausgeschichte geprägt hat, ist ebenfalls erkennbar: Links im Bildstreifen trägt Jesus eine Buchrolle als Zeichen für die Schrift, die er den Jüngern unterwegs auslegt (Lk 24,27.32); im rechten Bildteil reicht der Auferstandene den Jüngern das Brot. Die Parallelität macht die Identität anschaulich: **Wort** und **Brot** sind zwei Formen der Gegenwart Christi, die auf unterschiedliche Weise seine Nähe und seine Zuwendung zu den Menschen erfahrbar machen.

Die beiden **Emmausjünger** sind im Bild als „Lucas" und „Cleophas" bezeichnet. Der letztere Name entspricht der Auskunft der Geschichte selbst (vgl. Lk 24,18), den ersten hat die Bildtradition „erfunden", um sich an dem Gedanken zu erfreuen, dass der Evangelist selber „Zeuge" dieser Ostererfahrung sei. Wichtig ist aber, dass beide nicht zum Kreis der „Zwölf" gehören. Es sind „**Jedermänner**" (an die Frauen wird oben und unten auf der Osterseite gedacht), Identifikationsangebote für „Menschen wie dich und mich". Die Erfahrung der Gegenwart des Auferstandenen ist kein Exklusivangebot für geschlossene Kreise. Dass die beiden für „alle" stehen, sieht man auch daran: der eine ist jung, der andere alt. Solche „Komplementärkontraste" meinen immer die Gesamtheit.

Die Jünger auf dem Weg haben Jesus hier nicht in die Mitte genommen, wie man es sonst öfter in Bildern sieht. Er geht in einem **deutlichen Abstand** hinter den beiden. Man kann dabei an den Anfang der Geschichte denken, wo Jesus – wörtlich übersetzt – den Jüngern „nahe kam" (die Vulgata schreibt *appropinquans*). Die bleibende Distanz kann grundsätzlich verstanden werden als Ausdruck des **Nicht-Erkennens**, des „Fremdseins". Die Bildüberschrift nennt ihn ausdrücklich *peregrinus*. **Dis**ci**pu**lis *vi*sus est **bi**nis ut peregri*nus*. „**Der**, der **mit** ihnen **ging**, er**schien** den zwei **Jüng**ern als **Fremd**ling."

Die Gesten der Jünger veranschaulichen insbesondere den wichtigen Moment der Ankunft in Emmaus mit der **Einladung an Jesus:** *„Bleib doch bei uns!"* Während die Rechte des Lukas noch für das aufmerksame „Hören" steht, weist die Linke – im Zusammenspiel mit der Rechten des Cleophas – auf die offene Tür von „Emmaus". Der Ort ist deswegen im Bild als eine Art befestigte Stadt oder Burg mit

Die Erde blüht auf

Detail Emmausszenen.

Mauer und vier Toren wiedergegeben, weil die Vulgata in Lk 24,13 *castellum ... nomine Emmaus* schreibt, eine „Feste ... namens Emmaus".

Die Einladung ist Voraussetzung für die Gemeinschaft mit Jesus. Deswegen wird dieser Moment der Emmausgeschichte in der Kunst besonders häufig dargestellt. Er mahnt an die Pflicht der Gastfreundschaft, gerade auch gegenüber „Fremden", er ruft aber auch das Wort aus der Geheimen Offenbarung, aus dem Sendschreiben an die Gemeinde von Laodizea, in Erinnerung: *„Ich stehe vor der Tür und klopfe an. Wer meine Stimme hört und die Tür öffnet, bei dem werde ich eintreten, und wir werden Mahl halten, ich mit ihm und er mit mir."* (Offb 3,20)

Deutlicher Kontrast zu der **Distanz** zwischen den Jüngern und Jesus in dem „Weg-Bild" ist der **Kontakt** im „Mahlbild". Das **Brot** stellt die Verbindung her, es zeigt anschaulich, dass die Hostien, die die Jünger in den Händen halten, das Brot sind, das Christus ihnen – und uns – reicht und das er selber ist. Es stiftet Gemeinschaft mit ihm und untereinander. Der Griff des Jüngers nach dem Brot ist ein schönes Bild für den paulinischen Satz: „Ist das Brot, das wir essen, nicht Teilhabe am Leib Christi?" (1 Kor 10,16)

Die **Hand Christi** über dem Brot ist sowohl eine **Segenshand** (entsprechend Lk 24,30) als auch eine Geste, die deutlich auf die Augen der Jünger gerichtet ist, die ihn im Augen-Blick des Brotbrechens erkennen können. Die Hand Jesu unterstreicht, dass die Initiative bei ihm liegt: Er **„öffnet ihnen die Augen"**; von sich aus können die Menschen den Auferstandenen nicht erkennen. Hier wäre auch auf den Sprachgebrauch des Urtextes aufmerksam zu machen, der in der Einheitsübersetzung leider etwas verwischt wird. Der Schlussvers der Emmausgeschichte (Lk 24,35) lautet wörtlich übersetzt: Die Jünger erzählten den Elf, „wie er ihnen beim Brotbrechen erkannt wurde" oder „wie er sich ... erkennen ließ". Die Bildüberschrift lautet entsprechend: **Co**g*nitus* **e**st *ill*is *in* **pri**mo frag*mine* pa*nis*. „**Gleich** beim **Bre**chen des **Brot**es ließ er die **Jü**nger er**ken**nen."

Zu deuten wäre schließlich noch das auffällige **Stehen** des Auferstandenen. Der Auferstandene „bleibt nicht", bleibt auf jeden Fall nicht so, wie die Jünger es sich gewünscht haben. *„Sie erkannten ihn; dann sahen sie ihn nicht mehr"* (Lk 24,31). Jesus steht, weil er geht. Es ist ein sprachlich wie bildlich schwer zu fassendes Phänomen, dass die Gotteserfahrungen – und die Ostererscheinungen

Besichtigungen des Unsichtbaren: Leben

sind solche Epiphanien – durch das Ineinander von Offenbarung und Verhüllung, von Da-Sein und Weg-Sein, von Erkennen und Verschwinden gekennzeichnet sind. Vielleicht ist es sogar zutreffend, von einem „**Erkennen im Verschwinden**" zu sprechen.

Im unteren Bildstreifen sehen wir zunächst ein Bild der **Erscheinung Christi vor Maria von Magdala** (Joh 20,11–18), der johanneischen Variante zur synoptischen Erzählung von den „Frauen am Grab". Wie in der Emmausgeschichte ist die Begegnung des Auferstandenen mit der Frau gekennzeichnet durch die Spannung von Erkennen und Nichterkennen, Zuwendung und Distanz, Nähe und Entzug. Für diesen Sachverhalt hat die christliche Kunst eine Bildform entwickelt, die der Echternacher Maler fast nur wiederholen muss. Die Engel am Grab weisen vom Grab weg, auf die Begegnung mit dem lebendigen Christus hin – ein Phänomen, das wir schon kennen. Christus bewegt sich auf den äußersten rechten Rand der Szene zu, weicht deutlich der Frau aus; fast ist er schon wieder weg. Zugleich neigt er sich extrem zurück und Maria von Magdala zu. Seine Hand weist nach oben: *Halte mich nicht fest, ... ich gehe hinauf zu meinem Vater"* (Joh 20,17). (Im aufgeschlagenen Echternacher Codex sieht man übrigens auf der gegenüberliegenden Seite in Zeigerichtung der Hand Christi die Himmelfahrt!)

Maria von Magdala ist deutlich kleiner als Christus, oder besser umgekehrt gesagt: der Auferstandene ist viel zu „groß" für sie. Ihre **gebeugte Haltung** ist vieldeutig. Man kann an die Trauer denken, von der sie noch ganz geprägt ist – allein viermal wird in der Geschichte erwähnt, dass sie weint. Die „Verneigung" drückt aber auch schon aus, dass sie in dem vermeintlichen Gärtner (Joh 20,15) ihren „Herrn" und „Meister" erkannt hat. Und angesichts ihres Bekenntnisses vor den übrigen Jüngern: *Ich habe den Herrn gesehen"* (Joh 20,18) ist es auch bedenkenswert, dass sie hier gar nichts „sieht". Wir könnten darauf aufmerksam werden, dass das „Sehen"

des Auferstandenen eine Erfahrung meint, die nicht einfach durch die natürliche Optik des Menschen, durch das „Augen-Sehen" zustandekommt. Maria begegnet einer Wirklichkeit, die „un-be-greifbar" ist. Deswegen steht Maria mit „leeren Händen" da. Das, was ihr geschehen ist, „ist nicht zu fassen". Die Gesamtkomposition der Szene, die mit dem Grabesengel absteigt und über Maria zu Christus wieder aufsteigt, mag für den **Wandel von Trauer in Freude** (vgl. Joh 16,20) stehen, den auch die Bildüberschrift thematisiert: **Quem** *flet* **que**rend**o gau**det *Ma*ria *vi*dend**o**. „**Gra**de noch **weint** sie beim **Su**chen, nun ju**b**elt Ma**ri**a beim **Se**hen".

Neben dem „Noli-me-tangere" – das „Rühr mich nicht an!" ist auch der kunsthistorische Fachbegriff für den Bildtypus geworden – steht als letzte Szene der Osterseite die Geschichte vom **ungläubigen Thomas**. Man könnte diese Zusammenstellung als **Kontrast** verstehen: Jesus entzieht sich nicht, geht nicht weg, sondern steht da und scheint die „Berührung" zuzulassen, das „Be-Greifen", das er Maria verwehrte. Aber dem ausgestreckten Finger des Thomas ist die Gebärde Jesu entgegengesetzt. Sie „weist ihn zurecht", zeigt auf die Jünger hinter Thomas – und auf Maria von Magdala in der nebenstehenden Szene! Die Geste veranschaulicht so den Schlusssatz der Geschichte: *„Selig sind, die nicht sehen und doch glauben"* (Joh 20, 29).

Darüber hinaus scheint es dem Maler bei der Darstellung des Auferstandenen hier besonders um die Veranschaulichung der **fünf Wundmale** gegangen zu sein, die in den anderen Osterbildern nicht zu sehen sind. Der „Zeigefinger" des Thomas hebt die Seitenwunde hervor, eine Nagelwunde wird auf der ausgestreckten Hand Christi geradezu präsentiert. Die „Wundmale" sind ja durchaus keine Nebensache in der Thomasgeschichte. Es geht um die wichtige Identität des Auferstandenen – der als solcher „ganz anders" ist, einer anderen Wirklichkeit angehört – mit dem „irdischen" Jesus, der gekreu-

Die Erde blüht auf

Detail Noli me tangere / Jesus und Thomas.

zigt wurde und für immer der bleibt, der **für uns gestorben** ist. Die Wunden sind „unveränderliche Kennzeichen", auch des auferstandenen Christus. Der Hexameter über der Szene kommentiert: **Tunc** do*minum* p*a*ngit **Thomas**, d*um* vul*nera* ta*n*git. „**Thomas stellt fest**: **Der Herr!**, in**dem** er die **Wun**den be**rührt**."

Himmelfahrt und Pfingsten

Die letzte Seite des Bilderzyklus im Codex aureus von Echternach: ein Schlussbild, das doch **kein Schlussbild** ist. Der obere Streifen zeigt die **Himmelfahrt Christi**, die beiden unteren die **Pfingstgemeinde**. Streng genommen hat das Pfingstbild in einem Evangeliar nichts zu suchen. Von Pfingsten wird erst in der Apostelgeschichte erzählt. Aber es geht auf dieser letzten Bilderseite darum, sichtbar zu machen, dass mit der Himmelfahrt Christi seine Geschichte nicht aufhört. Wir feiern am Himmelfahrtsfest nicht, dass Christus endlich weg ist, sondern einen Anfang, zu dem die Sendung des Geistes am Pfingsttag unbedingt dazugehört: den Anfang der Kirche.

Das **Himmelfahrtsbild** zeigt den aufsteigenden Christus zunächst einmal als Anführer, dem der Zug der Jünger, allen voran links Maria, zu folgen scheint. Hier wird der zum Himmel fahrende Christus zum **Hoffnungszeichen** für alle anderen Menschen. In der Bildüberschrift wird deshalb die Menschlichkeit Jesu besonders betont: **Trans**m*igr*at*ores*, quid st*a*tis sus*pici*entes? Hunc deus as*sum*psit hom*i*nem, quem virg*i*ne sumps*i*t. „**Die ihr vorüber**wan**dert, was steht ihr und schaut** auf zum **Him**mel? **Hier** holt sich **Gott** den **Men**schen, **den** durch die **Jung**frau er **schenk**te."

Papst **Leo der Große** hat in einer Himmelfahrtspredigt in ähnlicher Weise das Geschehen als Hoffnungsbild gedeutet. Er erinnert an das Bild der Kirche als „Leib", dessen Haupt Christus ist (Eph 5,23) und sagt: „Wohin des Hauptes Glorie vorangeht, da folgt die Hoffnung der Glieder nach". Das „Haupt" ragt in den durch farbige Halbkreise angedeuteten „Himmel". Aber die Füße Christi stehen zugleich auf der Erde! Das heißt: Ab jetzt „**berühren sich Himmel und Erde**", es gibt eine bleibende Gegenwart Christi in der Welt bei seiner Kirche – und durch seine Kirche, die sein „Leib" ist.

Angelus Silesius, der schlesische Barockdichter, hat einmal in zwei Versen aus seinem „Cherubinischen Wandersmann" gefragt:

Besichtigungen des Unsichtbaren: Leben

Echternacher Codex aureus, Himmelfahrt und Pfingsten, um 1031.

Die Erde blüht auf

„Der Himmel senket sich,
er kommt und wird zur Erden:
Wann steigt die Erd' empor
und wird zum Himmel werden?"

Das Bild stellt gar nicht erst die Frage; dem „Himmel", der sich ins Bild senkt, entspricht unter den Füßen Jesu eine „Erde", die emporwächst. Auch das gehört zur Botschaft des Himmelfahrtsfestes: die **Erde** zu **verwandeln**, in der Nachfolge Christi. In den johanneischen Abschiedsreden sagt Jesus zu seinen Jüngern: *„Amen, amen, ich sage euch: Wer an mich glaubt, wird die Werke, die ich vollbringe, auch vollbringen, und er wird noch größere vollbringen, denn ich gehe zum Vater"* (Joh 14,12). Das ist die Aufgabe der Kirche!

Deswegen gehört auf diese letzte Seite unbedingt das **Pfingstbild** – als Bild vom „Geburtstag" der Kirche durch den Heiligen Geist. Wieder sehen wir oben im Bild die farbigen Halbkreise; aber von dort gehen jetzt Strahlen aus. Auch hier gibt es also eine Verbindung zwischen oben und unten, zwischen „Himmel" und „Erde". Die **Apostel** – in ihrer Mitte Petrus – sitzen einzeln oder paarweise unter sieben Bögen, Zeichen für die sieben Gaben des Geistes. Die Bildüberschrift deutet den Ort als „Tempel" – von dem im Pfingstbericht der Apostelgeschichte nicht die Rede ist – und betont die „Sprachbegabung" durch den Heiligen Geist: **Di**scipuli tristes templo pariter residentes. **Su**munt omnigenas subito de pneumate linguas. „**Trau**rig sitzen die **Jün**ger im **Tem**pel eintr**ächt**ig beis**am**men.

Pl**ötz**lich – vom **Hei**ligen **Geist** – em**pfan**gen sie **al**lerlei **Spra**chen."

Völlig ungewöhnlich, fast irritierend aber ist die Zahl der Apostel: Es sind nur **elf**! Nicht zwölf, die „Vollzahl", die Symbol ist für die Ganzheit des Volkes Gottes! Was der Maler mit diesem einzigartigen Verstoß gegen alle Bildtraditionen und den biblischen Text sagen will, wissen wir nicht. Aber eine Vermutung können wir anstellen. Das Pfingstbild ist nämlich noch nicht komplett mit der Darstellung der Apostel im mittleren Bildstreifen. Ihnen stehen **acht Männer** im unteren Streifen gegenüber, stellvertretend – die Balkeninschrift sagt das eindeutig – für die „120", die übrige **Urgemeinde** (vgl. Apg 1,15): **Cen**tum**vi**ginti fu**er**ant his con**sociati,** qui fiunt pleni de munere pneumatis almi. „**Hun**dertzwan**zig** war'**s, die** mit ih**nen** zus**am**men. **Diese wur**den erf**üllt** von der **Gab**e des **gü**tigen **Geist**es."

Im Bild schließt sich erst mit den acht anderen „Jüngern" der Kreis. Es entsteht so eine Einheit zwischen den Aposteln und den „120". Will der Maler betonen: Die Apostel allein sind noch nicht die „ganze" Kirche Jesu Christi? Will er sagen: Kirche ist erst dann „die ganze Kirche", wenn sie eine Einheit aus „Amtsträgern" und „Laien" bildet? So werden auch hier „oben" und „unten" miteinander verbunden. Zwischen ihnen steht das entscheidende Stichwort, das diese „Einheit" des Volkes Gottes zum Ausdruck bringen kann: **communis vita** – „gemeinsames Leben".

Literaturhinweis
Die Wiedergabe der lateinischen Hexameter folgt der Auflistung von Rainer Kahsnitz in seinem großen Kommentarband (Das Goldene Evangelienbuch von Echternach. Codex aureus Epternacensis Hs. 156142 aus dem Germanischen Nationalmuseum in Nürnberg. Kommentarband zur Faksimileausgabe. Frankfurt und Stuttgart 1982, S. 141–143). Meine deutschen Übertragungen sind nicht wörtliche Übersetzungen, sondern der Versuch, annäherungsweise das Versmaß zu erhalten.

„Da gingen ihnen die Augen auf".
Rembrandts Emmausmahl

Klein – aber fein

Als 18-Jähriger war ich zum ersten Mal in Paris. Der Besuch des Louvre war Pflicht, insbesondere die „Mona Lisa" des Leonardo musste man gesehen haben. Die Enttäuschung war riesengroß: War das alles? Ein ziemlich kleines Bild, eine Frau, die merkwürdig lächelt, ein bisschen Landschaft im Hintergrund? Das soll eines der ganz großen Werke der Weltkunst sein? Ähnlich mag es dem Betrachter auch mit einem anderen Bild desselben Museums gehen: Rembrandts Darstellung des Emmausmahles von 1648. Das ist nicht nur „irgendein Rembrandt". Dieses Bild gilt als Meisterwerk des Malers (1606–1669) in seiner Reifezeit, unter den zahlreichen Darstellungen Rembrandts zum Emmausthema als der alles überragende, große Wurf. Für viele enthusiastische Urteile mag das von Eugene Fromentin stehen, einem der großen Kunstkritiker zu Beginn des 20. Jahrhunderts: „Dieses kleine Bild, das so ärmlich aussieht, das keine Szenerie aufweist, das matt in der Farbe und in der Ausführung diskret und beinahe linkisch ist, würde allein genügen, um für alle Zeiten die Größe eines Mannes darzutun".

Auf den ersten Blick drängt sich so ein Urteil gewiss nicht auf. Auf den ersten Blick ist man mit diesem Bild schnell fertig: Ein hoher Raum, im Hintergrund eine dunkle Nische, flankiert von zwei Pilastern, rechts eine Tür im Schatten, links wird man wegen des Lichteinfalls und der angedeuteten Brüstung ein hohes Fenster vermuten dürfen. Vier Personen um einen karg gedeckten Tisch, kaum Handlung: einer auf einer Bank hinter dem Tisch, frontal uns zugewandt, von einem merkwürdigen Lichtschein umgeben; rechts und links auf Stühlen zwei Männer in verschiedenen Profilansichten dem mittleren zugewandt, hinter dem älteren rechts kommt ein junger Mann mit einem Tablett heran. In der linken Ecke kauert – im tiefen Schatten kaum erkennbar – ein Hund, der an einem Knochen nagt.

Ebenso rasch kann man die Szene mit dem Text der Emmausgeschichte Lk 24,13–35 deuten: Der Mann auf der Bank ist Christus, der in Emmaus das Brot bricht. Die Männer mit ihm am Tisch sind die beiden Jünger, die in verhaltenen Reaktionen zeigen, dass sie in dem unbekannten Wegbegleiter Christus erkennen, „als er das Brot brach" (V. 35). Der Diener, den der Text nirgends erwähnt, mag veranschaulichen, dass man sich die Szene in einem Wirtshaus vorstellen soll. In ein solches Ambiente passt auch der Hund. Fertig! Fertig?

So viel ist klar: Wäre mit diesen Beobachtungen und Deutungen die Bildanschauung und Bildreflexion hinreichend erschöpft, dann wäre kaum zu erklären, warum dieses Bild ein bedeutendes Kunstwerk sein soll, ja was überhaupt an Bildern so besonders ist, dass wir sie „Kunstwerke" nennen. Und ein Zweites: Es stellt sich dann auch die Frage, wozu ein Bild zu einem christlichen Thema, zu einem biblischen Text, gut sein soll. Wir erfahren durch das Bild nichts Neues, nicht mehr, als der Text sagt, eher weniger: Die Darstellung ist auf einen einzigen Augenblick aus dem Ganzen der Geschichte beschränkt. Im Folgenden soll eine intensivere Bildbeschreibung und -reflexion versucht werden, die gerade diese Fragen immer wieder einbezieht: Was ist das Besondere dieses Bildes – und der Bilder überhaupt? Wo eröffnet es eine Erfahrung, die so außerhalb des Bildes nicht zu haben ist? Und schließlich: Ist dieses „Besondere" etwas, das die Bildsprache als Glaubenssprache unentbehrlich macht? Hilft die Bildanschauung zu einem tieferen Verstehen und Erleben der dargestellten Szene und ihres Kontextes? Wer nach dem „Spezifikum" eines Bil-

„Da gingen ihnen die Augen auf"

Rembrandt, Emmausmahl, 1648.

des fragt, tut gut daran, zunächst die Aufmerksamkeit dem zuzuwenden, was das Eigentliche dieses Mediums ist: Es handelt sich bei einem Tafelbild um eine bemalte Fläche, auf der der Maler die Bildelemente zu organisieren hat: Formen und Farben, Gegenstände, Personen, Architektur, Räume. Diese Organisation der Bildelemente auf der Fläche bezeichnet man gewöhnlich als Komposition. Bei der Kompositionsanalyse ist es wichtig, die formalen Beobachtungen in ihrer Bedeutung für den Bildinhalt zu erkennen: die Form muss als wesentlicher Ausdrucksträger der Botschaft des Bildes ernst genommen werden.

Besichtigungen des Unsichtbaren: Leben

Lockere Symmetrie

Das Gemälde variiert in auffälliger Weise immer wieder eine Grundstruktur: Es wird auf symmetrische Relationen angespielt, sie werden aber nie voll eingelöst. Es gibt eine Tendenz zur Zentralisation, zur Gleichgewichtigkeit von rechts und links, aber sie wird nicht streng durchgeführt. Christus sitzt in der Mitte zwischen den Jüngern, aber der junge Wirt, der hinzutritt, stört das symmetrische Arrangement. Die Tischgruppe selbst nimmt nicht das Zentrum der Bildfläche ein, sie ist nach links hin verschoben. Die Raumarchitektur, die Nische mit den flankierenden Pilastern, liefert einen weitgehend symmetrischen Hintergrund und hebt Christus besonders hervor; aber dieser sitzt nicht exakt in der Mittelachse der Nische, sondern ein wenig links davon. Gleiches gilt für den Platz Christi auf der Bank und seine Position hinter dem Tisch. Auffällig ist auch eine klare geometrische Ordnung, die durch die Person Christi bestimmt wird; sein Scheitel markiert exakt die halbe Höhe des Bildes, die halbe Breite des Bildes zeigt sein linker Ellenbogen an. So wird durch die Hauptperson die Mittelhorizontale und die Mittelvertikale bestimmt; zugleich befindet sie sich aber nicht auf diesen geometrischen Hauptachsen des Bildes, sondern außerhalb ihrer (Skizze 1).

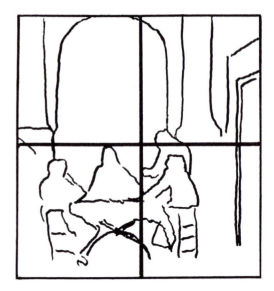

Skizze 1.

Was drückt eine solche locker-symmetrische Bildordnung aus? Strenge Proportionalität und klare geometrische Aufteilung der Bildfläche – wie etwa in der byzantinischen Kunst – meinen in der religiösen Kunst eigentlich immer die jenseitige Welt, sie werden verstanden als Ausdrucksträger einer überweltlichen, göttlichen Ordnung und Schönheit. Umgekehrt kann man alle gegenläufigen Tendenzen eines Bildes als Elemente einer irdischen Welt, alltäglicher und profaner Verhältnisse deuten. Die bewegte Symmetrie, die harmonische Dissonanz in Rembrandts Emmausbild verbindet also die Gegensätze Sakralität-Profanität. Dies aber ist genau das Thema der Geschichte: Die Christusoffenbarung in Emmaus ist Begegnung mit Gott/Christus im „Alltag"; dargestellt ist der Augenblick, wo „Zeit" und „Ewigkeit" sich einen Moment lang berühren. Diese Erfahrung zu vermitteln, ist der Sinn der beschriebenen Bildordnung. Hier zeigt das Bild eine Fähigkeit, die besonders die Sprache der Malerei auszeichnet: Die Gegensätze, die im Augenblick der Offenbarung zusammenfallen, werden ohne Vernachlässigung des einen oder anderen Aspekts zugleich anschaulich gemacht. Dies kann die verbale Sprache, in der es nur ein „Nacheinander" gibt, nicht.

Beleuchtung und Erleuchtung

Ähnlich wird man die Lichtregie des Bildes deuten können. Das Wechselspiel von Licht und Schatten, das berühmte Rembrandtsche Hell-Dunkel, ist ja nicht einfach eine künstlerische Manier ohne tieferen Sinn; die Beleuchtung hat – gerade in diesem Bild – eine entscheidende Aussagequalität.

Der Bildraum wird zugleich von natürlichem und übernatürlichem Licht erfüllt, die natürliche Lichtquelle ist außerhalb des Bildes zu orten: Sonnenlicht, das durch das

„Da gingen ihnen die Augen auf"

hohe Fenster von links einfällt. Die andere Lichtquelle ist im Bild Christus selber. Er ist nicht – wie in der Kunst früherer Jahrhunderte – mit einem scharf umgrenzten Heiligenschein gekennzeichnet, sondern er strahlt wirklich, erleuchtet die irdische Welt, den Raum, die Dinge, die Menschen.

Die Spannung zwischen Licht und Schatten, Hell und Dunkel, übernatürlichem und natürlichem Licht lässt sich nun konsequent vom Thema des Bildes her deuten; der unbekannte Wanderer offenbart sich als der Auferstandene, der Sohn Gottes tritt aus der Verborgenheit hervor und zieht sich sogleich („dann sahen sie ihn nicht mehr") wieder in die Verborgenheit zurück. Oder von den Jüngern her gesehen; das „Dunkel" der Trauer und des Nichterkennens („ihre Augen waren gehalten" Lk 24,16; 24,17 erwähnt die „finsteren Gesichter") weicht dem „Licht" der Erkenntnis. Dieses Erkennen ist kein „natürliches Sehen", nicht etwas, das Menschen von sich aus können. In diesem Zusammenhang kann man fragen, ob man nicht das Licht vom Fenster her auch als „übernatürlich" deuten könnte. Denn es handelt sich beim Emmausmahl doch um ein Abendmahl, eine Szene nach Einbruch der Dunkelheit: „...der Tag hat sich schon geneigt". Wie kann dann die Sonne noch hoch am Himmel stehen? Man kann also mit einigem Recht vermuten, dass Rembrandt das Licht von außen tatsächlich auch „übernatürlich" verstanden haben wollte, als Hinweis auf eine „Erleuchtung", die die „Erkenntnis des göttlichen Glanzes auf dem Antlitz Christi" (2 Kor 4,6) erst möglich macht. Dies erzählt eigentlich jede Ostergeschichte, das ist eine Grundstruktur des Offenbarungsaktes. Der Mensch kann nicht von sich aus Gott sehen. Es ist immer zuerst Tat Gottes, wenn dem Menschen die Augen aufgehen und er Gott schaut.

Vom Tod zum Leben

Das auffälligste Element der planimetrischen Komposition ist die Anordnung der Köpfe des

Skizze 2.

linken Jüngers, Christi und des Wirtes auf einer Geraden, deren streng geometrischer Charakter noch dadurch unterstrichen wird, dass die Abstände zwischen den Köpfen nahezu gleich sind (Skizze 2).

Bei der Deutung sollte man ernst nehmen, dass diese beherrschende Schräge – wenn man das Bild von links nach rechts „liest" – von unten nach oben aufsteigt (die Leserichtung von links nach rechts ist ein optisch-psychologisches Prinzip der Wahrnehmung von Bildern, das man in zahlreichen Experimenten bestätigt hat). Es lässt sich nun immer wieder beobachten, dass in Bildern, die die Auferstehung Christi zum Thema haben, ein zentrales Bildelement – etwa ein Sarg oder Sargdeckel, auch andere Landschafts- und Architekturdetails – als aufsteigende Schräge hervortritt. Da liegt doch die Vermutung nahe, dass eine solche Komposition nicht zufällig ist. Man kann vielleicht sagen: Die aufsteigende Schräge soll als ausdrucksstarkes, formales Element eine dem Bildthema entsprechende Bewegung vermitteln (Auf-Erstehung), eine Emotion wie Hoffnung, Freude, Lebensmut. Wenn man diese Betrachtung und ihre Deutung akzeptiert, so

Besichtigungen des Unsichtbaren: Leben

kann man noch aufmerksam werden für eine etwas weniger markante kompositionelle Schräge, die von der Fensterbrüstung links ausgeht, durch Kopf, Hand und Unterarm des linken Jüngers führt und mit dem nach rechts unten führenden Bogen des Tischgestells endet (Skizze 2). Diese fallende Schräge müsste dann konsequenterweise das Gegenteil der steigenden ausdrücken: Verzweiflung, Angst, Hoffnungslosigkeit. Beide Beobachtungen zusammen führen dann aber wieder genau ins Zentrum der Emmausgeschichte, veranschaulichen, was in diesem Augenblick am Tisch in Emmaus geschieht: Traurigkeit und Niedergeschlagenheit verwandeln sich in die freudige Gewissheit, dass der Totgeglaubte lebt, wobei es dem inneren Gehalt dieser Szene vollkommen entspricht, dass die steigende Schräge sehr viel markanter hervortritt als die fallende, dass die Freude über die Trauer, das Leben über den Tod triumphiert.

Distanz und Nähe

Wenden wir uns nun der Gestalt Christi zu, zunächst im Kontext des Bildes, in Relation zu den anderen Personen, zum Raum und zum Ambiente der Szene. Christus sitzt in der Mitte zwischen den Jüngern: So bildet sein Haupt die Spitze eines stumpfwinkligen, gleichseitigen Dreiecks (Skizze 2). Diese streng geometrische Komposition entspricht der traditionellen Hierarchie eines religiösen Bildes: die Hauptfigur in der Mitte an höchster Stelle, die Nebenfiguren zur Seite und tiefer. Entscheidend für den Bildausdruck ist aber, dass diese hierarchische Komposition entkräftet wird durch den hinzutretenden Wirt. Durch ihn entsteht ein konkurrierendes Kompositionselement, die bereits erwähnte Schräge, in der Christus nicht mehr über-, sondern ein- und untergeordnet erscheint (Skizze 2). Christus sitzt annähernd vor der Mitte der hohen Nische hinter ihm. Sie hebt ihn besonders hervor, wirkt wie ein Hoheitsattribut; vor dem tiefen Schatten, der in ihr liegt, tritt der Lichtglanz Christi besonders

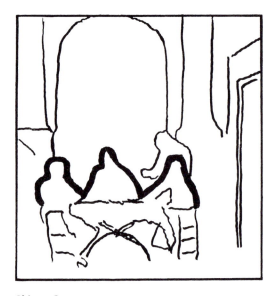

Skizze 3.

deutlich hervor. Aber die Nische grenzt Christus nicht einfach von seinen Jüngern ab; sie sitzen jeweils genau vor dem Rand und haben so an diesem Würdezeichen Anteil. Gleiches gilt für das weiße Tischtuch vor dem Auferstandenen, das ihn besonders auszeichnet, indem es als stärkster Helligkeitswert des Bildes sein Licht und das Licht vom Fenster reflektiert; aber die Teller beider Jünger und das Mundtuch des rechten liegen jeweils auf dem Rand des Tuches und zeigen so die Verbundenheit auch mit diesem Hoheitsmotiv an. Schließlich ist auch auffällig, dass die Jünger – planimetrisch gesehen – durch fast keilförmige Zwischenräume von Christus getrennt sind; diese Isolation wird aber dadurch aufgehoben, dass – wiederum planimetrisch gesehen – die Konturen der drei nahtlos ineinander übergehen und sie so anschaulich zu einer Einheit zusammengeschlossen sind (Skizze 3).

Im Bild wird hier eine Situation sinnlich anschaulich gemacht, die sich am ehesten in Gegensatzpaaren beschreiben lässt: Überordnung und Einordnung, Isolation und Gemeinschaft, Distanz und Nähe. Dies alles sind aber inhaltliche Elemente, die ganz wesentlich zur Struktur der Emmausgeschichte ge-

"*Da gingen ihnen die Augen auf*"

Rembrandt, Christuskopf („Bildnis Christi nach dem Leben"), um 1656.

hören und die Ostererfahrungen insgesamt bestimmen. Das Bild kann hier etwas, was kein Text, keine Erzählung kann: entgegengesetzte Sinnschichten, die man sprachlich nur nacheinander und isoliert beschreiben kann, werden zu einer ästhetischen Einheit zusammengeschlossen und so in ihrer Zusammengehörigkeit als Ganzheit erfahrbar.

Einer wie keiner

Mit kaum einem Christusbild der Neuzeit hat man sich eingehender auseinander gesetzt als mit dem Typus, den Rembrandt in diesem Emmausbild vor Augen stellt. Das muss erklärt werden. In Rembrandts Werkstatt sind eine ganze Reihe kleinformatiger Ölskizzen entstanden, die offensichtlich als Studien für ein Christusbild gedacht waren. Eines dieser Bilder – das bekannteste hängt in der Gemäldegalerie Berlin – ist im Konkursverzeichnis Rembrandts als ein „Christus tronie nae't leven" – „ein Bildnis Christi nach dem Leben" – vermerkt. Diese Porträtskizzen zeigen unverkennbar einen jungen Mann mit jüdischer Physiognomie. Rembrandt nahm sich als Mo-

Besichtigungen des Unsichtbaren: Leben

dell einen jungen Juden, vermutlich einen Schüler der Rabbinenschule, die in unmittelbarer Nachbarschaft von Rembrandts Haus lag. Der Christus des Emmausbildes zeigt eben diesen Typus.

Dies ist nun in der Tat ungewöhnlich; das Gesicht eines Juden wird gegen alle Tradition für Rembrandt zum Gesicht Christi. Absicht und Wirkung dieses ganz neuen Christusbildes sind schon in der Formulierung aus dem Konkursverzeichnis angedeutet; „Bildnis Christi nach dem Leben". Rembrandt suchte und fand in dem jungen Juden eine Ahnung davon, wie Jesus, der Mensch, der Jude wirklich ausgesehen haben könnte. Dieser Charakter individueller Menschlichkeit hat in der Emmausgeschichte auch einen guten thematischen Sinn; er steht im Dienste des „Inkognito" Christi; die Jünger haben schließlich einen Menschen eingeladen, von dessen verborgener Identität sie nichts ahnen.

Aber die Gültigkeit dieses Christusbildes geht noch über die Emmausgeschichte hinaus; hier wird eine Grundstruktur greifbar: Christus, der „wahre Mensch". So und nicht anders war er in seinem irdischen Leben erfahrbar; keine großartigen äußeren Kennzeichen wiesen auf seine göttliche Würde hin.

Rembrandt hat darüber hinaus in diesem „menschlichen" Bild Christi noch einen besonderen Akzent gesetzt. Der junge Jude, nach dem das Bild entstand, war nicht „irgendein Jude". Er gehörte zur Gruppe der Sephardim, der südeuropäischen Juden. Die Juden aus Spanien und Portugal hatten damals in der Heimatstadt Rembrandts, in Amsterdam Asyl gesucht, weil sie vor den Verfolgungen der Inquisition fliehen mussten. Das erlittene Schicksal ist den Gesichtern, die Rembrandt studierte, abzulesen; seine Skizzen zeigen Menschen, die Leid und Grausamkeit der Welt kennen. Diese bitteren Züge hat Rembrandt für den Emmauschristus noch verstärkt: die Augen geweitet, die Schatten um sie betont, die Backenknochen stärker hervortreten lassen. Dazu kommt der

„Blick zum Himmel", eine deutliche Reminiszenz an traditionelle Bilder des leidenden Christus. Schließlich muss noch das leichtgeneigte Haupt erwähnt werden. Mit dieser Profilierung des Leidensausdrucks, der gut in die Emmausgeschichte passt („Musste nicht der Messias all das erleiden?", Lk 24,26), gewinnt Rembrandt wiederum einen wichtigen Akzent für das Christusbild generell: der Messias kommt nicht in die Welt in majestätischer Größe, ausgestattet mit den sichtbaren Attributen herrscherlicher Gewalt, sondern er erniedrigt sich in die Gestalt derer, die Gewalt erleiden, er ist der „leidende Gottesknecht".

Rembrandts Christusbild in seinem Emmausmahl wäre allerdings nur unzulänglich erfasst, würde die Beschreibung beim Menschlichkeits- und Leidensausdruck stehen bleiben. Ebenso unübersehbar hat der Maler die Göttlichkeit und Hoheit Christi anschaulich zu machen gewusst. Manches haben wir schon erwähnt: die Hervorhebung in der Figurenkonstellation, die hoheitliche Rahmung durch die Nische, besonders der Lichtglanz, der von ihm ausgeht. Darüber hinaus hat Rembrandt das individuelle Modell im Sinne der Christusbild-Tradition stilisiert; das in der Mitte gescheitelte, schulterlange, am Kopf glatte, dann leicht lockige Haar, die hohe Stirn, der – andeutungsweise noch zweizipflige – Bart, das „nahtlose" Gewand. Wichtig für den Hoheitsausdruck ist noch die ruhige Frontalität der Gestalt Christi, die ihn deutlich von den anderen Menschen abhebt. Sie ist typisch für Kultbilder, entrückt die dargestellte Person der Welt, auch durch die weit gehende Symmetrie, die eine frontale Darstellung der menschlichen Gestalt mit sich bringt; die frontale Sicht entbehrt jeder Zufälligkeit, hebt so die Bindung an Zeit und Geschichte auf. Sie drückt schließlich – ganz im Sinne der Emmausgeschichte – Zuwendung und Entrückung, Ferne und Nähe zugleich aus.

Wir können zusammenfassen: Rembrandt sucht im Christusbild des Emmausmahles die Menschlichkeit und die Göttlichkeit Christi zu veranschaulichen, seine Niedrigkeit und Hoheit, seine Verborgenheit und sein Offenbarwerden. So entsteht, wenn man das überhaupt von einem Bild sagen darf, ein in besonderer Weise „richtiges", gültiges Christusbild. Dabei übertrifft das spezifische Leistungsvermögen des Bildes die Aussagemöglichkeit theologischer Begrifflichkeit; auch das, was als Ganzheit verstanden werden will – wahrer Gott und wahrer Mensch, Erniedrigung und Erhöhung – kann verbalsprachlich nur sukzessiv – und damit isoliert und segmentiert – beschrieben werden. Das Bild kann solche gegensätzlichen Wesensmomente simultan präsentieren und somit in ihrer unauflöslichen Einheit erfahrbar machen.

Glauben und Sehen: Die Jünger

Die Darstellung der Jünger ist deutlich auf einen Komplementärkontrast hin angelegt: jung/alt, bartlos/bärtig, Schatten/Licht, bildeinwärts/bildauswärts sitzend. Das meint: nicht individuelle Typen sind mit diesen Jüngern gemeint, sondern der „Mensch an sich", der Christus erkennt – Identifikationsfiguren für jedermann zu jeder Zeit. Im Gegensatz zu früheren Bildern hat Rembrandt das Erkennen der Jünger nicht mehr in spektakulären äußeren Reaktionen gezeigt – erschrockenes Zurückfahren, Aufspringen – sondern dieser Erfahrung einen ruhigeren, mehr innerlichen Ausdruck verliehen. „Glauben" ist eben mehr als ein Überrascht- und Überwältigtwerden durch ein offensichtliches Mirakel. Dafür steht insbesondere der Wirt im Bild: Sein unbeteiligtes Tun zeigt an, dass das „Sehen" und Erkennen Christi, der „Herrlichkeit" des Auferstandenen, eine Glaubenserfahrung ist. Der Wirt „sieht" nicht; was die Jünger sehen; und damit stellt Rembrandt klar, dass er in der Sprache seines Bildes – also in Sichtbarkeitsformen – eine Wirklichkeit zu erfassen sucht, die eigentlich unanschaulich ist.

Ein Leib: Das Abendmahl

Ohne Frage ist die Emmauserzählung Lk 24,13–35 eine ideale Ostergeschichte; aber hier wird auch deutlich auf die Abendmahlspraxis der frühen Gemeinden angespielt und der Glaube an die Gegenwart des Auferstandenen im Gottesdienst verkündet: im Wort (das „Schriftgespräch" unterwegs) und im Mahl (beim „Brotbrechen", biblischer terminus technicus für den urchristlichen Gottesdienst). Diesen Kontext Emmausmahl-Abendmahl hat auch die Tradition der Emmausbilder immer wieder gesehen; Rembrandt, der Bibel-Text und Bild-Tradition gleichermaßen gut kennt, ist ihr darin gefolgt.

Sicher hat Rembrandt die Szene zunächst in den Alltag versetzt; er macht die Atmosphäre eines Gasthauses glaubhaft: der Wirt, der Hund mit dem Knochen, der einfache Holztisch, Stühle und Bank, schließlich die „Garderobe" am rechten Pilaster. Dagegen aber steht die Anschauung eines kultischen Raumes; schon die übergroße Höhe erweckt diesen Eindruck, der aber wesentlich durch die Nische mit den flankierenden Wandvorlagen getragen wird. Sie schließt den Raum nach hinten ab wie eine Apsis den Chorraum der Kirche. Die Szene wird also gleichsam in den traditionellen Altarraum versetzt. Die Tischbedeckung, über dem großen „Tischteppich" ein schmuckloses, gefaltetes weißes Leinentuch entspricht den Vorschriften der reformierten Kirche (Rembrandts Kirche im Holland des 17. Jahrhundert) für die Altargestaltung; der Tisch wird zum Altar.

Mehr als verwunderlich ist, dass der herankommende Wirt auf seinem Tablett offensichtlich nur ein paar Knochen bringt; es liegt also nahe, nach einer symbolischen Deutung zu suchen. Im Gemäldekatalog des Louvre identifiziert der Kustos des Museums, J. Foucart, die Knochen als einen in zwei Teile zerbrochenen Lammschädel. Das wäre ja nicht nur ein Hinweis auf das „Lamm Gottes", auf den Opfertod Christi und seine eucharistische Bedeutung. Dieses Detail korreliert in

Besichtigungen des Unsichtbaren: Leben

frappierender Weise mit dem von Christus vollzogenen Gestus des Brotbrechens, denn das „Agnus Dei" war und ist auch noch heute der Begleitgesang zum Brotbrechen vor der Kommunion.

Der Kommunion-Charakter der Szene im wörtlichen Sinne – Gemeinschaft mit Christus und durch Christus miteinander – wird meines Erachtens am schönsten und ein-

drucksvollsten anschaulich im bereits beschriebenen Verlauf der Konturen, in dem Christus und die Jünger zu einer Einheit zusammengeschlossen werden (Skizze 3). Da wird das Abendmahl als „Teilhabe am Leib Christi" verstanden und sichtbar gemacht, ganz im Sinne paulinischer Theologie (1 Kor 10,16): „Ist das Brot, das wir brechen, nicht Teilhabe am Leib Christi?"

Literatur

*   Erstmals: „... da gingen ihnen die Augen auf ..." Zu Rembrandts Bild des Emmausmahles im Louvre von 1648, in: Katechetische Blätter 114 (1989) S. 633–642. Leicht überarbeitet.

Die in diesem Beitrag dargelegten Beobachtungen und Deutungen gehen auf meine Bochumer Dissertation (1988) zurück: Rembrandts Darstellungen des Emmausmahles. Frankfurt/Bern u.a. 1990.

Unter den neueren deutschsprachigen Forschungen zu Rembrandt muss man besonders die Arbeiten von *Christian Tümpel* erwähnen. Schon seine kleine Rowohlt-Monographie bietet eine hervorragende Einführung in des Malers Leben und Werk: Tümpel, C., Rembrandt. Reinbek 1977. Zugleich ein kritischer Katalog ist Tümpels Opus magnum: Rembrandt, Mythos und Methode. Königstein 1986.

Für das Christusbild Rembrandts sei noch auf den Aufsatz von *Alex Stock* verwiesen: Stock, A., Das Christusbild. Bildtheologische und bilddidaktische Aspekte, in: ders./Wichelhaus, M., Bildtheologie und Bilddidaktik. Düsseldorf 1981, S. 64ff.

Weht, wo er will.
Der Geist und die Kirche in Tizians Pfingstbild

Giorgio Vasari, ein Zeitgenosse und Kollege Tizians, berichtet in den „Lebensbeschreibungen berühmter Künstler", die er 1550 erstmals veröffentlichte, dass Tizian 1541 ein Pfingstbild für den Hauptaltar der Kirche Santo Spirito in Isola in Venedig geschaffen habe „mit Gott verborgen als Feuer, und dem Heiligen Geist als Taube". Nach einigen Auseinandersetzungen um dieses Bild hat Tizian das Werk vermutlich 1546 überarbeitet oder ganz neu konzipiert. Das große Bild – es misst 570 mal 260 cm – befindet sich seit 1656 in der Basilika Santa Maria della Salute.

Der Geist und die Kirche: für den Dogmatiker ein denkbar klarer Zusammenhang, nicht auseinander zu dividieren. In der Systematik des Apostolischen Glaubensbekenntnisses gehört die „heilige, katholische Kirche" zum dritten Glaubensartikel: „Ich glaube ... an den Heiligen Geist ..." Will man den Zusammenhang in einer ehrwürdigen, altkirchlichen Formulierung erklingen lassen, kann man Irenäus von Lyon (gest. um 202) zitieren: „Wo die Kirche ist, da ist der Geist Gottes; und wo der Geist Gottes ist, da ist die Kirche" (Adversus haereses III 24,1).

Hier soll nun nicht das nahe liegende Lamento über die Diskrepanz von Anspruch und Wirklichkeit folgen, sondern ein Nachdenken darüber, wie man sich denn das Wirken des Geistes in der Kirche und für die Kirche vorstellen kann. Und zwar möglichst anschaulich; sogar anschaubar: Auf einem Pfingstbild! Pfingstbilder sind für ein solches Nachdenken deswegen eine besonders gut geeignete Quelle, weil sie **Bilder vom Geburtstag der Kirche** sind. Bilder und Geschichten „vom Anfang" wollen in aller Regel nicht äußerlich schildern, wie es „am Anfang" war, sondern sie wollen etwas über Wesen und Bedeutung der Sache sagen, die da anfängt. Pfingstbilder sind also Idealbilder des „Geburtstagskindes": Kirche, wie sie sein sollte, oder: Was der Geist mit der Kirche vorhat.

Und die Frauen?

Wer so auf Pfingstbilder schaut, wird allerdings sehr häufig etwas sehen – schon mit dem ersten oder zweiten Blick – was ärgerlich ist: Die Kirche – das sind 12 Männer. Manchmal kommt noch eine Frauengestalt – „Maria" – als zwölfte oder dreizehnte Person dazu. Aber sehr beruhigend ist das nicht. Natürlich werden kompetente Bildausleger darauf verweisen können, dass es hier nicht um die Bevorzugung eines Geschlechtes geht; die Zwölf-Männer-Schar ist ein Bild für das wieder hergestellte und **eine** Volk Gottes, ein anschaulicher Rückgriff auf das alte Volk Gottes, das seinen Anfang als Zwölf-Stämme-Bund (Jakob/Israel und seine 12 Söhne) darstellte.

Aber Bilder prägen das Bewusstsein: Vielleicht hat diese Pfingstbildtradition dazu geführt, sich nur Männer, die zwölf Apostel und ihre Nachfolger, als „erfüllt vom Heiligen Geist" vorzustellen. Das entspricht keineswegs dem Pfingstbericht der Apostelgeschichte. Da heißt es zu Beginn: *„Als der Pfingsttag gekommen war, befanden sich **alle** am gleichen Ort"* (Apg 2,1). Und im Zusammenhang dieser Erzählung ist ganz klar, wer „alle" sind: die kleine „Urgemeinde", die nach der Himmelfahrt Jesu sich in Jerusalem versammelte, um den versprochenen Heiligen Geist zu erwarten, etwa 120 Menschen (vgl. Apg 1,15), und zwar die Apostel „zusammen mit den Frauen und mit Maria, der Mutter Jesu, und mit seinen Brüdern" (Apg 1,14).

„Alle wurden mit dem Heiligen Geist erfüllt" (Apg 2,4), **Männer und Frauen**. Deswegen, nur deswegen, kann Petrus in seiner Pfingstpredigt die staunende Menschenmenge darauf verweisen, dass sich jetzt die Verheißung des Propheten Joel erfüllt: *„Ich werde*

Besichtigungen des Unsichtbaren: Leben

Tizian, Pfingsten, 1546. Santa Maria della Salute, Venedig.

von meinem Geist ausgießen über alles Fleisch. **Eure Söhne und eure Töchter** *werden Propheten sein, eure jungen Männer werden Visionen haben, und eure Alten werden Träume haben. Auch über meine* **Knechte und Mägde** *werde ich von meinem Geist ausgießen in jenen Tagen,* *und sie werden Propheten sein"* (Apg 2,17–18; vgl. Joel 3,1–2).

Tizians Pfingstbild ist nun eine der wenigen Darstellungen zu diesem Thema, die Frauen – Mehrzahl – in der Pfingstgemeinde zeigt, obendrein pointiert in der Mitte und durch eine besondere Gruppenkomposition – die drei Köpfe bilden ein regelmäßiges Dreieck – nochmals hervorgehoben.

Die besondere Aufmerksamkeit, mit der Tizian schon durch die Komposition den Blick auf die Frauengruppe lenkt, wird noch verstärkt: einmal durch Petrus – ausgerechnet Petrus – der im Vordergrund rechts niedergesunken ist und dessen der Geisttaube entgegengestreckte Linke auf die drei Frauen weist; und auch durch den alten Apostel rechts von der Sitzenden. Der schaut nicht etwa zum Himmel oder diskutiert erregt: staunend – vielleicht fassungslos, vielleicht fasziniert – blickt er auf das Gesicht seiner Nachbarin. Man muss denken: er sieht in diesem Gesicht „etwas von Pfingsten"; nicht spektakuläre Ereignisse bezeugen für ihn das Wirken des Geistes, sondern die Erfahrung eines „geisterfüllten" Menschen, einer Frau. Dabei ist auch der Gegensatz spannend: alter Mann – junge Frau. Der Alte scheint zu entdecken, dass jetzt etwas ganz neu anfängt. Das junge Gesicht steht für eine Kirche aus Gottes Geist, die Zukunft hat, deren Zukunft jetzt beginnt.

Bewegung und Ordnung

Tizians Bild nimmt also das Joelzitat aus der Pfingstpredigt des Petrus ganz ernst: Der Geist erfüllt eine Kirche aus Männern und Frauen, Alten und Jungen. Diese Menschen geraten durch Gottes Geist auf unterschiedlichste Weise in Bewegung, die sich in heftigen Gebärden, aber auch in stiller Versenkung ausdrückt, im wilden Gestikulieren wie in andächtiger Gebetshaltung. Tizian zeigt Individuen, lauter Charakterköpfe, unterschiedlichste Gewandungen, nirgendwo Uniformität. Allerdings sehen wir auch kein wildes Durcheinander; die bewegte Komposition hat einheitsstiften-

de Elemente, wie etwa die Isokephalie – so nennen Kunsthistoriker Köpfe, die auf einer geraden Linie angeordnet sind – vom „Paulus" vorne links über die stehenden Frauen, drei weitere Männer bis zum Apostel in der Tür rechts. Natürlich ist auch das „Dreieck" der Frauen in der Mitte ein ruhender Pol.

Die bewegte **Ordnung** der Komposition kommt **ohne** eindeutig über- oder vorgeordnete, also **hierarchische Positionen** aus. Dies wird vielleicht am deutlichsten in der Gestalt des Petrus. Der füllt zwar den rechten Vordergrund und befindet sich im klaren Gegenüber zur Pfingstgemeinde, zugleich macht er sich klein, indem er kniet, obendrein eine Stufe tiefer. Viel besser kann man einen Primat, der Dienst als „servus servorum dei" ist, nicht veranschaulichen.

Jerusalem, Rom, Venedig...

Es lohnt sich auch, den Raum einmal näher zu betrachten, in dem Tizian das Pfingstereignis stattfinden lässt. Das ist ja kein Obergeschoss in Jerusalem. Wir sehen die Seitenkapelle einer Kirche im Stil der Renaissance, mit einem wunderschönen kassettierten Tonnengewölbe. Es sind natürlich „sieben mal sieben" Kassetten, in Anspielung auf die Gaben des Heiligen Geistes. Man könnte auch angesichts der neunundvierzig Kassetten denken: das ist der Raum, wo man auf den „fünfzigsten Tag", auf Pfingsten, wartet.

Wichtig ist, dass das Gemälde so in den realen Raum der Kirche Santa Maria della Salute eingepasst ist, dass man den „Raum" des Bildes als Fortsetzung des Kirchenraumes empfinden kann. Das bedeutet dann: Pfingsten ist nicht ein einmaliges, längst vergangenes Ereignis, sondern die Gabe des Geistes ist der Kirche immer und überall versprochen; Gottes Geist bleibt nicht in Jerusalem, er kommt auch nach Venedig.

Und er kommt auch nach Rom! Das wäre auch noch eine wichtige Beobachtung. Tizian hat den Winter 1545/46 in Rom verbracht und dort natürlich auch die Bauarbeiten an

Besichtigungen des Unsichtbaren: Leben

der neuen Peterskirche besichtigt. In einer Skizze des holländischen Malers Marten van Heemskerck kann man sehen, was Tizian sah. Das Langhaus von Alt-St. Peter stand noch; und darüber wölbten sich bereits die mächtigen Tonnen der neuen Peterskirche. Und genau diese Architektur von St. Peter übernimmt dann Tizian für sein Pfingstbild, hebt auch den Petrus im Vordergrund mit seinem mächtigen Schlüssel in der Hand besonders hervor.

Gottes Geist für die „römisch-katholische" Kirche! Man könnte in diesem Zusammenhang daran denken, dass im Winter 1545 das Konzil von Trient eröffnet wurde, das wichtige Konzil der „katholischen Reform" im Jahrhundert der Reformation, der Glaubensspaltung.

... und anderswo

Marten van Heemskerck, Skizze von der Baustelle Petersdom, 1533/35.

Gottes Geist in Jerusalem, Venedig und Rom, an allen Orten, zu allen Zeiten. Eine schöne Beobachtung wäre da zum Schluss noch zu ergänzen. Auf den ersten Blick möchte man meinen, dass die strahlende Taube, die in Tizians Pfingstbild als Lichtquelle Gottes Geist und seine Ausstrahlung veranschaulicht, sich im dargestellten Kirchen-Raum befindet, über den Frauen und Männern schwebt. Aber die – realistisch betrachtet unmögliche – Licht-Schatten-Regie in der Architektur bringt heilsame Verunsicherung: Die Laibungen der Türen rechts sind ohne Frage von innen her oder von vorne beleuchtet, die Bogenstellung des halbrunden Fensters aber liegt an der Innenseite des Raumes völlig im Schatten und das Licht auf den Laibungen kann nur von außen kommen. Wo ist „Gottes Geist" denn nun? Drinnen oder draußen? Anscheinend weht er, wo er will.

Literatur
* Erstmals in: Katechetische Blätter 123 (1998) S. 254–257. Leicht überarbeitet.
Titian. Prince of Painters. Katalog der Ausstellung im Palazzo Ducale, Venedig 1990 und in der National Gallery of Arts, Washington 1990/91. Herausgegeben von S. Biadene. Erschienen in Deutschland bei Prestel, München, S. 280–283.
Pedrocco, F., Tizian. München 2000, S. 203.

Auf der Schwelle.
Kunst am Tor zur Ewigkeit

Das Kirchenjahr sorgt für Abwechslung, nicht nur liturgisch. Auch für die theologische Referententätigkeit. Im Monat November erreicht mich immer wieder die Anfrage: Können Sie einen Vortrag, eine kunstgeschichtliche Betrachtung, eine Bildmeditation halten zum Thema: Leben nach dem Tod? Ich zeige mich dann gerne skeptisch; frage zurück: Können wir heute ernsthaft noch etwas mit diesen Versuchen der Künstler anfangen, dem lieben Gott in die Karten zu gucken? Allenfalls bleibt uns doch der distanziert–aufklärerische Umgang; Wir entlarven die vielfältigen Bilder von Himmel und Hölle als jeweils zeitgebundene Vorstellungen, die Bandbreite der Bildmöglichkeiten verdeutlicht uns die Beliebigkeit – und Unverbindlichkeit – der künstlerischen Entwürfe vom Jenseits. Am Ende wissen wir nur: das ist alles Projektion und entspricht lediglich den wechselnden Wünschen, Idealen oder auch Ängsten einer bestimmten Epoche und Kultur. Die Hoffnung auf ein „Leben danach" erweist sich insbesondere dann als trügerisch, wenn sie sich mit bestimmten Bildern verknüpft.

Selbstverständlich weiß ich, dass manche Bilder vom Leben nach dem Tode Werke höchster künstlerischer Qualität sind; es sei nur erinnert an den *Genter Altar* der Gebrüder van Eyck, an Dürers *Allerheiligenbild* im Kunsthistorischen Museum in Wien, an die Darstellungen des *Jüngsten Gerichts* von Fra Angelico, Michelangelo oder Hieronymus Bosch, wobei man mit Schmunzeln registriert, dass sich die künstlerische Phantasie mehr am Schrecklichen, an der Hölle zu entzünden vermag als am Paradiesischen, als an einem Reigen der Seligen. Aber ob Hölle oder Himmel: wird in solchen Bildern noch der paulinische Grundsatz spürbar, dass *„das Große, das Gott denen bereitet hat, die ihn lieben"* etwas sei, *„was kein Auge gesehen und kein Ohr gehört hat"* (1Kor 2,9)?

In diesem Beitrag möchte ich einige Kunstwerke vorstellen, wo ich solche „Bauchschmerzen" nicht habe. Es gibt Bilder, die das Tor zur Ewigkeit nicht aufstoßen wollen, der Vorhang wird nicht gezogen. Wir bleiben auf der Schwelle stehen, wir spüren vielleicht etwas von dem, was noch kommt, von dem dahinter. Es ist auffallend still in diesen Bildern – eine apokalyptische Stille vielleicht wie vor dem Öffnen des siebten Siegels (Offb 8,1) – es gibt ein Schweigen vor dem Geheimnis.

Heimkehr

Rembrandt malt die Heimkehr des verlorenen Sohnes. Auf den allerersten Blick mag vielleicht nicht aufgehen, was ein Bild zu einem jesuanischen Gleichnis, das streng exegetisch genommen sicher nicht eschatologisch ist, mit unserem Thema zu tun hat. Aber die mehr volkstümliche Auslegungstradition der Geschichte vom „verlorenen Sohn" hat in ihr immer das Bild des menschlichen Lebensweges gesehen und die Heimkehr ins Vaterhaus als Heimkehr zu Gott am Ende des Lebens, als Eintritt ins ewige Leben gedeutet.

Ohne Frage hat Rembrandts Bild eben diesen **lebensgeschichtlichen Sinn**, und dies – was eine besondere Qualität des Werkes ist – auch in sehr persönlicher Weise. Den Maler Rembrandt hat die Thematik des Gleichnisses zeit seines Lebens beschäftigt, in zahlreichen Skizzen, Radierungen und Gemälden. Er hat sich nicht gescheut – im Alter von 30 Jahren – sich selbst als „verlorenen Sohn" zu porträtieren, ausgerechnet in der Szene, in der der Sohn das ihm ausgezahlte Erbe bei Dirnen verprasst. Und am Ende seines Lebens malt Rembrandt dieses Bild von der Heimkehr des Sohnes; er wird damit gar nicht mehr fertig, Schüler vollenden es in seiner Werkstatt. Selbst die eher nüchternen Kunsthistoriker,

Geht da noch was?

Rembrandt (und Werkstatt),
Die Heimkehr des verlorenen Sohnes, um 1666/69.

Auf der Schwelle

die wenig zu Romantizismen neigen, erkennen und anerkennen den biographischen Ernst und die ungewöhnliche Authentizität dieses Werkes. Hier spricht ein alter Mann sein letztes Wort, ein Künstler fasst in einem Bild seine Lebenserfahrungen mit allen Höhen und Tiefen zusammen und spricht von seiner Hoffnung über dieses Leben hinaus, er schuf dieses Werk, „als er, selber arm geworden, auf die Heimkehr in das ewige Vaterhaus wartete" (Jursch S.65).

Sicher ist das Bild in erster Linie ein **persönliches Bekenntnis** des Malers; er sagt mit seinem Werk: Der Tod, dessen Nähe ich spüre, wird mich zu Gott führen, ich werde seine Liebe und Güte erfahren, er wird mich annehmen und aufnehmen mir meiner ganzen elenden Geschichte. Aber das Bild ist zugleich so angelegt, dass auch der Betrachter diese Geschichte auf sich beziehen, sich von ihr ergreifen lassen kann. Rembrandt wählte ein ungewöhnlich großes Format (262 x 206 cm), die Figuren sind annähernd lebensgroß; man kann zu Recht sagen, das Bild habe „den Charakter einer geöffneten Tür, durch die man eintreten kann" (Alpatow, S.131). Zudem kniet der „verlorene Sohn" als Rückenfigur am linken Bildrand und bietet sich so nahezu unausweichlich als Identifikationsfigur an, in die der Betrachter hineinschlüpfen kann. Christian Tümpel sieht in einem Stich nach einem Gemälde von Marten van Heemskerck das Vorbild für Rembrandts Komposition, weist aber auf eine wesentliche Veränderung hin: „Rembrandt hat ... die Hauptgruppe in die Frontalität gewendet, so dass wir die Geschichte aus der Sicht des verlorenen Sohnes miterleben. Da sich der Vater herabbeugt, ist er auch uns nahe" (Tümpel , S.358).

Hat Rembrandt hier eine angemessene Bildsprache gefunden für den christlichen Glauben an etwas danach? Im Kontext solcher Überlegungen scheinen mir in dem Bild zwei Beobachtungen bedeutsam. Zum einen spielt sich die Begegnung zwischen Vater und Sohn **auf der Schwelle** des Vaterhauses ab. Das ist ja keineswegs selbstverständlich, ist

streng genommen mit dem biblischen Text schwerlich vereinbar: *„Der Vater sah ihn schon von weitem kommen ... er lief dem Sohn entgegen"* (Lk 15,20).

Wenn in Rembrandts Bild das Vaterhaus zwar im Hintergrund zu erahnen ist, aber letztlich im Dunkel verborgen bleibt, so ist dies sicherlich eine der Thematik angemessene Diskretion und Zurückhaltung. Zugleich wird aber mit dem aus dem Dunkel hervortretenden Vater etwas von dieser verhüllten Wirklichkeit offenbar; formal korrespondiert die Torarchitektur im Hintergrund mit dem offenen roten Mantelumhang des Vaters: Den Heimkehrer erwartet ein Raum, der Geborgenheit, Wärme und Liebe atmet, ihn erwartet aber insbesondere eine Person. Vielleicht führt dieser Sachverhalt uns zurück in die christologische Mitte des Gleichnisses, zu der Aussage, dass die vergebende Liebe und Menschenfreundlichkeit Gottes in seinem Sohn erschienen und in der Welt erfahrbar geworden ist. Jesus Christus ist der Bote Gottes, der aus dem unzugänglichen Jenseits hervorgetreten ist: Alles, was man über diese Wirklichkeit sagen kann, muss man von den Erfahrungen mit diesem Jesus her sagen.

Die zweite für unseren Zusammenhang bedeutsame Beobachtung scheint mir zu sein, dass innerhalb der von Rembrandt entworfenen Szenerie das Sehen eigentlich keine Rolle spielt. Der Sohn kuschelt sich nahezu in das Dunkel des Vaterschoßes und hat wohl auch die Augen geschlossen. Der greise Vater hat die Augenlider gesenkt und wirkt wie ein Blinder, der den Sohn ertastet: die beiden spüren sich intensiv, aber **zu sehen gibt es nichts**. Wilhelm Hausenstein hat die Szene aus der Sicht des Sohnes zu erfassen gesucht: „Ich knie abseits vor Gott, und so werde ich wohl in der Mitte angekommen sein; ich fühle die Breite seiner Hände auf meinen Schultern, und ich spüre an der Gegenwart seiner Lenden endlich, endlich, dass er existiert" (Hausenstein, S.327). Alles vollzieht sich im Übrigen **schweigend**, auch dies ein Akzent, der so mit der Gleichniser-

Geht da noch was?

Vincent van Gogh, Trauernder Mann („At Eternity's gate"), 1890.

zählung (Lk 15,21–24) nicht so leicht zu harmonisieren ist, aber die Konzentration auf das Tasten, das Fühlen und Spüren verstärkt. Kein Laut ist zu hören und nichts ist zu sehen; es ist Letzteres eine bewegende Einsicht für einen Maler, die aber in seinem Spätwerk immer wieder deutlich wird: Es gibt Schichten und Dimensionen der Wirklichkeit, die dem Augensinn verschlossen bleiben, aber nichtsdestotrotz sogar entscheidende und wichtige Realitäten sind.

Mit dem gewissen Ewigen?

Wie Rembrandts *Heimkehr des verlorenen Sohnes* ist Vincent van Goghs *Trauernder Mann* ein Spätwerk. Er ist im Mai 1890 entstanden, der Maler starb am 29. Juli desselben Jahres an einer Schussverletzung, die er sich zwei Tage zuvor selber beigebracht hat. Wieder liegt es nahe, die Biographie des Malers auf sein Werk zu beziehen, in dem Bild ein kaum verborgenes Selbstbildnis zu sehen. Van

Auf der Schwelle

Gogh malt nicht einfach einen einsamen, verzweifelten Mann, er ist dieser Mann. Im Mai 1890 ist er noch in der privaten Heilanstalt Saint-Paul de Mausole in Saint-Remy; freiwillig hat er ein Jahr zuvor eine Zelle in dieser Irrenanstalt bezogen, zur Vorbeugung und Sicherheit nach drei heftigen Anfällen von Geistesgestörtheit.

Dieses Jahr in Saint-Remy nutzt van Gogh u.a. zu einer Art künstlerischen „revision de vie", er befasst sich mit alten Themen, sichtet frühere Skizzen und Zeichnungen und bearbeitet das Material neu. Mit dem *Trauernden Mann* greift van Gogh auf eine Lithographie bzw. eine Bleistiftzeichnung aus dem Jahre 1882 zurück, die **Lithographie** hat er auf dem Blatt betitelt **At Eternity's gate**, am Tor, an der Schwelle zur Ewigkeit.

1882 lebte Vincent van Gogh in Den Haag, zusammen mit einer Frau, die er im Winter schwanger auf der Straße aufgelesen hat. Seine künstlerische Arbeit ist in dieser Zeit geprägt von sozialem und sozialkritischem Engagement; er findet billige Modelle in Menschen am Rande der Gesellschaft, unter anderem in alten Männern, die in Armenpflegeheimen hausen, so genannten Waisenmännern. Van Gogh hat die Lithographie in einem Brief an den Bruder Theo selbst kommentiert, als er ihm im November 1882 einen Abzug von „At Eternity's gate" schickte: „Mir scheint, einer der stärksten Beweise für die Existenz von ‚irgendwas da oben', ... das Dasein eines Gottes und einer Ewigkeit nämlich, ist das unsagbar Rührende, das im Ausdruck so eines alten Mannes liegen kann, vielleicht ohne dass er selbst sich dessen bewusst ist, wenn er so still in seinem Ofenwinkel sitzt. Zugleich ist da etwas Vornehmes, das nicht für die Würmer bestimmt sein kann" (Erpel, S.84).

Das Zitat zur Lithographie sollte keineswegs dazu verführen, das 8 Jahre später entstandene Gemälde vorschnell als Hoffnungsbild zu deuten. Dies legt der erste Bildeindruck nun auch wahrlich nicht nahe. Der alte Mann auf dem Stuhl sitzt in einem leeren

Vincent van Gogh, „At Eternity's gate", Lithographie, 1882.

Raum, kahl und karg wie eine Gefängniszelle, farbige Akzente sind kaum zu erkennen, fahles Weiß und Beige dominieren. Der leere Raum, so liegt es nahe zu denken, macht die innere Leere des Mannes äußerlich sichtbar, seine Einsamkeit und Verlassenheit. Der durch Holzdielen gegliederte Fußboden erscheint perspektivisch zu steil, der *Trauernde* könnte vom Stuhl rutschen, Haltlosigkeit und Sturzgefahr werden suggeriert. Man zweifelt, ob das Feuer, an das der Mann seinen Stuhl gerückt hat, ihn erwärmen kann. Van Gogh hat es durch einen kräftigen blauen Rahmen und die Beinkontur nahezu eingefangen, es geht kein Licht von dem Feuer aus, nirgendwo sind Schattenwirkungen zu erkennen. Der alte Mann sitzt vornübergebeugt, die Stuhllehne ist für ihn keine Stütze; aber er ist auch nicht einfach nach vorne ge-

Geht da noch was?

sunken. Die geballten Fäuste stützen nicht den Kopf; eher erkennt man in dieser Haltung ein krampfhaftes Zupressen der Augen. Merkwürdigerweise ist – im Gegensatz zu der Lithographie, die als Vorlage diente – auch kein Ohr zu erkennen; nichts sehen und nichts hören: Ist das nun ein Ausdruck für eine verlöschende Existenz, die nichts mehr erwartet und buchstäblich nichts zu erwarten hat?

Der oben angeführte Kommentar des Malers ist vielleicht ein Wegweiser, der dazu berechtigt, in dem dominierenden Ausdruck der Verzweiflung und Lebensmüdigkeit auch andere Signale wahrzunehmen. Brennt das Feuer wirklich vergebens? Oder ist es für den Maler ein Ausdruck von Hoffnung, eines letzten Funkens Lebenswillen, der nicht verlischt? Was ist mit der weißen Fläche oberhalb des Kamins, die den fast kahlen Schädel des Mannes halb rahmt? Klinische, sterile Weißheit als Ausdruck des absoluten Nichts oder doch Helligkeit als Vorschein von Erlösung, gar eine Art Heiligenschein? Hier ließe sich eine viel zitierte Sentenz aus einem Brief Vincents an Theo anführen: „Ich möchte Männer und Frauen mit dem gewissen Ewigen malen, wofür früher der Heiligenschein das Symbol war und das wir durch das Leuchten, durch das bebende Schwingen unserer Farben auszudrücken versuchen." (Briefe Nr.522). Nicht zu verkennen ist auch, dass die ganze Gestalt von Kraft erfüllt ist; in den gut erkennbaren Pinselstrichen liegen Schwung und Lebensenergie, am linken Oberarm ist ein fast schwellend zu nennender Bizeps erkennbar, der gar nicht so recht zu dem alten Mann zu passen scheint. Aber ob diese Kraft in der Figur ein verzweifeltes, letztes Aufbäumen ist, ein Stemmen gegen den sich auftuenden Abgrund oder Ausdruck einer Glaubensahnung, einer Hoffnung auf ein Leben darüber hinaus, ist nicht zu entscheiden.

Van Goghs Bild lässt sich weder auf eine Hoffnungs- noch auf eine Verzweiflungsperspektive fixieren. Van Gogh ist ein „Moderner", er kann nicht mehr wie Rembrandt auf tradierte Sinnsymbole, auf eine an der Bibel orientierte und damit weitgehend eindeutige Bildsprache zurückgreifen. Das muss nicht heißen, dass damit keine Hinweise auf Gott, auf ewiges Leben und Transzendenz mehr möglich sind, aber sie sind vielschichtiger, rätselhafter, verborgen wie die Ewigkeit hinter ihren verschlossenen Türen.

Vielleicht

Begegnet in van Goghs *Trauerndem Mann* bereits die Moderne mit ihrer Uneindeutigkeit, so sind die beiden letzten Werke, die ich vorstellen möchte, in dieser Hinsicht schon auf den ersten Blick insofern weitaus radikaler, als sie auf jede gegenständliche Abbildlichkeit verzichten. Die erste Wahrnehmung ist die der Bildverweigerung. Im Kontext unserer Überlegungen könnte man hier schon grundsätzlich sagen: Diese Negativität zeitgenössischer Bildsprache ist der Sache, von der wir hier sprechen wollen, höchst angemessen, angemessener auf jeden Fall als jede abbildhafte Darstellung eines Jenseits oder auch eines Augenblicks auf der Schwelle davor. Andererseits ist natürlich die skeptische Frage berechtigt: Wollen denn diese Werke überhaupt von diesem Jenseits sprechen, tut ihnen nicht der interpretierende Theologe Gewalt an, der sie unter solchen Aspekten betrachtet? Mich mahnt diese Anfrage immer: Pass auf! Überleg' dir, was du sagst! Nimm den Mund nicht so voll! Das Sprechen und erst recht das Schreiben fällt mir ungeheuer schwer. Aber ich denke auch: Das ist eigentlich das Beste, was mir im Sinne dieser Sache, von der ich zu reden habe und von der das Kunstwerk weniger spricht als schweigt, passieren kann.

Der Künstler Lucio Fontana (1899–1968) hat im Laufe seines Lebens unterschiedliche Bild- und Skulpturkonzepte ausprobiert. 1949 beginnt er, Bilder zu durchlöchern, seit 1958 gestaltete er die Leinwand durch Schnitte. Die Werke unterscheiden sich jeweils

Auf der Schwelle

Lucio Fontana, Concetto Spaziale-Attesa 1959.

Geht da noch was?

durch ihre Farbe und die Zahl und Anbringung der Schlitze im Bildraum. Die Arbeit *Concetto spaziale-Attesa* von 1959 aus dem Museum Abteiberg in Mönchengladbach ist weiß und hat nur einen schrägen Schnitt. Schwerlich ist zu entscheiden, ob er von oben nach unten oder von unten nach oben geführt zu sehen ist. In der Leserichtung des Bildes von links nach rechts wäre der Schnitt als eine Aufwärtsbewegung zu deuten, die von der Mittelachse nach rechts oben geht. Optisches Gegengewicht zum Schlitz, der in die Tiefe führt, ist eine leichte Wölbung der Leinwand. Die Wahrnehmung von **Schnitt und Wölbung** steigern sich gegenseitig. Britta E. Buhlmann hebt zwei wesentliche Funktionen der Schnitte bei Fontana hervor: „Zum einen brechen sie die malerische Ebene auf und ergänzen die Fläche antithetisch durch eine andere Seinsform, die der Tiefe. Der vorhandene Farb- und Illusionsraum wird also aus dem Bild heraus in die dritte Dimension aufgeschlossen. Zum Zweiten wird der unendliche Raum, die Weite dessen, was hinter dem Bild verborgen bleibt, im Gemälde verankert" (Buhlmann, S.9). Buhlmann sieht in diesem Phänomen im Sinne der Ästhetik Schellings eine Integration des Unendlichen im Endlichen.

Drängt sich nicht schon bei dieser ersten Beschreibung des Werkes eine gleichnishafte Deutung des Bildes im Sinne unseres Themas auf und zwar nicht nur vorurteilsbeladenen Theologen, die immer nur an das eine – oder den Einen – denken? Die weiße Fläche der Leinwand ist die Welt, das Irdische, das Begrenzte, das physische Leben; der Schnitt in die Leinwand eröffnet eine dahinter liegende Wirklichkeit. Eine andere Dimension? Und – wie schön – diese meta-physische Welt wird zugleich offenbar und bleibt doch geheimnisvoll verborgen! Es wäre noch hinzuzufügen, dass eine solche **gleichnishafte Deutung** sich nicht bloß in Analogieschlüssen auf einer intellektuellen Ebene bewegen muss. Sie kann am Bild erlebt werden; insbesondere berührt mich immer wieder die Behutsam-

keit, mit der der Schnitt in die Leinwand ausgeführt ist – zumindest suggeriert dies die Anschauung. Hat sich schon der Maler gefragt, ob er das Messer ansetzen darf, hat er den Schnitt – der doch auch Zerstörung ist – als Tabuverletzung empfunden – oder als Befreiung? Mich macht der Schnitt fast ehrfürchtig, ich würde es nicht wagen, die Öffnung weiter aufzureißen oder in diesen Spalt neugierig meine Nase zu stecken.

Auch wenn sich von solchen Beobachtungen und Überlegungen her leicht eine Brücke von Fontanas Werk zum christlichen Glauben und zur Jenseitshoffnung schlagen lässt, so zwingt die Offenheit der Bildsignale doch dazu, andere, vielleicht gegenteilige Deutungen zuzulassen oder sogar entschieden für intendiert zu halten. Es lässt sich eben auch sagen, dass das Bild endlich und begrenzt ist und auf diese Endlichkeit und Begrenztheit verweist, dass da, wo wir hinter der aufgerissenen Leinwand **etwas** erahnen, schlicht und einfach **nichts** ist, Leere und Dunkelheit. Die theoretischen Äußerungen des Malers weisen eher in diese Richtung; Fontana betont in seinem *Manifesto blanco* 1946 die Materie als Stoff des ganzen Seins und der schöpferischen Kräfte: „Die bewegte Materie bekundet ihr totales Sein, indem sie sich in Zeit und Raum entfaltet und bei ihren Veränderungen verschiedene Stadien der Existenz annimmt. Wir fordern volles Verständnis der primären Werte der Existenz. Wir wenden uns an die Materie und an ihre Entwicklung, die schöpferischen Quellen der Existenz ... Unsere Absicht ist es, das ganze Leben des Menschen, das, an die Funktion seiner natürlichen Bedingungen geknüpft, eine echte Offenbarung des Seins dargestellt, in einer Synthese zu vereinigen" (Zitiert nach Glozer, S.194).

Dennoch nennt Fontana dieses Bild – wie alle anderen geschlitzten Werke – *Attesa*, also *Erwartung*; aber diese (seine?) Erwartung wird durch das Bild nicht eindeutig definiert: Zwischen radikaler Immanenz und ebenso entschiedener Transzendenz ist alles möglich. Diese Ambivalenz der gespaltenen Leinwand erinnert mich an einen Text von Fridolin Stier (Stier, S.108).

Vielleicht...
Aus dem Spalt
in der Wand
des Alls
in das finstre
Verlies
brach plötzlich
o schön!
ein Schein
und schwand.
Ist vielleicht?
Ist irgendwo?
Vielleicht
I s t
Irgendwo
Tag.

Der dunkle Horizont

Das hier zuletzt vorzustellende Werk hat mit Fontanas *Attesa* den Verzicht auf gegenständliche Abbildhaftigkeit gemeinsam. Diese Bildlosigkeit ist für die Malerei von Mark Rothko seit den späten 40er-Jahren charakteristisch. Der Künstler ist jüdischer Herkunft, er wurde 1903 als Markus Rothkowitz in Dwinsk in Russland geboren und emigrierte 1913 in die USA. Es liegt durchaus nahe, die letzte Entwicklung in Rothkos Werk – es gab zuvor realistische, surrealistische und expressionistische Phasen – mit der jüdischen Tradition der Bilderskepsis und des Bilderverbotes zusammenzudenken.

Rothko gestaltet seine Bilder in den 50er und 60er-Jahren durch wenige rechteckige Farbflächen oder Farbstreifen, die nicht exakt begrenzt sind. Optisch expandieren die Farben, verschwimmen, vibrieren; die Unmöglichkeit, sie zu fixieren, lässt den stofflich-substantiellen Charakter von Farbe zurücktreten zu Gunsten einer eher immateriell zu nennenden Erscheinungsweise. Der Betrachter wird durch das Bild in einen Grenzbereich geführt, er erlebt möglicherweise nach, was

Rothko selbst im Malprozess empfand: „Das Wunderbare muss ins Bild gehen ... die ursprünglichen Ideen erweisen sich nachträglich als Tore, durch die ich die Welt verlassen habe, aus der sie kommen" (Rothko, S.XIX).

Bilder als Tore, die aus der Welt führen – wohin führt *Black on Grey*? Das leicht hochformatige Bild (162,5 x 173 cm) ist etwas oberhalb der Bildmitte horizontal geteilt, oben ist es fast ganz schwarz, an einigen Stellen scheint ein wenig heller Grund durch, der aber die tiefe Dunkelheit kaum abschwächt. Unten ist ein Ockerton aufgetragen, ein eher heller, vielleicht auch warmer Bereich, der aber nahezu vollständig von einem Grauschleier überzogen ist. Die Grenze zwischen den beiden Zonen ist leicht verwischt, kein Schnitt, eher ein sanfter Übergang.

Obwohl wir es mit reiner Farbmalerei ohne abbildliche Qualitäten zu tun haben, weckt das Bild doch die Assoziation einer Landschaft, einer weiten, leeren Ebene, über deren Horizont ein dunkler Himmel lastet. Immer wieder wird Caspar David Friedrichs berühmtes Gemälde vom *Mönch am Meer* zum Vergleich für die Wirkung herangezogen, die Heinrich von Kleist in einem Artikel in seinen *Berliner Abendblättern* 1810 auf den Punkt brachte: „Nichts kann trauriger und unbehaglicher sein als diese Stellung in der Welt: der einzige Lebensfunke im weiten Reich des Todes". Robert Rosenblum sieht eine grundsätzliche Verbindung zwischen Rothko und den Romantikern: „Die Grundform von Rothkos abstrakten Bildern geht letztlich ... auf die großen Romantiker zurück: auf Turner ... und auf Friedrich, der den Betrachter ebenfalls vor einen Abgrund stellt, aus dem Fragen nach den letzten Dingen heraufdringen, deren Beantwortung ohne den traditionellen Glauben und die traditionelle religiöse Bildwelt so ungewiss bleibt wie die Frage selbst" (Rosenblum, S.226).

Die Bildwirkung wird möglicherweise weniger durch abbildliche Assoziationen wie Wüste, Abgrund, Horizont erzielt als durch Gefühle, die die Farben auslösen. Sie ist

Geht da noch was?

Mark Rothko, Black on Grey, 1970.

durchaus nicht auf einen Nenner zu bringen: Es kann ebenso Hoffnungslosigkeit sein wie Beruhigung und Tröstung. Eine Priestergruppe, eingeladen, sich die Sprache der Psalmen auszuleihen, um ihre Gefühle angesichts des Bildes auszudrücken, nannte sowohl eine Reihe von Versen aus den Klagepsalmen (etwa Ps 88,4–6. 10–13) als auch Texte, die deutlich Vertrauen in ausweglosen Situationen ausdrücken (Ps 23,4; 139,8–12).

Zum Schluss sei auch bei diesem Bild noch einmal auf die Biographie des Malers verwiesen. *Black on Grey* ist 1970 entstanden, am 25. Februar 1970 nahm sich Mark Rothko in New

Auf der Schwelle

York das Leben. Der Hinweis mag dazu einladen, dieses Bild in seinem existentiellen Ernst als authentischen Ausdruck einer besonderen Lebensbefindlichkeit wahrzunehmen; aber man sollte sich nicht dazu verleiten lassen, diesem Bild vor der Schwelle seine Offenheit zu nehmen und es als Ausdruck schierer Hoffnungslosigkeit und Lebensmüdigkeit zu werten. Das Bild bleibt Ausdruck des Geheimnisses und der bangen Frage: Kommt noch was? Was kommt noch?

Der Vorhang zu –
und alle Fragen offen

Man mag – insbesondere bei den drei hier vorgestellten modernen Werken – einwenden, dass diese durch ihre Vagheit, ihren vielleicht eher diffusen Transzendenzausdruck wenig zu einer Profilierung des christlichen Glaubens an ein Leben nach dem Tode beitragen. Ich möchte dagegen behaupten, dass sie dies vielleicht eher leisten als manches ältere oder gar neuere Bild, das bedenkenlos meint, den Vorhang lüften und das Tor zur Ewigkeit aufstoßen zu können. Auf jeden Fall aber lässt sich wohl sagen, dass das Offenhalten der Frage nach der Ewigkeit und der Hauch einer Ahnung, der uns aus diesen Bildern entgegenkommt, schon die Aufmerksamkeit lohnt. Vielleicht ist dies das Äußerste, was Werke, die wirklich Kunst von heute in der Sprache der Kunst von heute sind, leisten können.

Literatur

Zu Rembrandt:

Tümpel, Chr., Rembrandt. Mythos und Methode. Königstein 1986, S. 398.

Jursch, H., Der verlorene Sohn in der Kunst Rembrandts, in: Wissenschaftliche Zeitschrift der Friedrich-Schiller-Universität Jena 8 (1958/59) S. 59–69.

Alpatow, M.W., Studien zur Geschichte der westeuropäischen Kunst. Köln 1974.

Hausenstein, W., Rembrandt. Stuttgart/Berlin/Leipzig 1926.

Zu van Gogh:

Hofmann, W. (Hrsg.), Luther und die Folgen für die Kunst. Ausstellung Hamburg 1983.

Erpel, F. (Hrsg.), Vincent van Gogh. Lebensbilder. Lebenszeichen. München 1989.

Vincent van Gogh. Sämtliche Briefe. Hrsg. v. F. Erpel. Neuübersetzung v. E. Schumann. Bd. 1–6. Berlin 1965–68.

Fendrich, H., Am Tor zur Ewigkeit? Van Goghs Trauernder Mann vom Mai 1890, in: Katechetische Blätter 115 (1990) S. 516–522.

Zu Lucio Fontana:

Buhlmann, B.E., ... aus dem Bild, in: Von der geistigen Kraft in der Kunst. Ausstellung der Städtischen Galerie Würzburg. 1991, S. 7–21.

Glozer, L. (Hrsg.), Westkunst. Zeitgenössische Kunst seit 1939. Ausstellung Köln 1981.

Stier, F., Vielleicht ist irgendwo Tag. Freiburg/Heidelberg 1981.

Zu Mark Rothko:

Rombold, G., Der Streit um das Bild. Zum Verhältnis von moderner Kunst und Religion. Stuttgart 1988.

Weitemeier-Steckel, H., Pilger zum Absoluten. Geheimnisse und Verführungen der Abstrakten, in: Schmied, W., (Hrsg.), Zeichen des Glaubens – Geist der Avantgarde. Ausstellung Katholikentag Berlin 1980. Stuttgart 1980, S. 137–142.

Mark Rothko. Katalog der Ausstellung in der Nationalgalerie Berlin 1971.

Rosenblum, R., Die moderne Malerei und die Tradition der Romantik. München 1981.

Da geht noch was!
Zum Fotoprojekt I.N.R.I.
von Bettina Rheims und Serge Bramly

Die französische Starfotografin Bettina Rheims hat zusammen mit ihrem Kollegen Serge Bramly zwischen 1994 und 1996 ein ungewöhnliches Fotoprojekt realisiert. Thema des Unternehmens – das als „Milleniumsprojekt" mit 400.000 Dollar vom französischen Staat gefördert wurde – war das Leben Jesu, vom Anfang bis zum Ende. Kein neues Thema also. Ungewöhnlich allerdings die „Bildmittel": Hochglanzästhetik, männliche und weibliche Models, an unterschiedlichen Schauplätzen vom Mittelmeer bis zum Gleisdreieck. Als der Fotoband 1998 in Frankreich erschien, gab es heftige Kontroversen.

Im Juni 2001 stellte die Jugendkirche TABGHA in Oberhausen 36 großformatige Bilder aus dem Zyklus – Leihgeber war das Deutsche Historische Museum in Berlin – im Kirchenraum aus. Zum ersten Mal wurden die Werke in einer Kirche gezeigt. Darf man das? Bringt das was? Meine Rede zur Ausstellungseröffnung versucht, auf kritische Einwände einzugehen, aber auch nach dem "Gewinn" zu fragen, den die Konfrontation und die Auseinandersetzung mit diesen Bildern in der Kirche bringen.

Wie lässt sich Jesus heute darstellen, am Beginn des XXI. Jahrhunderts? Wie lässt sich mit heutigen Mitteln, in der uns vertrauten Welt, sein Leben, sein Tun, seine Lehre schildern, so dass es uns anspricht ...?

Gute Frage! Wer stellt sie? Die besorgte Pastoralkommission der deutschen Bischofskonferenz? Engagierte Religionspädagogen? Jugendpfarrer? Ich hoffe sehr, dass sich die Genannten und noch viel mehr Menschen **in der Kirche** diese Frage stellen. Aber die Formulierung stammt von Bettina Rheims und Serge Bramly. Sie fragen so, obwohl sie **nicht zur Kirche** gehören. Und sie fragen nicht nur: Sie versuchen eine Antwort!

36 dieser Antwortversuche sind hier in der Jugendkirche zu sehen. Und wir müssen zusehen, was mit diesen Antwortversuchen anzufangen ist. Ich betone: Wir müssen! Ich bin überzeugt davon, dass das eine Pflichtaufgabe ist. Wenn Leute außerhalb der Kirche sich ernsthaft dieselben Fragen stellen wie wir, wenn ihre Fragen unsere Fragen – sogar Überlebensfragen unseres Glaubens – sind: Dann geht uns das unbedingt an!

Wie lässt sich mit heutigen Mitteln das Leben Jesu schildern, so dass es uns anspricht? Die „heutigen Mittel" von Bettina Rheims und Serge Bramly sind Bilder, ihre **Sprache** ist die **Kunst**, die Kunst der Fotografie. Deswegen interessieren mich ihre Fragestellung und ihre Antwortversuche noch einmal ganz besonders. Denn ich weiß: In der Situation der Moderne wächst nicht mehr so leicht zusammen, was über Jahrhunderte in schönster Harmonie zusammengehörte – die Kirche und die Kunst, speziell auch die Bibel und das Bild. Muss einen ja auch nicht wundern, nach fast zweitausendjähriger Bildgeschichte. Alles schon mal da gewesen, alles ausprobiert, nichts Neues unter der Sonne. Die Versuche, die es in jüngerer Zeit in unseren Kirchen und im Auftrag der Kirche gegeben hat, sind zum größten Teil Wiederholungen der alten Bildmuster, manchmal etwas „modern" aufgepeppt. Inhaltlich langweilig und künstlerisch belanglos. Und was das Schlimmste ist: Sie sind auf eine verhängnisvolle Weise „zeit-los". Sie haben unsere Zeit verloren, sie haben mit unserer Lebenswirklichkeit und unseren Erfahrungen nichts zu tun. Fast möchte man resignieren: Da geht wohl nichts mehr. Oder doch? – Es wäre ja schön, wenn wir nach einem nüchtern-kritischen, aber auch wohl wollenden Blick auf die Arbeit von Bettina Rheims und Serge Bramly sagen könnten: **Da geht noch was!** Schau'n mer mal?

Also: Nüchtern-kritisch-wohl wollend. Ich möchte nacheinander einige Probleme beleuchten, die sich mir besonders aufgedrängt haben, von denen ich aber hoffe, dass sie auch andere berühren. Es ist ja nun wirklich nicht von der Hand zu weisen: Dieses ungewöhnliche Foto-Projekt provoziert eine Menge von Anfragen und Widersprüchen.

Das Realismusproblem –
Oder: Wo bleibt das Geheimnis?

Das Leben Jesu zu schildern – in der modernen Bildsprache der Fotografie. Ist das nicht ein Projekt, das zum Scheitern verurteilt ist? Ist dieses Medium nicht denkbar ungeeignet? Der Fotoapparat ist eine Maschine, die auf Knopfdruck nichts anderes tut, als die dreidimensionale Wirklichkeit einigermaßen gestalt- und farbgerecht, aber doch nur äußerlich und oberflächlich, auf eine zweidimensionale Fläche zu bringen. Das Ergebnis sieht dann **schön** „**wirklich**" aus. Wir werden zu Augenzeugen. Als wären wir dabei gewesen. So war's! So hat's ausgesehen.

Diese Wirkung bringt das Medium mit sich. Und da müssen wir doch doppelten Widerspruch anmelden. Einmal vom aufgeklärten, **historisch-kritischen** Standpunkt her. Das Leben Jesu kann man nicht „schildern". Die Evangelien sind keine Tatsachenberichte, keine historischen Protokolle. Wir wissen nicht, „wie es war", wie es ausgesehen hätte, wären wir dabei gewesen. Und deswegen sollten wir auch nicht spekulieren, wie es aussehen würde: heute. Oder?

Der zweite – und m.E. noch viel gewichtigere – Einwand: **Das Eigentliche** des Lebens Jesu ist **nicht** etwas, was ohne weiteres an der **Oberfläche** der Ereignisse abzulesen wäre. Die Geschichte Jesu ist Heilsgeschichte, in ihm begegnet die Wirklichkeit Gottes. Und die ist immer auch ein verborgenes Geschehen. Engelsbotschaften, Himmelsstimmen, Zeichen und Wunder, Jungfrauengeburt und Totenauferstehung: Das ist doch alles ein **Geheimnis**! Das sind Glaubenserfahrungen! Und in Fotos? Da erscheint alles offensichtlich. Oder?

Ist mit diesen kritischen Anfragen das Projekt von Bettina Rheims und Serge Bramly erledigt? Sind die beiden einem naiven Missverständnis erlegen? Müssen wir ihnen sagen: Leben Jesu mit „realistischen" Bildmitteln – das geht grundsätzlich schief?

Ich warne Unvorsichtige. Wer das behauptet, erledigt die gesamte christliche Kunst des späten Mittelalters und der Neuzeit. Nämlich da war „Realismus" angesagt. Man wollte den Menschen ein **Nacherleben und Mitfühlen** der heilsgeschichtlichen Ereignisse ermöglichen. Und dazu musste man die Räume und Landschaften, die Personen und Dinge so darstellen, als wären sie „wirklich". Und damit diese „Wirklichkeit" noch besser erlebbar wurde, scheute man sich nicht, die biblischen Ereignisse in die Räume und Landschaften **der eigenen Zeit** hineinzuprojizieren. Da findet dann die Verkündigung in einer holländischen Wohnstube und die Erscheinung des Auferstandenen am Genfer See statt.

Die angelsächsischen Kunsthistoriker haben für diese Tendenz der christlichen Kunst im ausgehenden Mittelalter einen trefflichen Begriff gefunden: **down-to-earth-Realism**. Damit ist **Gewinn und Gefahr** genau benannt: die im Bild erzählten biblischen Geschichten werden „geerdet", aber es besteht auch die Möglichkeit, dass sie im ganz Irdischen, Alltäglichen, vielleicht auch Banalen das „Geheimnis" verlieren können.

Können, nicht müssen. Allein schon die Versetzung der biblischen Ereignisse in die jeweilige Gegenwart ist doch auch desillusionierend. So kann's doch gar nicht gewesen sein. Und noch eine andere Einsicht verlangte diese so irdisch und wirklich erscheinende Kunst des späten Mittelalters und der Renaissance dem Betrachter ab. Nämlich in den

Geht da noch was?

Bettina Rheims / Serge Bramly, Die Anbetung der Hirten.

Dingen und Räumen des Alltäglichen einen symbolischen Sinn zu sehen (*disguised symbolism* nennen das die Engländer), nicht platte Abbildung von Wirklichkeit, sondern Verweise auf eine ganz andere, hintergründige, verborgene Wirklichkeit. Fazit: Wer den „Realismus" der christlichen Kunst der Tradition als bloßen Illusionismus versteht, missversteht ihn gründlich.

Und was ist dann mit dem „Realismus" der Fotografien von Bettina Rheims? Hätten wir nicht angesichts unserer eigenen christlichen Bildtradition zumindest zu prüfen, ob die glatte Oberflächlichkeit dieser Bilder nur vermeintlich ist? Ich schlage vor: Wir gucken uns mal „**Die Anbetung der Hirten**" an. Ein beliebtes Bildthema der christlichen Kunst. Was macht Bettina Rheims daraus?

Der Raum: Nicht der gewohnte Stall. Von dem übrigens in der Weihnachtsgeschichte des Lukas noch gar nicht die Rede ist. Er ist eine Erfindung der Bildkunst. Hier jetzt eine neue Erfindung. Statt des Stalls – **eine schäbige Garage**. Wie ich finde eine ziemlich gut überlegte Transformation des überlieferten Motivs in unsere Gegenwart: Notunterkunft und Abstellkammer. Die Beleuchtung ist kunstvoll inszeniert. Sie lässt eine Art **Lichthöhle** entstehen. Höhle! Geburtshöhle-Grabeshöhle.

Der Kontrast zwischen der „heiligen Familie" und den „Hirten" springt ins Auge und lässt sich wohl kaum „realistisch" verstehen. Der „heilige Josef" „ganz in weiß": „o Bräutigam der Himmelsbraut". „Maria" mit Kränzchen und Schleier, mit roten Lippen und goldenen Sandalen: „O eilet, sie zu schauen, die schönste aller Frauen". Bevor Sie mich missverstehen: Ich zitiere hier nicht aus bekannten Liedern, um Sie – oder mich – zu amüsieren. Ich versuche zu belegen: die Bildsprache ist die Übersetzung unserer eigenen frommen Traditionen in die Gegenwart. Die auffällige Stilisierung der Familie einschließlich des wonnigen Bübleins zielt auf ihre „Heiligkeit". Deswegen gruppieren sich die „Hirten" – unverkennbar alte und junge Männer aus dem Obdachlosenmileu – in respektvollem Abstand, ehrfürchtig, andächtig. Nochmals: der völlig „unwirkliche" Gegensatz zwischen dem schäbigen Ambiente, der Ärmlichkeit der „Hirten" und der „Schönheit" der „heiligen Familie" veranschaulicht das Erscheinen einer „himmlischen" Wirklichkeit in der „Irdischen". Hochtheologisch formuliert: **Gottes Herrlichkeit erscheint in menschlicher Niedrigkeit**. Das ist die Botschaft von Weihnachten.

Ich möchte nun nicht das ganze Bild Ihnen durchbuchstabieren. Aber auf einige Elemente der unübersehbaren Symbolsprache in der „realistisch" erscheinenden Dingwelt möchte ich Sie doch noch aufmerksam machen. Die Hirten ganz links und ganz rechts halten **Blumensträußchen** in der Hand. Vielleicht finden Sie das mit mir einen rührenden Einfall. Aber aus dem Text im Buch von Rheims und Bramly geht eindeutig hervor, dass die Autoren darin auch einen symbolischen Sinn sehen wollen. „*Blumen erblühten, obwohl tiefster Winter war*" heißt es dort in der Nacherzählung der Weihnachtsgeschichte. Ein beliebtes Motiv in vielen Weihnachtslegenden der Tradition. Ein kleines „Wunder" in der Natur weist auf das Wunder von Weihnachten.

Der Name der Stadt „Bethlehem" wurde schon von den Kirchenvätern mit „Haus des Brotes" übersetzt und als Hinweis darauf gedeutet, dass in Bethlehem einst das „Brot für die Welt" geboren werden sollte. In vielen alten Weihnachtsbildern stellen häufig Bündel von Ähren diesen Symbolzusammenhang her. Serge Bramly weiß auch um diese Deutung. Er schreibt: „*Das Kind ruhte auf einem Sack Getreide im Haus-des-Brotes, weil es selbst* **das vom Himmel gekommene Brot** *war*".

Da liegt es nahe, den Sack, auf dem Maria mit dem Kind in unserem Foto hockt, als Getreidesack zu deuten. Aber – Überraschung – es ist ein Sack Salz! Genauer: Auftausalz. Die erkennbare Beschriftung ist da ganz eindeutig. Und das ist ja nun wahrlich keine schlechte neue Symbolik. Dieses Kind ist das Ende der Eiszeit. Die Erde taut auf. Tauet, Himmel...

Ziemlich verspielt und unauffällig hat Bettina Rheims auch noch einige Engelchen im Bildraum verteilt. Aber eine Konstellation ist bestimmt keine Spielerei. Zwischen Maria und Josef sieht man im Hintergrund ein Engelchen auf dem Schoß eines Hirten. Die Haltung spielt eindeutig auf eine **Pietà** an, auf das Bild Mariens mit dem toten Christus auf dem Schoß. Hinweise auf Passion und Tod Jesu Christi sind ein fester Bestandteil aller „Inkarnationsbilder" (Verkündigung, Geburt, Anbetung etc.). Inkarnation und Passion, **Krippe und Kreuz**, gehören zusammen. Das wissen auch Rheims und Bramly. Sie variieren dieses Motiv ganz oft. Hier im Bild erscheint auch noch in dem dunklen Schatten des Vordergrundes ein Kreuz.

Ich breche hier ab. Es dürfte klar geworden sein: Die so platt-realistisch und vordergründig erscheinenden Fotografien sind voll mit wohl durchdachten, sinnvollen symbolischen Bezügen. Häufig originelle Übersetzungen, kluge Transformationen traditioneller Motive in unsere Lebenswirklichkeit, aus unserer Lebenswirklichkeit. Wenn Sie mich fragen: Da geht noch was!

Ich komme zu einem zweiten Problembereich. Ich möchte ihn überschreiben:

Das Problem der Ästhetik – Oder: Zu schön, um wahr zu sein?

Ohne Frage sind die Fotografien von Bettina Rheims von der Ästhetik der Mode und der Werbung geprägt. Sorgfältig gestylte männliche und weibliche Models, mit perfektem Make-up und kunstvollen Frisuren. Da liegt der Vorwurf nahe, die Bilder bedienten einen oberflächlichen Zeitgeschmack und präsen-

Geht da noch was?

Bettina Rheims / Serge Bramly, Die neue Eva I–III.

tierten allenfalls eine Light-Version des Lebens Jesu. Dem Ernst und dem Anspruch seiner Person würde eine solche Ästhetik nicht gerecht. Im Grunde genommen: Schöner Schein, Kitsch pur.

Ich finde, diese Vorwürfe sind nicht leicht zu entkräften. Schließlich ist die Ästhetik der Mode und der Werbung **das** Ausdrucksmittel der Fotografin. Das ist ihr Ding, das hat sie gelernt. Sie war selbst Model. Man kann ihr ja schlecht vorwerfen, dass sie ihr Metier beherrscht. Man könnte allenfalls diese Ausdrucksmittel, diese Sprache für gänzlich ungeeignet halten. Aber da tu ich mich schwer. Ich möchte daran erinnern, dass in der Geschichte der christlichen Kunst die „**Schönheit**" und die jeweils zeitgebundenen „Schönheitsideale" ein **zentrales Ausdrucksmittel** darstellten. Und wer sie bei Bettina Rheims verdammt, müsste erklären, warum er eine Madonna von Botticelli oder einen David von Donatello für gelungen hält. Und wir sollten uns vor Augen halten, dass die Schönheit in alter Kunst sehr entschieden als Hinweis auf das „Göttliche", auf eine „**überirdische**" **Wirklichkeit** verstanden wurde. In diesem Sinne war Schönheit eine geradezu notwendige „Konstante" der christlichen Kunst. Und Bettina Rheims setzt die „Schönheit" genau in diesem Sinne ein. Wir haben das gerade bei der „Anbetung der Hirten" schon gesehen.

Aber ich möchte dem Kitschvorwurf nicht nur mit dem Hinweis auf unsere eigenen Bildtraditionen entgegentreten. Ich frage, ich frage Sie: Ist denn wirklich **alles** in diesen Bildern „**very pretty**"? Ist dieses Urteil nicht selbst etwas oberflächlich?

Schauen wir auf ein weiteres Triptychon: **Die neue Eva I–III.** Im Mittelbild eine „Maria", ein „Brustbild" (Entschuldigen Sie die Zweideutigkeit des kunsthistorischen Begriffs), geprägt von traditionellen Ausdrucksmitteln: das geneigte Haupt (sie lauscht), eine Krone, ein goldenes Gewand, ein dreieckiger Gesamtumriss. Links und rechts davon zwei stehende, nackte Frauen, in einem heruntergekommenen, kahlen Raum, vor einer Tür, verriegelt und verrammelt. In verwitternder Goldschrift (rechts mehr, links noch weniger) steht darüber: PARADIS. Das ist Eva, einmal jung, einmal alt. Vor dem verlorenen Paradies: paradis perdu. Die Bildidee des Triptychons geht auf ein sehr altes Motiv der Marienfrömmigkeit der Kirche zurück. Man sah in Maria eine „neue Eva". Durch die „alte Eva" ging das Paradies verloren, kamen Schuld und Tod in die Welt, die „neue Eva" bringt den Erlöser zur Welt, der die Schuld nimmt. Diese „Wende" sah man auch noch in einem

Da geht noch was!

kleinen Wortspiel veranschaulicht: Wendet man den Namen EVA, wird daraus das AVE. Ave Maria!

Noch ein schönes Motiv und ein bildkräftiger Kontrast aus der Marienfömmigkeit lässt sich hier wieder erkennen: Hinter den beiden „Evas" sehen wir die verschlossenen Türen zum Paradies, zum „Himmel". Maria hingegen ist – Sie kennen die Formulierung vielleicht aus der Lauretanischen Litanei – die **ianua caeli**, die Himmelstür. „Du rufst uns aus dem Tränental und schließest auf des Himmels Saal", preist sie der alte Hymnus „Quem terra, pontus, sidera".

Sie mögen zu der Theologie, die den Ausgangspunkt diese Triptychons bildet, stehen, wie Sie wollen. Aber in den beiden „Evas" ist Bettina Rheims ein **Menschenbild** gelungen, dass ich – entschuldigen Sie bitte – **ergreifend** finde. Es berührt mich. Das ist jetzt das Los des Menschen, nachdem sich die Pforten des Paradieses geschlossen haben. Nackt und hilflos stehen wir in einer kalten, lebensfeindlichen Welt. Barfuß in den Scherben. Ab jetzt müssen wir uns auch die Hände schmutzig machen. Auf den Knien rutschen (Sehen Sie überall die Spuren von Sand und Staub?). Und das Schlimmste: Wir müssen sterben. Wir welken dahin. Vielleicht gelingt es uns, ein paar Scherben zusammenzuflicken, Würde und Stolz zu bewahren wie die „alte" Eva. Bevor wir die Augen schließen.

Die Schönheit muss sterben, die Schönheit ist verletzlich. Sie welkt. *Oriendo moriens* hat ein mittelalterlicher Dichter gleichnishaft von der Rose gesagt: Im Aufblühen steckt schon der Todeskeim. Das sehen wir. Wollen wir wirklich immer noch pauschal Bettina Rheims eine Ästhetik der puren Gefälligkeit vorwerfen? Eine Schönheit, die die Wirklichkeit verschleiert, die Wahrheit verbirgt? Nein, diese Bilder sind **nicht zu schön, um wahr zu sein.**

Ja, ist das denn Kunst?

Im Grunde ist das ja eine müßige Frage, ein Streit um Worte: Kunst oder nicht Kunst. Ich will aber doch irgendwie die Qualitätsfrage stellen. Ich könnte zunächst einmal auf das unbestreitbare handwerkliche und technische „Können" verweisen. Unter diesem Aspekt ist das hier **Fotografie auf höchstem Niveau**. Aber „Kunst" kommt ja nicht bloß von „Können". Mir imponiert auch die Intensität der inhaltlichen Auseinandersetzung. Bettina Rheims und Serge Bramly haben auch in diesem Sinne ihre Hausaufgaben gemacht. Es ist eine Freude für einen einigermaßen gebildeten Theologen, den Begleittext

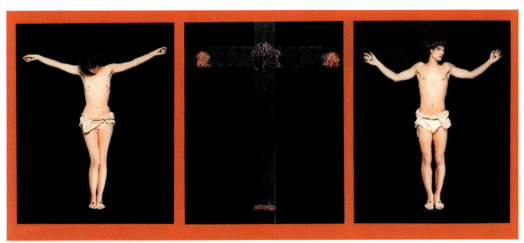

Bettina Rheims / Serge Bramly, Kreuzigung I–III.

141

Geht da noch was?

im Buch, den Serge Bramly geschrieben hat, zu studieren. Was der alles gelesen hat! Nicht nur die Bibel! Apokryphe Texte, Kirchenväter, mittelalterliche Theologen, jüdische Kabbala. Und Alles wird mit einer unaufdringlichen Leichtigkeit – mit manchmal verblüffender Naivität – neu erzählt. Allerdings: Erwarten Sie in dieser Nacherzählung nicht die „reine Lehre". Einem streng katholischen Dogmatiker oder Exegeten würden sich die Haare sträuben. Trotzdem – **Recherche: Sehr gut**. Und viele dieser Reflexionen und Erkenntnisse finden sich in Bildsprache verwandelt in den Fotografien von Bettina Rheims wieder. Und zwar nicht platt. Das ist für mich ein **entscheidendes Qualitätskriterium**: Die **Offenheit** und Vieldeutigkeit der Bildsprache. Um dies zu prüfen, möchte ich mit Ihnen auf ein letztes Bildbeispiel schauen.

Kreuzigung I–III. In der Mitte ein leeres Kreuz. Links und rechts eine Frau und ein Mann am Kreuz. Mit Lendenschurz und Dornenkrone. Die Frau mit vornüber geneigtem Haupt. Der Mann blickt mit erhobenem Haupt nach rechts. Alle Kreuze auf der Folie absoluter Dunkelheit. Aber die Gekreuzigten in hellem Licht.

Was soll das? Und: Muss diese Provokation sein? Eine halb-nackte Frau am Kreuz? Der Text zum Triptychon im Buch: *KREUZIGUNG. Sie haben den Menschensohn hingerichtet. Männer, Frauen, die gesamte Menschheit wurde an diesem Tage gekreuzigt*. Diese Aussage ist eine ganz alte Deutung des christlichen Kreuzes und seiner Heilsbedeutung. Christus trägt das Leid aller Menschen. Und überwindet es am Kreuz und durch das Kreuz. In diesem Sinne hat das schon Paulus für sich im Galaterbrief formuliert: *Ich bin mit Christus gekreuzigt worden, nicht mehr ich lebe, sondern Christus lebt in mir (Gal 2,19f.)*. Das „leere" Kreuz ermöglicht es, diese **Leerstelle zu besetzen**. Männer und Frauen können es auf sich beziehen: Mit Christus gekreuzigt, mit ihm auferweckt. Für die „Überwindung des Kreuzes", die „Auferstehung", stehen in den Fotografien die Unversehrtheit der Körper

von Mann und Frau, ihre „Schönheit" und ihre Erscheinung im Licht. Das Leiden am Kreuz wird – wie ich meine sogar sehr eindringlich – anschaulich in den Blutspuren am leeren Kreuz.

Ist das „leere" Kreuz aber nicht auch an sich schon ein Zeichen für die Auferstehung?

Oder ist der „Bildverzicht" in diesem zentralen „Gottesbild" – das ist die Darstellung des Gekreuzigten für die Christen – ein **Reflex des Gottesbildverbotes**? Oder kann ich den Verzicht auf die Darstellung eines zu Tode gequälten Menschen als wohl tuende Diskretion empfinden? Wo sonst die Medien nicht nah genug dran sein können am Leid der Menschen?

Egal wie: Insgesamt empfinde ich die Dunkelheit, die Leere und die Blutspuren als eine Herausforderung. Für den Glauben. Und den Zweifel. Mir fällt ein Gedicht von R. S. Thomas ein. Es heißt „In Church" und endet:

There is no other sound
In the darkness but the sound of a man
Breathing, testing his faith
On emptiness, nailing his questions
One by one to an untenanted cross.
Da ist kein andrer Laut
in der Dunkelheit als der Laut eines
Menschen, der atmet, seinen Glauben misst
an der Leere, seine Fragen nagelt,
eine nach der andern,
an ein unbewohntes Kreuz.

Der Mann und die Frau. Man kann sie auch in der Tradition der **Schächer** deuten, die mit Christus gekreuzigt wurden. Dem einen wurde verheißen: *Heute wirst du mit mir im Paradies sein*. Ich denke auch an Maria und Johannes unter dem Kreuz. Die werden in der mittelalterlichen Tradition als „**Mit-Leidende**" dargestellt. So wie hier. Es gibt auch ein Wort Jesu, das man hier veranschaulicht sehen kann: *Nehmt mein Joch auf euch und lernt von mir... Mein Joch drückt nicht, und meine Last ist leicht (Mt 11,29f.)*

Auch hier breche ich ab. Ich wollte zeigen: Die Bildsprache von Bettina Rheims ist offe-

Da geht noch was!

Bettina Rheims / Serge Bramly, Kreuzigung I.I.

ner und vieldeutiger, als man sie einem vordergründig „platten" Medium zutraut. Man muss nur bereit sein, sich darauf einzulassen.

Dann geben diese Bilder dem Glauben etwas.
Zu sehen.
Und zu denken.

Geht da noch was?

Die gehören doch gar nicht zur Firma – Eine Schlussreflexion

Ich habe es eingangs schon angedeutet: Bettina Rheims und Serge Bramly sind jüdischer Herkunft, sind keine „Christen". So weit man eine solche Aussage überhaupt machen kann. Salopp ausgedrückt: Sie gehören nicht zu unserer Firma. Sie wollen bestimmt nicht einen „Dienst am Wort" im Sinne christlicher Verkündigung oder gar eines dogmatisch richtigen Schriftverständnisses leisten. Vielleicht wollten sie einfach nur „gute Arbeit leisten", eine gute Fotoserie machen. Und dafür brauchten sie eine gute Story. Sie selbst nennen ihr Thema „die erregendste Geschichte der Welt". Was fangen wir mit solchen Leuten an?

In einer kleinen Episode aus dem Leben Jesu begegnen wir einem ähnlichen Problem. Da kommen die Jünger zu Jesus und beschweren sich: Da sind Leute, die treiben in deinem Namen Dämonen aus (zu Deutsch: Sie heilen Kranke im Namen Jesu). Aber die wollen nicht zu uns gehören. Was antwortet Jesus? Lasst sie doch. *Denn wer nicht gegen uns ist, ist für uns (Mk 9,40).*

Im Jahre 1996 – Rheims und Bramly arbeiteten gerade an ihrem Projekt – war auch der heilige Vater in Frankreich. Er hat natürlich viele wichtige Dinge gesagt. Zitieren möchte ich aber nur ein paar Worte aus einer Predigt, die er – wie schön – in Reims gehalten hat:

Die Kirche ist immer eine Kirche der Gegenwart. Sie betrachtet ihr Erbe nicht als den Schatz einer überholten Vergangenheit, sondern als eine kraftvolle Inspiration, um die Pilgerreise des Glaubens **auf immer neuen Wegen** *voranzutreiben.*

Bei diesem Programm, die Kirche zu einer Kirche der Gegenwart zu machen, können wir jede Hilfe gebrauchen. Gerade auch, wenn wir *neue Wege* suchen. Ich kann da nur sagen: Herzlich willkommen, Bettina Rheims und Serge Bramly.

Literatur
Die deutsche Ausgabe des Fotozyklus ist im Münchener Gina Kehayoff Verlag erschienen: Bettina Rheims/Serge Bramly, I.N.R.I.. München 1998.

Ein Fleisch?
Paare in der Kunst

Ich gehe gerne zu Hochzeiten. So eine kirchliche Trauung: Das hat was! (In den Kreisen, in denen ich mich bewege, kommt sie noch vor.). Keine Sorge: Meine Rührung hält sich in Grenzen. Aber die Berührung – die geht durch und durch. Das geht mich an, was da geschieht. Die Erinnerung durchfährt mich wie eine neu gewonnene Erkenntnis: So ist es. So war es und so soll es sein.

Ähnlich könnte es werden bei dem kleinen Gang durch die Geschichte der Kunst, den ich vorhabe. Bilder von „Mann und Frau" werden zu besichtigen sein. Sicher ein bedeutendes Bildthema – aber doch nur eins unter anderen. Bei den „Paaren" der Kunstgeschichte könnte allerdings die übliche „historische Distanz" ausbleiben. Über die trennenden Gräben von Zeiten und Kulturen hinweg kommt uns manches bekannt vor. Ja, hier können wir mitreden.

Mit Dejàvu-Erlebnissen darf also gerechnet werden. Das Schöne dabei ist: Im Medium des Bildes, im historischen Kostüm erscheint das Vertraute und hinreichend Bekannte doch auch anders, so anders, dass es auf neue Weise er-kannt und ein-gesehen wird. Das Bild wirkt und gewinnt Wirklichkeit. Sehnsüchte werden wach – oder vielleicht auch unliebsame Erinnerungen. Ich fühle mich bestätigt – oder ertappt. Auf jeden Fall: Wir verstehen uns.

„Ein Fleisch?" habe ich das Ganze überschrieben. Der Anklang an die paradiesische Verheißung für das erste und alle weiteren Menschenpaare – „und sie werden ein Fleisch" (Gen 2,24) - ist nicht wegen des frommen Anstrichs gewählt. Ich höre die biblische Formulierung durchaus mit gemischten Gefühlen. (Deswegen das Fragezeichen.) **Ein** Fleisch. Wie schön, für einander bestimmt zu sein: Harmonie und Gemeinschaft, Verlässlichkeit und Treue. Zwei, die „ein Herz und eine Seele" sind. Aber die Kehrseite solcher Symbiose kann ich unmöglich ausblenden: Fixiertsein, Abhängigkeit, Unfreiheit. Wieviel Unheil ist möglich, wenn das „Ich" im „Wir" völlig verschwindet! Oder wenn zwei von einander nicht lassen können, ineinander verstrickt sind und verschlungen bis zur finalen Strangulation.

Und auch das Wort „Fleisch" verheißt nicht unbedingt Gutes. Fleisches Lust ist ja nicht nur lustig. Verwesen und Verderben sind dem Fleisch bestimmt: „Alles Fleisch ist wie Gras" (Jes 40,6); zudem ist das Fleisch bekanntlich schwach. Nicht von ungefähr folgt der Verheißung „Ein Fleisch" der Sündenfall der Menschen auf dem Fuße. Es ist wirklich nicht so einfach mit dem „Einssein" von Mann und Frau; und offensichtlich ist der Schöpfungsbericht da ganz illusionslos.

Ein Fleisch: Die Beziehung von Mann und Frau zwischen Verheißung und Verhängnis, zwischen Erfüllung und Entfremdung, zwischen Himmel und Hölle, Leben und Tod. Diese Spannung wird in den Bildern, die ich vorstellen möchte, zu erkennen sein. Ich habe mir allerdings erlaubt, in meiner Auswahl die „Verheißung" ein wenig überwiegen zu lassen. (Ich will nicht behaupten, dass sei realistisch. Aber es baut auf.) Und so will ich auch beginnen.

Traumpaare

Ich gestehe: Ich finde dieses Bildwerk hinreißend; es zeigt das gelungene Miteinander von Mann und Frau als Selbstverständlichkeit und mit geradezu spielerischer Leichtigkeit. Man könnte fast neidisch werden.

Da liegen zwei auf einem Ruhebett, mit aufrechtem Oberkörper. Der Ausdruck von Entspannung und Ruhe verbindet sich mit lebhaften Gesten und aufmerksamen Gesichtern. Die beiden scheinen Alltag und Feiertag, Tätigkeit und Muße gleich gut zu beherrschen.

Wenn Bilder zu Wort kommen

Etruskischer Sarkophag, 2. Hälfte des 6. Jahrhunderts vor Christus. Rom, Villa Giulia.

Der Mann stützt sich selbst – auf dem Ellenbogen – und zugleich seine Frau, die sich bei ihm anlehnen kann. Aber nur ganz leicht und locker, die Frau hat in sich selbst genügend Kraft, um aufrecht zu sitzen. Und der Mann findet auch bei ihr Halt, locker liegt seine sprechende Hand auf der Schulter der Frau. Die beiden sind sich selbst sicher und einander auch.

Ohne Frage sind Mann und Frau hier ganz schön nah beieinander; sie „stecken unter einer Decke" und haben es warm. Und doch sind sie auch ausgeprägte Individuen mit ganz unterschiedlichen Gebärden, die sich frei entfalten können. An diesen Gesten können wir übrigens gut sehen, dass die beiden nicht bloß mit sich selbst beschäftigt sind. Sie sind offen für andere, sind in Gesellschaft, im Gespräch. Wir dürfen sie uns wohl inmitten einer Tischgemeinschaft vorstellen. Der schöne sprachliche Zusammenhang von „Mahl" und „Vermählung": Hier können wir ihn anschauen.

„Hierarchische" Probleme scheint das Paar nicht zu haben. Zwar überragt der Mann die Frau ein wenig, dafür ist sie seine Vor-Gesetzte. Individualität und Gemeinschaft, Freiheit und Bindung, Zuwendung und Öffnung, Gleichberechtigung: Das klingt alles nach modernen Idealen. Oder auch nach vorbildlicher christlicher Ehe. Da ist es kaum zu glauben, dass das Werk 2500 Jahre alt sein soll. Und etruskisch! Ich darf noch hinzufügen: Es handelt sich nicht um einen einmaligen, besonders geglückten Geniestreich. Dieses etruskische Paar folgt einer Bildformel, die vielfach ganz ähnlich wiederholt worden ist. Sozusagen „kanonisch" ist für die etruskische Kunst. Genauer gesagt: Die Sepulkralkultur. Denn beinahe hätt' ich's vergessen: Wir schauen uns die ganze Zeit ein Grab an. Die beiden, die sich da so lebendig präsentieren, sind tot.

Nun haben wir noch mehr Stoff zur Nachdenklichkeit. Wer will, kann hier ein vorchristliches Glaubensbekenntnis erkennen. Zum Einssein über die irdischen Grenzen des Lebens hinweg. Im Tod und über den Tod hinaus: Unzertrennlich. Ebenso nahe liegt aber auch eine Deutung als Memento. Hier scheint die Vergänglichkeit irdischen Glücks auf, sicher auch im Sinne der Mahnung, das Leben – in der ehelichen Gemeinschaft ebenso wie in der Gesellschaft – zu gestalten und zu genießen. Weil dieses Leben vergeht, ist es so kostbar und wertvoll. Das etruskische Paar drückt hier eine „Weisheit" aus, die Jahrhunderte später der biblische Prediger (Koh 9,7-9) so unübertroffen formuliert hat:

Also: Iss freudig dein Brot, und trink vergnügt deinen Wein ...
Trag jederzeit frische Kleider, und nie fehle duftendes Öl auf deinem Haupt.
Mit einer Frau, die du liebst, genieß das Leben alle Tage deines Lebens voll Windhauch,
die er dir unter der Sonne geschenkt hat, alle deine Tage voll Windhauch.
Denn das ist dein Anteil am Leben und an dem Besitz,
für den du dich unter der Sonne anstrengst.

Als Christenmensch fühle ich mich durch das etruskische Paar zur Bescheidenheit ermahnt: Wir haben die Ehe nicht erfunden. Es

Ein Fleisch? Paare in der Kunst

gibt offensichtlich Gemeinsamkeiten in der Gestaltung menschlichen Lebens, Vorstellungen und Ideale, die Zeiten und Kulturen übergreifen. Die biblischen Schöpfungsberichte sehen diese Konstanten im Willen des Schöpfergottes begründet: Der Mensch, erschaffen als Frau und Mann. Und sie werden ein Fleisch.

* * *

Es ist schon erstaunlich, wie problemlos wir bei unserem Thema fast zweitausend Jahre überspringen können, ohne den Faden zu verlieren. Auch diese beiden – der Ritter und die „frouwe" – haben es denkbar gut miteinander. Von allen Miniaturen der Manessischen Handschrift - die umfangreiche Sammlung mittelalterlicher Gedichte ist mit etlichen „Minne"-Bildern geschmückt – ist diese vielleicht die Schönste. Mir gefällt sie insbesondere deswegen so gut, weil hier von „hoher Minne" nicht die Spur zu sehen ist, von jenem merkwürdigen Ideal, wo die Herrin (die „frouwe") den Mann erzieht, „um aus dem Naturwesen Mann das Kulturwesen Ritter" zu machen. (Vielleicht ist diese „Minne" sowieso mehr ein Konstrukt der Altgermanisten). Hier wird nicht erzogen, hier wird ganz ungezwungen geschmust. Die Frau ist auch nicht unerreichbar (wie im Ideal der „Hohen Minne"), sondern denkbar nah. Anders als beim etruskischen Paar ist diese Beziehung von Mann und Frau exklusiv; sie sind ganz ineinander versunken und dabei hellwach. Entspannt hat sich der Ritter in den Schoß der Geliebten zurückgelehnt, locker ruht sein linker Arm auf dem Oberschenkel der Frau, die ihn zärtlich mit der Rechten am Hals umfängt, während die Linke „ihm zu Herzen geht". Sie braucht ihn nicht festzuhalten, zwanglos und frei-gebig im Wortsinn ist diese Beziehung. Ich vermute mal: Verheiratet sind die nicht. Die Körpersprache drückt eindringlich Grundgesten der Liebe aus: Sich Öffnen und Hingeben, Zu-Neigung und An-Ziehung. Ich habe den Eindruck, einer „intimen" Szene zuzuschauen, die nicht auf das Sexuelle enggeführt ist. Vielleicht dürfen wir hier den

Herr Konrad von Altstetten. Aus dem Codex Manesse (Seite 249v), um 1310/40. Heidelberg, Universitätsbibliothek.

Glücksfall veranschaulicht sehen: Eros – Faszination und Verlangen nach dem Einswerden – und Liebe, die frei sich gibt und die Hingabe des anderen als Geschenk annimmt.

Und dann ist da noch dieser Falke. Schon ein kleiner Störfaktor. Einen symbolischen Sinn zu vermuten liegt nahe. Die „Treue" wird bisweilen vorgeschlagen; oder der „Mut" des Ritters (der hier allerdings ganz unkriegerisch und wehr-los im besten Sinne gezeigt wird) soll im Falken dargestellt sein. Auch das „Zähmen" des Falken kann sinnvoll auf das Bildthema bezogen werden: *Wip unde vederspil diu werdent lihte zam*, hat „Der von Kürenberg" gedichtet: *Frauen und Falken, die lassen sich leicht zähmen*. Der Kürenberger hat eines der berühmtesten und ältesten Lieder des Codex Manesse geschrieben. Hier ist der Falke zentrales Bild:

Wenn Bilder zu Wort kommen

Ich zoch mir einen valken mere danne ein jar,
do ich in gezamete als ich in wollte han
und ich im sin gevidere mit golde wol be-
want,
er huop sich uf vil hohe und floug in ande-
riu lant.

Gottfried Keller hat in der ersten seiner „Züricher Novellen" („Hadlaub") der Entstehung der Manessischen Handschrift ein literarisches Denkmal gesetzt und die Verse des Kürenbergers ins Neuhochdeutsche übertragen:

Ich zog mir einen Falken länger als ein Jahr.
Und da ich ihn gezähmet, wie ich ihn wollte
gar,
Und ich ihm sein Gefieder mit Golde wohl
umwand
Stieg hoch er in die Lüfte, flog in ein anderes
Land.

In Sinne dieser Verse spricht der Falke – so scheint mir – auch von der Endlichkeit und der Vergänglichkeit in der Beziehung von Mann und Frau, von Treulosigkeit und „vergeblicher Liebesmüh". Übrigens lässt das Bild völlig offen, ob wir die Symbolik des „davon fliegenden" Falken auf den Mann oder die Frau beziehen sollen. So ist das Leben: Man weiß nie ...

Ja, der Duft der Liebe verflüchtigt sich leicht. Der Rosenstrauch im Bild redet auch in diesem Sinne ein symbolisches Wörtchen mit. Seine Knospen und Blüten sind nicht bloß ornamentales Rankenwerk und natürlich zu allererst Ausdruck der „blühenden" Liebe und ihrer Schönheit, sie sprechen („rot") von Wärme und Glut, von Herz und Blut. Aber eben nicht nur. Eines der meist zitierten mittelalterlichen Gedichte hat die Rose zum Thema. Alain de Lille (Alanus ab insulis, 1128-1202) hat es geschrieben. In der ersten Strophe wird dazu ermuntert, in allen Erscheinungen der Wirklichkeit Gleichnisse und Spiegelbilder zu sehen:

Omnis mundi creatura/
quasi liber et pictura/
nobis est in speculum ...,

um dann auf die Rose zu sprechen zu kommen: *nostrum statum pingit rosa* – unseren Stand, unsere Bestimmung malt die Rose. Die ersten Zeilen der Kernstrophe lauten dann:

Ergo spirans flos expirat,/
in pallorem dum delirat,/
oriendo moriens ...
Todeshauch im Lebensatem,
irres Blühen im Verblassen,
werdend will sie schon vergehn ...

Pflücke die Rose, eh' sie verblüht! Die Weisheit des Volksliedes kann nicht einfach als sentimentaler Kitsch abgetan werden: Die Rose ist ein vielschichtiges Symbol und hat nicht nur „schöne Seiten". Dazu passt eine letzte Beobachtung: Die sich verzweigende blühende Rosenranke in unserem Bild hat auch einen scharf abgeschnittenen Stumpf. Die Miniatur preist die Schönheit der Liebe zwischen Mann und Frau – und weiß von Vergeblichkeit, Vergehen und Tod.

* * *

Noch einmal: Ein „Hoch" auf die Liebe und das Leben. Der Meister selbst hat das Glas erhoben und prostet uns zu. Auf dem Schoß sitzt seine junge Frau. **Rembrandt und Saskia.** 1636 ist das Werk entstanden, zwei Jahre nach der Hochzeit. Die beiden haben wirklich Grund zu feiern, der dreißigjährige Maler und seine fünf Jahre jüngere Frau. Saskia war eine glänzende Partie, und Rembrandt gehörte nun endgültig zu den ersten Kreisen in Amsterdam. Die Mitgift konnte sich sehen lassen – und Rembrandts Ansehen als Maler war ohnehin exzellent; er verlangte – und erhielt – fürstliche Honorare, bekam Aufträge von allerhöchster Stelle: Er arbeitete in diesen Jahren an einem Passionszyklus für den Prinzen von Oranien. Da muss man die Selbstsicherheit nicht spielen: Man lässt sich kaum stören, schaut den Betrachter nur kurz herausfordernd an, dann wendet man sich wieder der Hauptsache zu. Freut euch des Lebens!

Wer meinen Überlegungen zu den ersten Bildern aufmerksam gefolgt ist, ahnt schon: Auch hier hat die Sache einen Haken. Es mag dem unbefangenen Blick zwar zunächst nicht einleuchten, aber dieses Doppelporträt des

Ein Fleisch? Paare in der Kunst

Rembrandt, Selbstbildnis mit Saskia, 1636. Dresden, Gemäldegalerie Alte Meister.

Malers und seiner Frau inszeniert ganz eindeutig eine Episode aus einem bekannten biblischen Gleichnis: Der verlorene Sohn verprasst sein Erbe im Bordell.

Ein beliebtes Thema in der holländischen Kunst des 17. Jahrhunderts! Mit der Zeit hat sich ein bestimmtes Darstellungsschema für das Thema herausgebildet. Der „verlorene Sohn" ist ein Junker mit prächtigem Federhut; er trägt oft ein Schwert, liegt in den Armen einer Dirne - oder sie sitzt auf seinem Schoß; man erhebt das Glas. Wenn man sol-

Wenn Bilder zu Wort kommen

che Bilder sieht, liegt der Schluss nahe: Die biblische Geschichte ist ein bloßer Vorwand, um ein üppiges Leben detailreich zu entfalten. Ein ordentliches Gelage, leicht bekleidete Mädchen, prickelnde Erotik: Wein, Weib und Gesang. Mag sein, dass Sinnen- und Augenlust das Hauptmotiv dieser Bilder sind. Aber man sollte nicht vergessen, dass für das barocke Lebensgefühl auch das Bewusstsein der Vergänglichkeit alles Weltlichen bestimmend war. „Du siehst, wohin du siehst, nur Eitelkeit auf Erden", hat Andreas Gryphius dem alttestamentlichen Prediger (Koh 1,2) nachgedichtet. Die Menschen in Holland, dem Wirtschaftswunderland des 17. Jahrhunderts, haben allerdings aus dem Bewusstsein der Vergänglichkeit der Welt und ihrer Güter nicht den Schluss der Weltverachtung gezogen, sondern sich für das „Nunc est bibendum", für den bewussten Genuss der Gegenwart entschieden. Das Motiv „Der verlorene Sohn bei den Dirnen" ist also nicht leicht einzuordnen; sein Sinn schwankt zwischen einem moralisierend erhobenen Zeigefinger und unbekümmerter Sinnenlust oder gar Frivolität.

Rembrandt nimmt hier also dieses vorgegebene Bildschema auf. Wie aber kommt der Maler dazu, sich selbst als „verlorenen Sohn" darzustellen? Und seine Frau zudem als Dirne? Wir wollen uns vor allzu viel Dramatisierung hüten. Rollenporträts waren damals nichts Ungewöhnliches. Aber diese „Verkleidung" nur achselzuckend hinzunehmen - na und? - scheint mir auch zu wenig. Denn das Bewusstsein der Vergänglichkeit von irdischem Ruhm, Glück und Reichtum, das man in diesem Bild ausgedrückt finden kann, hat für Rembrandt und Saskia geradezu etwas Prophetisches: Sechs Jahre später ist Saskia tot; sie erholt sich nicht mehr von der Geburt des vierten Kindes (Von den vier Kindern erreicht nur eines das Erwachsenenalter: der Sohn Titus.). Rembrandt verliert zusehends sein Vermögen, Pfauenpastete kommt nicht mehr auf den Tisch.

Wir schauen hier auf eine Selbstdarstellung des ehelichen und gesellschaftlichen Glücks, aber in der Maskerade des biblischen Gleichnisses vom „Verlorenen". Ob dies Anlass sein kann, dem Maler dunkle Vorahnungen zuzutrauen, weiß ich nicht. Aber wir können das Menetekel nicht übersehen.

Geregelte Verhältnisse

Die Ehe ist eine ernste Angelegenheit. Strenge und Feierlichkeit dominieren im Ausdruck dieses Meisterwerkes der frühen niederländischen Malerei. Auf uns wirkt diese „Steifheit" eher befremdlich. Erwin Panofsky, der große Meister der Kunstgeschichte im 20. Jahrhundert, glaubte feststellen zu können, das Bild verherrliche das Sakrament der Ehe. Aus unserer „modernen" Sicht werden wir dem Werk eine solche Reklamewirkung absprechen können. Aber schon der Maler selbst hat einige „Hintergründigkeiten" eingebaut, die - gelinde gesagt – vieldeutig sind. Den konvexen Spiegel an der Rückwand rahmen 10 Szenen mit der Passion Christi. Und die Statue auf der Stuhllehne neben dem Bett ist die heilige Margarete, die sich mit dem Drachen abplagt. Ist das alles nur Frömmigkeit und hohe Theologie: Margarete als Schutzheilige der Gebärenden und das christliche Leben – auch in der Ehe – als „imitatio Christi"? Oder zumindest auch ein augenzwinkernder Kommentar, wie er bei den frühniederländischen Meistern gar nicht so selten vorkommt? Es fällt auf jeden Fall nicht schwer, ein so reich symbolisch instrumentiertes Kunstwerk ein wenig gegen den Strich zu lesen. Dann fällt eben auch auf, dass unter dem „Drachen" der guten Grete ein Handfeger hängt. Und über den so bedeutungsschwer ineinandergelegten Händen der Eheleute Arnolfini auf dem Kniebankpfosten ein Monster bedrohlich grinst: Wenn das mal gut geht! Schließlich ist auch der Hund, der die eheliche Treue symbolisieren soll, nicht sehr stattlich geraten. Eher ein Hündchen.

Kehren wir zu unserem ersten Eindruck zurück: Die Ehe ist eine ernste Angelegenheit. Und sie ist auch kein „weltlich" Ding. Zumin-

Ein Fleisch? Paare in der Kunst

Jan van Eyck, Arnolfini-Hochzeit, 1434. London, National Gallery.

Wenn Bilder zu Wort kommen

dest nicht nur. Das soll in diesem Bild dokumentiert werden. Nach dem Willen der Auftraggeber. Ich darf vorstellen: Der Tuchhändler Giovanni Arnolfini, wohnhaft und tätig in Brügge (erstes Haus am Platze), gebürtig aus Lucca. Und seine Frau Giovanna, geborene Cenami, ebenfalls aus einer Luccheser Kaufmannsfamilie.

Sie treten vor Zeugen auf. Zwei – wie sich das gehört. Einer von ihnen: Der Maler Jan van Eyck. Der dokumentiert seine Zeugenschaft nicht nur durch sein Bild. Sondern darüber hinaus durch eine in dieser Form in der Kunstgeschichte wirklich einzigartige Signatur. (Mit dem schönen Problem: Steht die Schrift auf dem Bild oder auf der Wand in dem Bild). Über dem Spiegel steht – in schönster Kanzleischrift, ganz amtlich – *Johannes de eyck fuit hic*. 1434. Jan van Eyck war hier. Das kriegen wir nicht nur schriftlich, sondern der Maler zeigt sich auch im Spiegel an der Rückwand. Da sehen wir logischerweise das Paar von hinten und van Eyck zusammen mit dem anderen Zeugen diskret in der Tür stehen.

Dokumentiert, bezeugt, wird die Eheschließung. Die ineinandergelegten Hände der Eheleute veranschaulichen ihre Verbindung, das „Eheband", die erhobene Schwurhand des Mannes unterstreicht das Gelöbnis, das Versprechen, eine christliche Ehe zu führen. Denn das ist unübersehbar: Hier wird ein christliches Eheverständnis in Szene gesetzt, in einer Vollständigkeit, die kaum Wünsche offen lässt. Ein Priester darf hier ruhig fehlen; denn das habe ich schon in der Volksschule gelernt: Das Sakrament der Ehe „spenden" sich Mann und Frau gegenseitig. Und die mangelnde Erfüllung der Formpflicht – wenn der Priester als qualifizierter Zeuge fehlt – wird man 1434, also vor dem Konzil von Trient mit dem „Decretum Tametsi" (1563), auch nicht beanstanden dürfen.

Der Priester wird auch nicht gebraucht, um über die christliche Ehe zu predigen. Das macht das Bild mit seinen Mitteln, insbesondere mit dem schon erwähnten Symbolreichtum, eine Spezialität der frühen niederländischen Malerei, die Erwin Panofsky mit dem

Begriff „disguised symbolism" zu charakterisieren versucht hat. Der „verkleidete Symbolismus" unterlegt den ganz alltäglich erscheinenden Dingen, profanen Gegenständen, irdischer Materie einen tieferen, oder besser: höheren, meist christlich-religiösen Sinn und kompensiert so den Mangel einer „realistischen" Malerei an „direkteren" Kennzeichnungen der Transzendenz wie Goldgrund und Heiligenschein. So wird das Heilige geerdet und Göttliches im Weltlichen sichtbar gemacht. Konkret für unser Bild: Das gutbürgerliche Schlafzimmer der Arnolfini ist reichlich sakrales Gelände. Das Bild setzt in Szene, was ein neueres „Handbuch der Dogmatik" treffend über die Ehe nach katholischem Verständnis sagt: „Bei keinem Sakrament sind weltliches Handeln und Glaubenszeichen so ineinander verflochten. Die Ehe wird nicht entweltlicht, zu einem höheren Zweck umgewidmet, sondern die weltliche Ehe wird als solche zum Ort Gottes" (Franz-Josef Nocke).

Fangen wir mit dem Segen von oben an. Exakt in der Mittelachse des Bildes hängt ein kunstvoll gearbeiteter Kronleuchter; er scheint sich hineinzusenken in die „Verbindung", die hier Mann und Frau eingehen und die sie durch die ineinandergelegten Hände gestisch bezeichnen. Nur eine Kerze brennt auf dem Leuchter – und so dürfen wir annehmen, dass hier das eine Licht veranschaulicht werden soll, das den christlichen Lebensweg – auch in der Ehe – beleuchten soll: Jesus Christus. Mit Kerze und „Kron"-leuchter werden im übrigen althergebrachte Zeichen der Hochzeitszeremonie aufgenommen: Brautkrone und Brautkerze.

Wenn neben dem Spiegel links ein Rosenkranz und rechts der schon erwähnte kleine Besen hängt, so dürfen wir daraus den Hinweis entnehmen, dass nicht nur das klösterliche Leben von „Gebet" und „Arbeit" geprägt sein soll. Zum Beten und Betrachten lädt natürlich besonders die Kniebank vor dem Spiegel – recht bequem mit Kissen und Überzug ausgestattet- ein. Ich habe schon angedeutet, dass hier ein komplettes theologisches Lebensprogramm installiert ist. Hier sollen die

Ein Fleisch? Paare in der Kunst

Stationen des Leidens Christi betrachtet und darin das eigene Leben gespiegelt werden – und natürlich soll auch umgekehrt dieses irdische Leben Christus widerspiegeln, Nachfolge, „imitatio Christi", sein. Dieses „Spieglein an der Wand" dient also nicht der Befriedigung irdischer Eitelkeiten.

Dass die Kniebank und das prachtvolle Himmelbett hinter der Braut durch dieselben roten Bezüge verbunden werden, wollen wir nicht weiter bedenken. Aber das „Bett" ist konstitutiver Bestandteil der Ehe, und wozu es da ist, deutet das hochgeraffte grüne Oberkleid der Braut diskret an. Es entsteht so eine Leibeswölbung, eine Vorahnung „guter Hoffnung" auf Nachkommenschaft, die - nach Augustinus - die primäre Legitimation des ehelichen Aktes darstellt.

Wohnen wir also dem Augenblick bei, wo aus der geschlossenen Ehe nun auch eine vollzogene werden soll: *matrimonium ratum et consummatum*? Die Pantoffeln haben die Eheleute schon ausgezogen, links unten stehen die des Mannes in der Ecke, während die Schühchen vor der Kniebank darauf hindeuten, dass die junge Frau noch ein Gebet gesprochen hat, bevor sie ins Bett steigt. Nun sollten auch wir uns diskret zurückziehen. Nicht ohne den Hinweis, dass die ausgezogenen Schuhe auch anzeigen, dass wir nicht bloß ein Schlafzimmer verlassen. Siehe Ex 3,5. Dieser Ort ist „heiliger Boden".

* * *

Diese Ankunft auf dem Lande wird keine heiteren Empfindungen hervorrufen. Im Gegenteil: Jetzt wird's wirklich ernst! Obwohl... Es könnte auch sein, dass wir ein Schmunzeln nicht ganz unterdrücken können. Das wird das Paar nicht besonders beeindrucken. Und der strenge Blick des Farmers wird uns rasch wieder zur Ordnung rufen. „Ländlich-sittlich" steht ihm auf der hohen Stirn geschrieben. Das hochgeschlossene Kleid seiner Angetrauten mit dem blütenweißen Kragen lässt auch keine Anzüglichkeiten zu. Allerdings: viel zu verbergen hat es nicht.

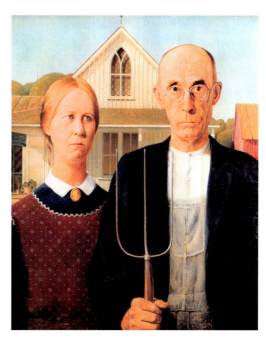

Grant Wood, American Gothic, 1930. Chicago, Art Institute.

Ich merke gerade, wie ich mich im Ton vergreife. Ironie ist hier fehl am Platze. Das vielleicht Irritierendste an diesem Bild ist, dass es völlig ernst gemeint ist. Satirische Absichten liegen dem Maler auf jeden Fall fern. Grant Wood (1891-1942) ist der bekannteste Vertreter einer Entwicklung in der amerikanischen Malerei der Depressionszeit, die den vielen „Ismen" der modernen Kunst einen weiteren hinzufügte, oder besser entgegensetzte: den Regionalismus. Krisenbewältigung durch Regression, könnte man böse sagen. Gerechter wäre es, dieser anti-modernen Rückbesinnung auf traditionelle Werte und Normen, auf das „einfache" Leben, vorzüglich das Landleben die „aufbauende" Wirkung nicht abzusprechen. Vertrauen, Trost, Orientierung: Diese Kunst hatte etwas zu bieten, was nicht an sich schon unanständig ist. Und die Botschaft kam an. Grant Woods „American Gothic", sein bekanntestes Bild, wurde bei seiner ersten Ausstellung im Art Institute of Chicago preisgekrönt – satte 300

Wenn Bilder zu Wort kommen

Dollar gab es – und machte den Maler mit einem Schlag berühmt. Und das Farm-Haus im Hintergrund – 1880 errichtet – existiert heute noch und ist ein beliebtes Touristenziel in Eldon, Iowa. Going back to Iowa: Die meistzitierte Selbstäußerung des Malers ist ein Bekenntnis in diesem Sinne: *I realized that all the really good ideas I'd ever had came to me while I was milking a cow. So I went back to Iowa.*

Zurück nach Iowa, zurück zum Bild. Das Paar wird uns nicht bei der geistig so inspirierenden Tätigkeit des Kühemelkens vorgestellt. Die Arbeit ist unterbrochen, Haus und Kleidung sind blitzsauber, das Haar – soweit vorhanden – gebändigt und der Scheitel exakt gezogen. Sogar die Mistgabel glänzt. Eine strenge Feierlichkeit breitet sich aus, die vom Alltäglichen nicht geschieden ist, sondern es zu durchdringen scheint. „Realsymbol" dieser Einheit ist das spitzbogige „gotische" Fenster im Giebel des Hauses, das dem Bild seinen Titel gegeben hat. Sein schlichtes „Maßwerk" kann auch als Metapher für das Paar gedeutet werden: Seine Unterteilung in zwei kleinere Spitzbögen, die vereinigt werden, vereinigt durch ein Kreuz. Hier kommt uns manches bekannt vor: Das Bild – gerade auch mit der Spannung von Sakralität und Alltag – lässt eine „Arnolfini-Hochzeit" im mittleren Westen stattfinden.

Ich wiederhole: Die strenge Bildordnung, die klinische Sauberkeit, die Unsinnlichkeit, die uns so wenig für das Paar einnimmt, die uns als Ausdruck von Engherzigkeit und Starrsinn, Freudlosigkeit und Puritanismus erscheint, ist keine Überzeichnung mit satirischen Absichten, sondern im Gegenteil eine Idealisierung. Grant Wood hat hier seine Schwester und seinen Zahnarzt porträtiert und als Farmerpaar verkleidet. Der Maler sagt selbst: *Ich habe versucht, sie absolut ehrlich zu charakterisieren, sie sich selbst ähnlicher zu machen, als sie es im wirklichen Leben sind ... Für mich sind sie im wesentlichen gute und gediegene Menschen.*

Vielleicht lohnt es sich, die „guten Absichten" des Malers einmal ernst zu nehmen und ihm – und den dargestellten Menschen – Gerechtigkeit widerfahren zu lassen. Mir scheint es zumindest den Versuch wert. Dann sehe ich hier ein älteres Paar – sie aber wohl deutlich jünger – das zusammengehört und zusammensteht, das seinen Platz in der Welt behauptet, kaum zu erschüttern, sichtlich bereit, jeder Anfeindung und Störung entgegenzutreten. Mit einer Wehrhaftigkeit ganz eigener Art. Die Mistgabel ist da schon eine besondere Waffe, wie ich finde, mit einer vielschichtigen Symbolik. Charlton Heston würde dem Mann vielleicht Revolver und Gewehr in die Hand drücken wollen. Die Mistgabel ist dagegen eher eine Variante der alttestamentlichen Friedensverheißung: „Schwerter zu Pflugscharen!" (Jes 2,4; Mi 4,3). Die Verteidigungsbereitschaft des Paares bekommt so etwas entschieden Pazifistisches, auch Rührendes. Vielleicht ist der „Gegner", dem sie entgegentreten, übermächtig. „David" gegen „Goliath"? „Du kommst zu mir mit Schwert, Speer und Sichelschwert, ich aber komme zu dir im Namen des Herrn" (1 Sam 17,45). Die „Waffe" unseres Mannes ist Ausdruck einer inneren Stärke. Sie ist ihm formal eingeprägt: In den Nähten seines verblichenen Blaumannes und in den tiefen Furchen seiner Wangen. Auf diese Stärke darf sich seine Frau verlassen. Und sie durch einen züchtigen Hauch von Liebreiz ergänzen. Eine Locke hat sich aus ihrem streng gebundenen Haar geflüchtet. Und ein bisschen Schmuck ist auch erlaubt. Die Brosche am Kragen. Wahrscheinlich ein Erbstück.

Abgründe

Launig sind diese „Launen" nicht. Als Goya 1799 eine Reihe von 80 Druckgrafiken unter der Überschrift „Los Caprichos" veröffentlichte, wollte er vielleicht die enorm gesellschaftskritische – und auch kirchenkritische – Spitze dieser phantastischen Bildeinfälle tarnen. Wer seine kritische und engagierte Weltsicht als „Künstlerlaunen" ausgibt, beansprucht dafür eine „Narrenfreiheit", die

Ein Fleisch? Paare in der Kunst

den Künstler im Ernstfall zu schützen vermag. Er bescheinigt sich selbst eine Harmlosigkeit, die das argwöhnische Auge der Inquisition – in Goyas Spanien durchaus eine ernstzunehmende Bedrohung – dazu bewegen soll, nicht allzu genau hinzuschauen.

Francisco Goya, No hay quien nos desate? (Kann uns niemand losbinden?) Capricho Nr. 75. Radierung, veröffentlicht 1799.

Breitbeinig versucht der Mann, sich Halt auf dem Boden zu verschaffen, um die Last abschütteln zu können, die ihm auf den Rücken gebunden wurde. Er nimmt noch den linken Arm zu Hilfe, stemmt die geballte Faust in die Hüfte der Frau, um sie weg zu drücken. Ausgerechnet in der Körpermitte sind die beiden aneinander gefesselt; wahrlich keine lustvolle Intimität. Mehrfach ist ein dicker Strick um Taille und Hüfte der Frau geschlungen, der zudem noch die Füße gebunden sind. Sie kämpft nicht wie der Mann gegen die Fesseln an, aber ihr kann man den verzweifelten Hilferuf in den offenen Mund legen, der dem Blatt den Titel gibt: *Kann uns niemand losbinden?* Dabei richtet sich ihr Blick flehend nach oben oder zur Seite. Ruft sie Gott an - oder die Menschen? Zusammen mit den erhobenen Armen und den übereinander geschlagenen Beinen ergibt sich der Eindruck einer „Gekreuzigten". Dazu passt auch der Baum mit den dürren Zweigen, der zudem eine eindrucksvolle stürzende Diagonale bildet, die nach unten durch das Bein des Mannes verlängert wird und so die gesamte Bildfläche durchkreuzt.

Eine furchtbare Tortur. In der Komposition findet die Verklammerung von Miteinander und Gegeneinander ihren entsprechenden Ausdruck. Die sich schneidenden Bild-Diagonalen formen eine Art Andreaskreuz. Die Fesselung um die Leibesmitte ist der Dreh- und Angelpunkt, von dem alle Körperteile wegzustreben scheinen. Und je heftiger sich der Mann wehrt, um so mehr werden die Fesseln einschneiden. Die Qual, die sich so körpersprachlich ausdrückt, wird schließlich noch gesteigert durch die Eule. Ein Bild seelischer Zustände, albtraumhaft. Der Nachtvogel „besetzt" das Paar, verstärkt die Verklammerung. Auch ohne emblematische Kenntnisse – die Eule kann Symbol von Bosheit und Dummheit sein – ist ihr der aggressive und bösartige Charakter ohne weiteres anzusehen. Im berühmtesten Bild dieser Serie, dem Capricho 43 („Der Schlaf der Vernunft erzeugt Ungeheuer"), gibt es einen ganzen Schwarm von Mischwesen aus Eule und Fledermaus, die den Träumenden überfallen.

Die gängige Deutung des Blattes: Goya kritisiert die Unauflöslichkeit der Ehe im katholischen Spanien, hat dabei vielleicht das revolutionäre Frankreich vor Augen, wo es seit 1792 ein Scheidungsrecht gab. Nach meinem Eindruck spricht diese Bilderfindung – weit über eine tagespolitische oder sakramententheologische Stellungnahme hinaus – von dem, was das „Band" zwischen Mann und Frau eben auch sein kann: Eine furchtbare Fessel, die zu lösen „Erlösung" wäre.

Wenn Bilder zu Wort kommen

Caspar David Friedrich, Kreidefelsen auf Rügen, 1818. Winterthur, Museum Oskar Reinhart.

Manche Leute haben ein sonniges Gemüt. Mein verehrter Lehrer, der Bochumer Kunsthistoriker Manfred Wundram, notierte zu diesem Werk: „Die Stimmung des Bildes ist von gelassener Heiterkeit". Der Herr Emeritus ist offensichtlich schwindelfrei. Hundert Meter Tiefe. (Die winzigen Segelschiffe geben maßstäbliche Orientierung und lassen die Dimension des Abgrundes erahnen). Leider ist nicht einmal der freie Fall garantiert. Spitz ragende und drohende bizarre Felsformationen, überall Verengungen: Wer nicht aufgespießt wird, sitzt wenigstens in der Klemme. Und die verborgene Korrosionsgefahr habe ich noch gar nicht eingerechnet: Ich lese in den letzten Wochen ständig in der Zeitung, dass die berühmten Kreidefelsen auf Rügen brüchig sind und serienweise in die See stürzen. Ich würde meinen Kindern nicht erlauben, hier zu spielen.

Ich will ja die „Schönheit" des Bildes gar nicht leugnen. Ohne seine ästhetischen Wellnessfaktoren wäre es wohl kaum der Top-Werbeträger für einen Besuch der größten deutschen Ostseeinsel. An diesem Werk lassen sich wunderbar Kompensationsstrategien der Kunst studieren. Die Steilheit der schräg abfallenden Felsen wird aufgefangen in der Meeresoberfläche, die aus horizontalen, fein abgestuften Farbschichten aufgebaut ist. Die symmetrische Bildordnung – links Fels, rechts Fels, links Baum, rechts Baum - ist belebt und belebend; die rahmenden Bäume biegen sich einander entgegen und bilden über dem Abgrund ein bergendes Dach.

Hier wird überdeutlich: Friedrichs Landschaften geben keine unmittelbaren Natureindrücke wieder, sie sind konstruiert und komponiert. Völlig „unrealistisch" ist auch die extreme Schärfe und Nahsichtigkeit, mit der Blätter und Gräser erfasst sind, und die sich vor dem verschwimmenden Horizont so eindrucksvoll abhebt. Nein – es geht nicht um Landschaftsporträts. Friedrichs Landschaftsbilder sind Menschenbilder, Reflexionen über die conditio humana. Häufig sind die Menschen wie hier als Rückenfiguren der Landschaft gegenübergestellt, ermöglichen so Identifikation, laden ein zur Nachdenklichkeit über das, was zu sehen ist.

Menschliches Leben, so wird hier gezeigt, ist Leben am Abgrund, vor dem Abgrund. Wir dürfen diesem Unergründlichen viele Namen geben: das Erhabene und das Überwältigende, die Ewigkeit und der Tod, Transzendenz und Gott. Den drei Figuren im Bild ist eines gemeinsam: Vor dem Abgrund sind wir ziemlich allein. Zugleich sehen wir verschiedene Haltungen: Der eine hat sich an einen Baum zurückgelehnt, die Arme verschränkt und demonstriert Gelassenheit. Die andere – typisch Frau – ist als einzige kommunikativ. Sie zeigt mit der Rechten in die Tiefe, und sichert sich notdürftig mit der Linken, indem sie sich an einem Strauch festhält. Der Dritte im Bunde schließlich hat Stock und Zylinder abgelegt und kniet: an-

Ein Fleisch? Paare in der Kunst

dächtig-respektvoll, vorsichtig tastend oder unsicher und nicht ganz schwindelfrei.

Frau und Mann außen bilden durch die komplementären Farben der Kleidung – rot und grün – und durch die Einordnung in das symmetrische Gefüge aus Fels und Baum ein Paar. Der Distanz zum Trotz schaffen „ihre" Bäume Verbindung – über den Abgrund hinweg. Vielleicht lässt sich hier in die Deutung des Bildes ein biographischer Kontext einbeziehen: Caspar David Friedrich hat im Entstehungsjahr des Bildes (am 21.Januar 1818) geheiratet, und zwar ein fast 20 Jahre jüngeres Mädchen aus einfachen Verhältnissen, Caroline Bommer. Deren Bruder Wilhelm war einer der wenigen Schüler von Friedrich. Eine seltsame Ehe, mit der der Maler seine Umgebung überraschte. Er teilt sie seiner Verwandtschaft in Greifswald eine Woche später schriftlich mit:

Meinen Brüdern, Verwandten und Bekannten sei hiermit kund und zu wissen getan, dass ich den 21. Januar früh um die sechste Stunde in der hiesigen Kreuzkirche mit Caroline Bommer bin getraut worden; also acht Tage schon Ehemann ... es ist doch ein schnurrig Ding, wenn man eine Frau hat, schnurrig ist es, wenn man eine Wirtschaft hat, sei sie auch noch so klein; schnurrig ist mirs, wenn meine Frau mich mittags zu Tisch kommen einladet. Und endlich ist es schnurrig, wenn ich jetzt des Abends fein zu Hause bleibe, und nicht wie sonst im Freien umherlaufe.

Der leicht ironische Unterton des Briefes lässt vermuten, dass Friedrich der hier beschworenen Geborgenheit und Sicherheit des „Hafens der Ehe" bei aller „Schnurrigkeit" nicht so ganz traute. Und so geht's mir auch mit dem Bild: Wenn ich dieses Werk als ein wie auch immer geartetes „Spiegelbild", eine Reflexion der Beziehung zwischen dem Maler und der jungen Caroline deute, dann sehe ich eine Verbindung – die einander sich zuneigenden Baumkronen – vor dem Abgrund und über den Abgrund hinweg. Das Trennende bleibt bestehen, die Einsamkeit wird nicht aufgehoben, vielleicht aber gemildert. Denn soviel steht auch fest: Der kniende Mann in der Mitte ist ganz isoliert und hat keinen Halt. Eine letzte biographische Information: Im Sommer nach der Hochzeit, im August 1818 reiste das junge Glück nach Rügen, Carolines Bruder Wilhelm begleitete sie. Vielleicht ist er dieser Dritte im Bunde.

---

* Erstmals erschienen in: Kranemann, Benedikt/Hake, Joachim (Hrsg.), Hochzeit – Rituale der Intimität. Stuttgart 2006, S. 95-123. Leicht gekürzt.

Das Kreuz und die Evangelien

Nichts ist selbstverständlich. Das Kreuz und der Gekreuzigte: Sie mussten nicht zu **dem** Bildzeichen werden, das wie kein anderes für den christlichen Glauben, das christliche Bekenntnis, die christliche Identität einsteht. Die ersten vier Jahrhunderte der christlichen Glaubensgeschichte konnte es geben, ohne dass es dieses Bild gab. Jedes Nachdenken über das Bildzeichen des Kreuzes sollte von diesem mächtigen „Schweigen" am Anfang der Bildgeschichte ausgehen.[1] Es ist der eindringlichste Ausdruck des Nicht-Selbstverständlichen - und so ein wirksamer Geburtshelfer des Verstehens und Erkennens, wenn das Bild zu sprechen beginnt.

Eine komplizierte Allianz

Im folgenden soll über die Beziehungen zwischen den Werken der Bildkunst und den Evangelien nachgedacht werden. Die Erzählungen der Evangelisten vom Tod Christi sind selbstverständlich der Ausgangspunkt und der zentrale Verstehenshorizont der Kreuze und der Kreuzigungsbilder. Ohne diese Texte gäbe es diese Bildzeichen nicht und ohne dieses „Wort" ist das „Bild" nicht angemessen zu deuten.

Aber: deckungsgleich sind Text und Bild nicht. Die Bilder der Christen sind keine 1:1-Übersetzungen der verbalen Sprache in eine pikturale. Keine Kreuzigungsdarstellung kann sinnvoll als Versuch verstanden werden, eine Version der biblischen Erzählungen vom Tode Jesu annähernd exakt wieder zu geben oder gar eine harmonische Zusammenschau der so verschiedenen Berichte der vier Evangelisten zu bieten. Mengentheoretisch gesprochen: Die Schnittmenge von Inhalten, Motiven und Intentionen ist zwar relativ groß, aber trotz vielfältiger Bezüge und Analogien zwischen Bild und Wort sprechen sie doch eine je eigenständige Sprache. Im „Bild zum Wort" begegnet immer Gleiches und Anderes und diese Spannung von Korrelation und Opposition lohnt die Aufmerksamkeit und verspricht besonderen Erkenntnisgewinn. Wer die Unterschiede beachtet, dem werden die Augen aufgehen.

Die bildlichen Darstellungen sind auch nicht Versuche, eine mehr oder wenige phantasiereiche anschauliche und historisch wahrscheinliche Vorstellung zu verschaffen, wie das in den Texten erzählte Ereignis ausgesehen haben mag. Die Bilder sind Bilder – und keine Abbilder.[2] Wie übrigens die Texte auch. Das zeigt ja schon die Vierzahl der Evangelien mit ihren beachtlichen Unterschieden, die sich nicht zu **einem** historisch-objektiven Gesamtbild zusammenfügen lassen. Ihre Wahrheit liegt auf einer anderen Ebene und ihre Verbindlichkeit schließt ausdrücklich das Nebeneinander und Miteinander verschiedener „Bilder" – Perspektiven, Ansichten und Einsichten – ein.[3] Die Vielfalt der „Bilder" in den Texten bietet also nicht nur ein reiches Anregungspotential, sondern ist zugleich das Modell und die Legitimation für die Vielgestaltigkeit der Bilder der Kunst. Die Bildwerke schreiben in diesem Sinne die Evangelien weiter, können – wohlgemerkt in ihrer Gesamtheit und Vielfalt – als „fünftes Evangelium" verstanden werden.

Schließlich darf die Textreferenz auch nicht in dem Sinne missverstanden werden, dass die christlichen Bildwerke eine direkte Reaktion auf die Textlektüre wären. Die meisten Werke reagieren vielmehr auf die vorgegebene Bildgeschichte, binden sich an die Tradition – oder lösen sich von ihr. Bei solcher Weiterentwicklung oder bei einem sichtbaren individuellen Gestaltungswillen wird man in der Regel nicht voraussetzen oder erschließen können, dass eine bestimmte Entdeckung am Text, die Auslegung eines Wortes oder Satzes, direkt auf die Formung Einfluss genommen hat. Um es alpinistisch kurz zu sagen: Vom Text zum Bild gelangt man nicht per direttissima. Wenn also im folgenden von

Das Kreuz und die Evangelien

Beziehungen, Analogien und Entsprechungen zwischen Text und Bild die Rede ist, sind keinesfalls genetische Abhängigkeiten gemeint. Es wird erst recht nicht behauptet, hinter dieser oder jener Motivverwandtschaft stünde in jedem Fall eine Darstellungsabsicht oder eine reflektierte Intention des Künstlers.

„...und sie kreuzigten ihn." – Nur wenig Stoff

„Quellen" des Kreuzigungsbildes im engeren Sinn sind die Erzählungen der Evangelisten von der Kreuzigung (Mt 27,33-44; Mk 15,22-32; Lk 23,33-43; Joh 19,17b-24) und vom Tod Jesu (Mt 27,45-56; Mk 15,33-41; Lk 23,44-49; Joh 19, 25-30).[4] Alle Berichte sind nüchtern, knapp, fast unterkühlt und bieten nur wenig Bildträchtiges, zu wenig, um daraus ein vollständiges Bild des Gekreuzigten werden zu lassen. Mit ein paar Worten ist alles gesagt: *...und sie kreuzigten ihn.*

Der Vorgang der „Kreuzigung" selbst wird nicht geschildert. Die **Nägel** und die bisweilen in der Kunst dargestellte Kreuz-Annagelung haben keinen Anhaltspunkt in den Passionsgeschichten. Dieses Detail der Hinrichtung muss aus den johanneischen Ostererzählungen erschlossen werden, wo der Auferstandene an den Nagelwunden als der Gekreuzigte erkannt wird.[5]

Die **Form** des Kreuzes wird nicht erwähnt. Historisch möglich[6] ist sowohl die Befestigung des Querholzes am oberen Ende des aufgerichteten Pfahles (T-Kreuz, *crux commissa*) als auch der tiefersitzende Querbalken, der ein vierarmiges Kreuz (lateinisches Kreuz, *crux immissa*) entstehen lässt. Wird in der Kunst die T-Form gewählt, sind nicht historische Überlegungen ausschlaggebend, sondern symbolische Bezüge. Einerseits lässt sich ein Bezug herstellen zur Besiegelung mit dem „Tau" auf der Stirn, das beim Propheten Ezechiel vor dem Strafgericht Gottes schützt (Ez 9,4ff.). Seit karolingischer Zeit wird das Kreuz in T-Form mit der Initiale verbunden, die den römischen Messkanon einleitet. Das eucharistische Hochgebet beginnt mit den Worten *Te igitur, clementissime pater...* Das Bildzeichen des T-Kreuzes stellt also die Verbindung des Kreuzes-Opfers mit der Eucharistie her.[7]

Te-igitur-Initiale. Sakramentarfragment aus Metz, um 870. Paris, Nationalbibliothek, Lat. 1141.

Auch zur **Höhe** des Kreuzes gibt es in den Evangelien keine Angaben. In der Regel wird es wenig mehr als mannshoch gewesen sein. Wenn der Gekreuzigte in der Kunst meist recht hoch hängend dargestellt wird, dann gibt es dafür zwar Indizien im Text – die Tränkung mit dem Essigschwamm erfordert ein Rohr (Mk 15,36; Mt 27,48; Joh 19,29) – aber ganz wesentlich soll durch dieses Bildmotiv der Gekreuzigte als der Erhöhte gezeigt werden, entsprechend einem häufigen Sprachgebrauch im Johannesevangelium (3,14; 8,28; 12,32.34), wo die Erhöhung Christi am Kreuz gleichzeitig seine Herrlichkeit erscheinen lässt und seine Aufnahme in den Himmel vorabbildet. Dies wird besonders anschaulich, wenn in einem gemalten Kruzifix die Standfläche des

Wenn Bilder zu Wort kommen

El Greco, Kreuzigung mit zwei Stiftern, um 1585-90. Paris, Louvre.

(2,14) die Rede ist: *Er (Christus) hat den Schuldschein, der gegen uns sprach, durchgestrichen und seine Forderungen, die uns anklagten, aufgehoben. Er hat ihn dadurch getilgt, dass er ihn an das Kreuz geheftet hat.*

Rembrandt, Kreuzigung, 1631. La Mas d'Agenais, Pfarrkirche.

Kreuzes nicht sichtbar gemacht wird, der Gekreuzigte sozusagen schon der Erde entrückt ist. Ein schönes Beispiel ist El Grecos monumentales Werk aus dem Hieronymitenkloster in Toledo, heute im Besitz des Louvre.

Alle vier Evangelisten erwähnen den **Titulus,** die *über* dem Gekreuzigten[8] angebrachte Aufschrift, die meistens in der abgekürzten lateinischen Version – INRI = Iesus Nazarenus Rex Iudaeorum – im Bild erscheint. Nur das Johannesevangelium spricht ausdrücklich von einer dreisprachigen Abfassung in Hebräisch, Lateinisch und Griechisch und münzt so die Schuldaufschrift mit der *causa poenae,* dem Verurteilungsgrund, um in eine universale Herrscher-Proklamation. Auch diese johanneische Variante ist bisweilen aufgegriffen worden, etwa in Rembrandts frühem Werk (1631), das sich seit 1805 in der Pfarrkirche von Le Mas d'Agenais befindet. Das Material, auf dem geschrieben wurde, erwähnen die Evangelien nicht. Wo die Bildkunst einen angenagelten Zettel zeigt, liegt es nahe, an den „Schuldschein" zu denken, von dem im Kolosserbrief

Schließlich ist auch das sogenannte **Suppedaneum,** das Fußbrett unter dem Gekreuzigten, in keinem Evangelium erwähnt. In der ostkirchlichen Kunst obligatorisch, wird es auch in der abendländischen Kunst bisweilen dargestellt. Sein Aufkommen in byzantinischer Zeit ist wohl nicht mit einem größeren Interesse an historischen Details der Kreuzigung zu erklären. Sehr viel naheliegender ist ein symbolischer Sinn. Die Elfenbeinplatte auf dem Buchdeckel des Echternacher Codex aureus (Nürnberg) zeigt unter dem Suppedaneum eine kauernde weibliche Symbolgestalt, die ausdrücklich *terra* genannt wird. Hier wird das Brett unter den Füßen

Das Kreuz und die Evangelien

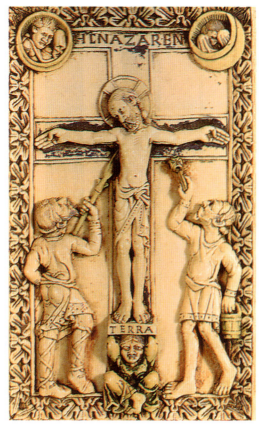

Elfenbeintafel vom Buchdeckel des Echternacher Codex Aureus, zwischen 984 und 991.

Die **Finsternis** „über die ganze Erde" wird häufig als Zeichen der Trauer der Schöpfung über den Tod des Gottessohnes gedeutet, als Erfüllung der prophetischen Verheißung des Amos (8,9f.): *An jenem Tag – Spruch Gottes, des Herrn – lasse ich am Mittag die Sonne untergehen und breite am helllichten Tag über die Erde Finsternis aus... Ich bringe Trauer über das Land wie die Trauer um den einzigen Sohn, und das Ende wird sein wie der bittere Tag.* In die Kreuzigungsikonographie ist diese Deutung eingegangen, wenn Sonne und Mond personifiziert im Bild erscheinen[10] und im Trauergestus – etwa wie in der Echternacher Elfenbeintafel: verhüllte Hände sind an die Wange gelegt – gezeigt werden.

Allerdings kann die Finsternis nicht bloß als Ausdruck der Trauer verstanden werden, zumal nach dem Bericht bei Markus und Matthäus die Finsternis beim Tod Jesu schon vorbei ist. Vielleicht ist an die Finsternis vor der Erschaffung der Welt (Gen 1,2) zu denken. Dann wäre sie hier Hinweis auf den Anbruch einer „neuen Schöpfung"[11]. Seit der abendländischen Malerei die Mittel zur Verfügung standen, die Bildwirklichkeit „real" beleuchtet oder unbeleuchtet darzustellen[12], wird auch der Gekreuzigte mit Dunkelheit umgeben, insbesondere in den „einsamen" Kruzifixen der Barockzeit. Keinesfalls kann dieses Dunkel insgesamt als „naturalistische" Wiedergabe der Finsternis in den Kreuzigungsberichten aufgefasst werden[13], denn der Gekreuzigte selbst „erscheint" im hellen Licht.

Vielleicht hat ja die Dunkelheit selbst „epiphanischen" Charakter. Im Gegensatz zu Markus und Matthäus hat Lukas das Symbol der Finsternis unmittelbar mit dem **Zerreißen des Tempelvorhangs** verbunden[14]. Häufig wird dieses Ereignis ebenfalls als Zeichen der Trauer – der Tempel zerreißt sein Kleid – oder des endzeitlichen Gerichtes gedeutet. In der Zusammenstellung bei Lukas könnte man aber noch einen anderen Sinn erkennen. Das „Dunkel" hinter dem Tempelvorhang ist ein besonderer Ort der Gegenwart des Herrn bei seinem Volk. *Er selbst wollte im Dunkeln woh-*

eindeutig als Zeichen des Sieges und der Herrschaft Christi über die „Erde" verstanden[9], das Kreuz wird zum göttlichen Thron im Sinne des Wortes aus dem Propheten Jesaja (66,1): *So spricht der Herr: Der Himmel ist mein Thron und die Erde der Schemel für meine Füße.*

Brechen – Reißen – Spalten: Symbolische Kollateralschäden

Die synoptischen Evangelien – nicht Johannes – erzählen von einer Reihe symbolträchtiger Begleitumstände des Todes Jesu, von „Zeichen am Himmel und auf der Erde", einem kosmischen Aufruhr, Weltuntergang und -aufgang, Ein-Bruch und Auf-Bruch – im Wortsinn – einer neuen Zeit.

161

nen: So hat im Weihegebet des Tempels Salomo die Anbringung des Vorhangs vor dem Allerheiligsten begründet (1 Kön 8,12). Dieses Dunkel reißt bei der Kreuzigung Jesu auf – und „erscheint" an anderer Stelle. Das Kreuz wird zu **dem** Ort der Gegenwart Gottes.

Eine Sondertradition lässt noch der Evangelist Matthäus (27,51-53) dem Tod Jesu folgen: die Erde bebt, Felsen zerbersten, Gräber öffnen sich, Tote werden erweckt und erscheinen. Im vielfigurigen Kreuzigungsbild ist diese apokalyptische Szenerie bisweilen dargestellt worden. Als zeichenhaftes Äquivalent beim Kruzifix darf vielleicht der **Schädel** unter dem Kreuz angesehen werden, der auf einem frühbyzantinischen Brustkreuz um 600 zum ersten Mal auftaucht, aber auch im Abendland häufig gezeigt wird. Wir haben es hier weder mit einem Vergänglichkeitsmotiv noch mit einem toponymischen Hinweis auf den Ort Golgotha („Schädelstätte") zu tun. Es ist der Schädel Adams[15]: Die schon bei Paulus grundgelegte Adam-Christus-Typologie[16] wird u.a. legendenhaft entfaltet in der Vorstellung, dass Grab Adams habe sich auf Golgotha befunden. Das Blut des Gekreuzigten sei auf den Schädel Adams herabgeflossen und habe ihn so zum Leben erweckt.[17] Das Kreuzigungsmosaik aus dem Kloster Daphni (um 1090-1100) zeigt stilisiert zwei Blutströme, die von den Füßen des Gekreuzigten auf den Schädel Adams herablaufen. Für die Kreuzigungsikone bleibt das Motiv verpflichtend. Das Malerbuch vom Athos schreibt vor: *Unter dem Kreuz ist eine Höhle und in derselben ist der Schädel des Adam und zwei andere Gebeine, welche mit dem Blut benetzt sind, das von den Wunden seiner Füße herabfließt.*[18] Im abendländischen Kreuzigungsbild wird Adam auch als sich aufrichtende Halbfigur gezeigt. Im Dreipass unter dem Halberstädter Triumphkreuz (um 1220) greift er nach dem Kreuzesholz.

Die Adams-Legende – und ihre Verbildlichung in den Kreuzesdarstellungen – sollte theologisch gedeutet werden als Veranschaulichung des Glaubens, dass durch Christi Tod am Kreuz die Menschheit von Anbeginn an –

Triumphkreuz, Halberstadt, Dom, um 1220.

Adam unter dem Triumphkreuz von Halberstadt.

Adam! – erlöst ist und zum Leben erweckt wird. So hat es Paulus formuliert (1 Kor 15,20-22): *Nun aber ist Christus von den Toten auferweckt worden als der Erste der Entschlafenen. Da nämlich durch einen Menschen der Tod gekommen ist, kommt durch einen Menschen auch die Auferstehung der Toten. Denn wie in*

Das Kreuz und die Evangelien

Adam alle sterben, so werden in Christus alle lebendig gemacht werden. Das Motiv der Gräberöffnung und Totenerweckung aus Mt 27,51ff. wird also in der Tat im Adamsschädel fortgeschrieben[19], allerdings mit einer Akzentverschiebung; bei der matthäischen Erzählung haben wir es mit apokalyptischen Zeichen zu tun, die nach jüdischer Vorstellung das Ende der Welt und den Beginn einer neuen Zeit begleiten. Der durch Christi Blut auferweckte Adam ist dagegen soteriologisch zu deuten, steht für die Erlösungswirkung des Todes Jesu.

Der Gekreuzigte

Die Kreuzigungsberichte verzichten auf eine nähere Beschreibung des Gemarterten, seiner Wunden oder Qualen; es gibt weder Mitleid weckende Züge noch symbolträchtige Details. Den Evangelien ist nicht zu entnehmen, dass der Gekreuzigte noch die **Dornenkrone** trug, mit der man ihn folterte und als falschen König verspottete (Mk 15,17-19; Mt 27,28-30; Joh 19,1-3). Wenn sie seit der Gotik regelmäßig dargestellt wird, so hängt dies mit dem verstärkten Leidensausdruck zusammen, der seit dieser Zeit die abendländische Kreuzigungsdarstellung prägt. Natürlich wird auch die Verehrung der Reliquie im Abendland – Ludwig IX. brachte die Dornenkrone 1239 nach Paris – eine Rolle gespielt haben. Zur Zahl der verwendeten **Nägel** gibt es ebenfalls keine biblischen Angaben; die Bevorzugung des Dreinageltyps – die Füße sind mit einem Nagel ans Kreuz geheftet – seit der Gotik wird wohl ebenfalls mit der Betonung von Leid und Qual zusammenhängen, auch wenn man ihr einen zahlensymbolischen Sinn nicht absprechen kann.

Historisch wahrscheinlich ist die **Nacktheit** des Gekreuzigten. Alle Evangelien berichten von der Verlosung der Gewänder Jesu – als Erfüllung des Psalmwortes 22,19 – und setzen damit seine Entkleidung voraus. Von dem durch die Bilder so vertrauten Lendenschurz ist nirgends die Rede. Diese Bilderfindung dient sicher primär der Einhaltung ei-

Michelangelo (?), Kreuzigung aus San Spirito, 1494 (?). Florenz, Casa Buonarotti.

ner Schamgrenze, lässt aber immer noch soviel Nacktheit erkennen, dass die mit dem Motiv anklingende Erniedrigung des Gottessohnes sichtbar wird. Die frühbyzantinische Kunst lässt dagegen den Gekreuzigten ein herrscherliches Purpurgewand mit Goldstreifen tragen: statt Erniedrigung Erhöhung zum König.[20] Wenn der Gekreuzigte hingegen wirklich nackt dargestellt wird – von den seltenen Beispielen der Renaissance bis zur Moderne – dann muss darin nicht gleich eine Historisierungstendenz oder ein gesuchter Ausdruck des Leidens und der Erniedrigung durch Entblößung gesehen werden. Bei Michelangelos[21] frühem Werk (1494?) aus San Spirito – heute in der Casa Buonarotti in Florenz – und dem schlanken, fast mädchenhaften zarten Körper wird man eher an eine Verklärung durch Schönheit und Grazie, an den verwandelten Leib des Auferstandenen denken.

Das markanteste Merkmal am Leib des Gekreuzigten ist die **Seitenwunde**. Nur das

Wenn Bilder zu Wort kommen

Johannesevangelium (19,34) berichtet von dem Lanzenstich, der dem toten Christus versetzt wird. Ein namenloser Soldat will so prüfen, ob der Gekreuzigte wirklich tot ist. Das Evangelium selbst deutet diesen brutalen Vorgang als doppelte Erfüllung der Schrift, nämlich als Parallele zum Passalamm[22] und im Sinne einer Verheißung des Propheten Sacharja[23]. Die reiche Auslegungsgeschichte in Literatur, Kunst und Frömmigkeit knüpft allerdings an einem Detail an, das der Evangelist zu berichten weiß: Aus der Seitenwunde *floß Blut und Wasser heraus*. Die Seitenwunde wird von daher als Quelle des Heils gedeutet – und auch so dargestellt, etwa im Kreuzigungsmosaik von Daphni. Wasser und Blut stehen als Bilder für die Hauptsakramente der Kirche, Taufe und Eucharistie; seit karolingischer Zeit findet sich in der abendländischen Kunst die „Ekklesia", eine weibliche Symbolgestalt für die Kirche, die die „Sakramente" aus der Seitenwunde in einem Kelch auffängt. Der ungenannte Soldat bekommt einen Namen – Longinus[24] nach lateinisch *longa=Lanze* - und wird nach der Legende auf wunderbare Weise von Blindheit geheilt. Vielleicht will das überbetonte und anatomisch so unmögliche Aufblicken des Lanzenstechers im Deckel des Codex aureus darauf anspielen.[25]

Anatomisch auffällig ist auch der Ort der Seitenwunde. Man würde sie dort erwarten, wo das Herz sitzt: Aber sie ist – von einigen modernen Versionen der kirchlichen Kunst abgesehen – immer auf der **rechten Seite** des Gekreuzigten zu sehen. Es liegt nahe, einen symbolischen Sinn zu vermuten. Wahrscheinlich spielt nicht nur eine Rolle, dass die rechte Seite verbreitet als die Seite des Guten und der Guten, des Glücks und des Heils angesehen wird.[26] Der Prophet Ezechiel beschreibt den endzeitlichen Tempel mit der Tempelquelle, die auf der rechten Seite herabfließt (Ez 47,1). Dieses Bild wurde mit der Selbstaussage Jesu verknüpft, in der er von seinem Leib als Tempel spricht, der zerstört und in drei Tagen wieder aufgebaut wird (Joh 2,19-21). In der Verbindung beider Bilder wird das Wasser aus der Seitenwunde zum Wasser des Lebens aus der Tempelquelle. In der Liturgie hat sich dieser Zusammenhang im österlichen Gesang zur Austeilung des Weihwassers erhalten, wo Ez 47,1 wörtlich zitiert wird: *Vidi aquam egredientem de templo, a latere dextro.*[27]

Eine letzte Anmerkung zu Seitenwunde und Lanzenstich: Sie bezeichnen einen Moment **nach** dem Tod Jesu und wollen im Kontext des Johannesevangeliums auch betonen, dass Jesus wirklich tot war. Angesichts dieser Tatsache ist es umso erstaunlicher, dass in der Bildkunst die Seitenwunde häufig am lebenden Christus gezeigt wird, einem Christus, der die Augen geöffnet hat. Das gilt schon für das frühe byzantinische Kreuzigungsbild (Rabula-Kodex 586); besonders eindrucksvoll ist vielleicht der Gekreuzigte auf dem Fresko von Santa Maria Antiqua in Rom mit seinem eindringlichen Blick[28]. Wenn das **Todeszeichen** „Seitenwunde" mit dem **Lebenszeichen** „offene Augen" verbunden wird, ist es müßig

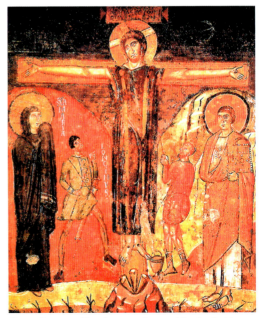

Kreuzigung, Fresko aus Santa Maria Antiqua, Mitte 8. Jhdt. Rom.

Das Kreuz und die Evangelien

zu fragen, ob denn hier ein Moment vor dem Tode oder ein Moment nach dem Tode dargestellt ist. Die Unterscheidung von *crocifisso morto* und *crocifisso vivo* greift hier nicht. Es geht überhaupt nicht um zeitliche Festlegungen, um Momentaufnahmen oder Augenblickseindrücke; die Bildkunst bedient sich hier einer Möglichkeit, die Texte nicht haben: nämlich die Sukzessivität der Ereignisse aufzuheben und das Nacheinander der Geschichte in den Ausdruck einer spannungsvollen Einheit zu verwandeln[29]. Äußerlich und historisch-realistisch sind die „Seitenwunde" und „sehende Augen" ein Widerspruch, innerlich-thematisch sind sie eine sinnvolle Spitzenaussage: Der Tote hat durch den Tod den Tod besiegt und das Leben gewonnen.

Alle Evangelisten überliefern **Worte Jesu am Kreuz**. Ihre Vielfalt und ihr Spannungsreichtum ist groß: Von der Verlassenheitsklage (Mk 15,34/Mt 27,46) und dem Durst (Joh 19,28) bis zum Vertrauensgebet (Lk 23,46), von der Sorge für Mutter und Freund (Joh 19,26f) bis zur Vergebungsbitte für die Feinde (Lk 23,43) und der Verheißung für einen Verbrecher (Lk 23,43). Schließlich das selbstbewusste und hoheitsvolle: *Es ist vollbracht* (Joh 19,30) und – sozusagen als „achtes Wort" am Kreuz – der unartikulierte laute Schrei (Mk 15,37/Mt 27,50; bei Lk 23,46 verbunden mit dem Vertrauensgebet). Ohne Frage haben diese Worte die bildliche Darstellung des Gekreuzigten mit geprägt. Aber wenn gesprochenes Wort visualisiert wird, wird es in vielen Einzelfällen schwer fallen, eine bestimmte Form oder Haltung, Mimik oder Körpersprache sicher einem Wort zuzuordnen. Welches Wort will man dem letzten Atemzug des Naumburger Kruzifix unterlegen, der sich im Kontext des Naumburger Westlettners ja unzweifelhaft seiner Mutter zuwendet? Oder umgekehrt gefragt: Wie sähe die angemessene bildliche Übersetzung des „letzten Schreis" aus, wo im äußersten Schmerz und in der Aufbietung aller Kräfte auch der Ausdruck von Überlegenheit und Sieg erkannt werden könnte? Vielleicht

Kreuzigung, Naumburger Dom. Westlettner, um 1250.

lässt sich diese Spannung in Rembrandts Gekreuzigtem von Le Mas d'Agenais finden, dem aber ebenso gut der Verlassenheitsruf zugetraut werden könnte.

Auf das johanneische Wort: „Es ist vollbracht" folgt – gleichsam als körpersprachliche Entsprechung – die Notiz: „und er neigte das Haupt" (Joh 19,30). Von daher liegt es nahe, in einem geneigten Haupt das hoheitliche Schlusswort veranschaulicht zu sehen. Aber ein Blick auf die Entwicklung der Kreuzigungsdarstellung belehrt darüber, dass wir diese Kopfhaltung zumindest ebenso der Tendenz zu einem stärkeren Leidensausdruck zurechnen müssen – unübersehbar im Übergang vom frühbyzantinischen zum mittelbyzantinischen Kreuzigungstypus wie im Abendland von Romanik zur Gotik. Dennoch wird man der Deutung des „geneigten Hauptes" als das große „Ja" in der Bachschen Johannespassion nicht widersprechen wollen: *Doch neigest du das Haupt und sprichst stillschweigend: Ja!*

Eindeutig nicht Zustimmung, sondern Frage ist das „letzte Wort" des Gekreuzigten auf einer gelderländischen Tafel (um 1400,

Wenn Bilder zu Wort kommen

Kreuzigung, Gelderländer Arbeit um 1400. Walters Art Gallery Baltimore.

geprägt. Reiner Hausherr meint hier zu sehen, dass der Verlassenheitsruf „die ganze Gestalt im Sinne des Bildvorwurfes durchformte"[31]. Die sichtbare Anspannung der Körperkräfte, die Drehung nach vorn und nach oben – der Einfluss der Laakoonfigur ist nicht zu leugnen – kann man als Auflehnung, auch als Empörung und Anklage verstehen; aber ebenso ist eine Deutung im Sinne der Hingabe, des Vertrauens, auch der Überwindung des Kreuzes möglich. Dann wäre nicht der Verlassenheitsruf, sondern das lukanische „letzte Wort" (Lk 23,46; vgl. Ps 31,6) anzuführen: *Vater, in deine Hände lege ich meinen Geist.*[32]

Michelangelo, Kruzifixus für Vittoria Colonna, um 1540. London, Britsh Museum.

Walters Art Gallery Baltimore). Es geht als Spruchband – auch noch in der Form eines Fragezeichens! - aus dem Mund Christi hervor: *eloy eloy lama sabatani* – „Mein Gott, mein Gott, warum hast du mich verlassen?" Der Gekreuzigte blickt nach oben, auffälligerweise genau nicht in die Richtung, wo in einem Himmelssegmentbogen Gottvater erscheint. Hier soll wohl ausdrücklich bildlich der Verlassenheitsklage widersprochen werden: der Sohn ist doch nicht allein.

Michelangelos Kruzifixus für Vittoria Colonna gehört sicher zu dn einflussreichsten Bilderfindungen in der Geschichte der Kreuzigungsdarstellungen.[30] Der einsame, lebendige Gekreuzigte, der den Kopf nach links wendet und nach oben zum Vater aufblickt, hat die Kunst der Gegenreformation, des Barocks und manches epigonale Kunsthandwerk bis heute

Eine kurze Bilanz

Wir haben gefragt: Was steht geschrieben und was nicht? Unser Überblick hat gezeigt, dass nur wenige Elemente der Kreuzigungsdarstellung einen direkten Anhaltspunkt in den

Das Kreuz und die Evangelien

Berichten der Evangelien vom Tod Jesu haben. Die Bilder „vervollständigen" die dürftigen Auskünfte des Textes, ergänzen Details und treffen Festlegungen, wo der Text vieles offen lässt. Die Symbolsprache der Evangelien wird aufgegriffen und fortgeschrieben, bisweilen werden neue Bilder erfunden, denen eine je eigene Metaphorik zukommt. Hierbei ist der Einfluss biblischer Texte außerhalb der Passionsberichte ebenso sichtbar wie die Wirkung nichtbiblischer Schriften. Das Bild nutzt darüber hinaus seine nur ihm eigenen medialen Möglichkeiten, etwa in der Aufhebung der Sukzessivität zu einer spannungsreichen Einheit: Im Tod das Leben.

Insgesamt wird man alle Erweiterungen, Ergänzungen und Erfindungen als wirkliche Entfaltung, als Auslegung des Textes unter den Bedingungen einer sich wandelnden Frömmigkeit, wechselnder Kulturen und Zeiten betrachten dürfen. Es sei aber zum Schluss angemerkt, dass eine zentrale Intention und Wirkung der abendländischen Kreuzigungsdarstellung – zumindest seit der Gotik – in den biblischen Texten keine Rolle spielt: das Mitleiden mit dem Gekreuzigten. Eine Compassio-Mystik ist in der biblischen Kreuzestheologie nicht grundgelegt. Es liegt nahe zu fragen, ob nicht die „Bildwerdung" der Texte – im Kruzifix und der Kreuzigungsdarstellung – erst die Compassiotheologie und -frömmigkeit ermöglicht hat, die Bilder also eine eigene theologische Produktivität besitzen.

---

[*] Der Beitrag erschien erstmals im Ausstellungskatalog: Kreuz und Kruzifix. Zeichen und Bild. Freising 2005, S.29-36.

[1] Zu diesem Schweigen der Bildkunst und seiner Bedeutung s.o. den Beitrag „Das Sehen des Gekreuzigten".

[2] Herbert Fendrich, Bilder und Bildung?, in: das münster 56, 2003, S. 1-4. Das „realistische Missverständnis" stellt sich mir als ein Hauptproblem des christlichen Umgangs mit Bildern dar. „Ein Bild wird in aller Regel aufgefasst im Sinne einer Abbildung, als eine Information – mit dem wunderbaren didaktischen Vorzug der Anschaulichkeit - über das Aussehen einer Sache, einer Person, eines Ereignisses. Und das ist für Bilder der Heilsgeschichte, für Gottes-, Christus- und Heiligenbilder fatal. Das können und wollen sie nicht sein. Sie wollen und müssen ja im Gegenteil sichtbar machen, was sich hinter der Oberfläche des Sichtbaren verbirgt. Das Verborgene, das Geheimnis, das nicht offen Sichtliche. Aber seit mit dem späten Mittelalter das christliche Bild immer realistischer wurde, es aussah „wie in Wirklichkeit", lag es nahe, das Bild als Abbildung der sichtbaren Wirklichkeit – oder eine phantasiereiche Vorstellung davon – misszuverstehen." (S. 1)

[3] Walter Radl, Der Tod Jesu in der Darstellung der Evangelien, in: Theologie und Glaube 72, 1982, S. 432-446, hat dies aus der Sicht des Exegeten ausdrücklich betont: „Kanonisiert ist nicht nur jedes der vier Evangelien für sich, sondern auch ihr Nebeneinander. Nicht nur die jeweilige Einzeldarstellung ist der Maßstab, sondern auch die Vielfalt der Bilder als solche" (S. 445).

[4] Die wichtigsten exegetischen Informationen zur Darstellung des Todes Jesu in den Evangelien bieten kompakt Radl 1982 und Peter Dschulnigg, Der Tod Jesu am Kreuz im Licht der Evangelien, in: Günter Lange (Hrsg.), „Scandalum crucis", Bochum 1997, S.65-88. Vgl. auch Gerhard Schneider, Die Passion Jesu nach den drei älteren Evangelien. München 1973.

[5] Vielleicht ist auch Lk 24,40 („er zeigte ihnen seine Hände und Füße") das Vorzeigen der Nagelwunden gemeint. Historisch ist die Verwendung von Nägeln bei der Kreuzigung möglich, aber nicht unbedingt die Regel.

[6] Zu den historischen Fragestellungen hier und im folgenden vgl. Josef Blinzler, Der Prozeß Jesu, Regensburg 1969⁴ und Willibald Bösen, Der letzte Tag des Jesus von Nazareth, Freiburg u.a. 1994², besonders S. 268-323.

[7] Zur Te-igitur-Initiale vgl. Otto Pächt, Buchmalerei des Mittelalters, München 1984, S. 40-44. Pächt zitiert eine Erläuterung des Messkanons durch Papst Innozenz III.: *Et forte divina factum est providentia, ut ab ea littera T canon inciperet, quae sui forma signum crucis ostendit et exprimit in figura* – „und es ist eine glückliche Fügung der göttlichen Vorsehung, dass der Canon mit jenem Buchstaben T beginnt, der kraft seiner Form das Zeichen des Kreuzes bietet und figürlich ausdrückt" (ebd. S.43f.).

[8] So nur Mt 27,37 und Lk 23,38.

[9] Vgl. Herbert Fendrich, Seht das Wort. Der Codex aureus von Echternach, Essen 1998, S. 33.

[10] Sonne und Mond waren im Kaiserkult Zeichen der kosmischen Herrschaft, sind also annäherungsweise symbolische Entsprechungen der kosmischen Zeichen in den Evangelien. Vgl. Günter Lange, „Seht das Holz des Kreuzes" - Das Kreuz-Thema in der christlichen Kunst bis zum Ende des Mittelalters, in: ders. (Hrsg.), „Scandalum crucis", Bochum 1997, S. 9-43, hier S.21.

Wenn Bilder zu Wort kommen

[11] Eine paulinische Formulierung: vgl. Gal 6, 15 und 2 Kor 5,17.

[12] Vgl. Wolfgang Schöne, Das Licht in der Malerei, Berlin 1983[6], S. 107-185. Schöne sieht van Eyck und Masaccio als die Schöpfer des eigentlichen Beleuchtungslichtes an (S.119).

[13] Eine Annäherung - mit anderen Bildmitteln als dem Beleuchtungslicht – an die Finsternis kann man vielleicht in manchen Übermalungen des Kruzifix von Arnulf Rainer erkennen.

[14] Mk 15,38 und Mt 27,51 zerreißt der Tempelvorhang **nach** dem Tod Jesu.

[15] Vgl. zum folgenden Hans Martin von Erffa, Ikonologie der Genesis. Die christlichen Bildthemen aus dem Alten Testament und ihre Quellen. Erster Band, München 1989, S.114-119 (Kreuzlegende), 193-201 (Adam-Christus), 408-413 (Adams Grab); Peter Bloch, Nachwirkungen des Alten Bundes in der christlichen Kunst, in: Monumenta Judaica. 2000 Jahre Geschichte und Kultur der Juden am Rhein, Köln 1964[2], S.735-786, hier S. 742-745.

[16] Röm 5,12-21; 1 Kor 15,22.

[17] In dem christlichen Äthiopischen Adamsbuch spricht Christus zu Adam: *An dem Tage, da ich mein Blut über deinem Haupte vergießen werde auf der Golgotha-Erde ... wird mein Blut für dich in jener Stunde zu einem Wasser des Lebens werden.* Zitiert nach von Erffa 1989, S.409.

[18] Ebd. S.117.

[19] In der architektonischen Gestaltung der Grabeskirche in Jerusalem und ihrer Deutung wird das Adams-Motiv mit Mt 27,51f. anschaulich verbunden. Dort gibt es eine Doppelkapelle, oben Golgotha-, unten Adamskapelle. „In ihr wird durch ein Guckloch der Felsspalt gezeigt, der nach Mt 27,52 durch das Erdbeben bei Christi Tod, das auch Adams Grab aufbrach, entstanden war. Durch diesen Spalt sei das Blut des Erlösers, so wurde den Jerusalempilgern gesagt, auf Adams Grab und seinen Leichnam herabgeflossen" (von Erffa 1989, S.410).

[20] Der Hymnus *Vexilla regis prodeunt (Des Königs Banner wallt empor)* des *Venantius Fortunatus*, Ende des 6. Jahrhunderts entstanden, preist das Kreuz: *O Baum, wie schön ist deine Zier, des Königs Purpur prangt an dir.*

[21] So die Zuschreibung von Margrit Lisner, Michelangelos Kruzifix aus S. Spirito in Florenz, in: Münchner Jahrbuch der bildenden Kunst 15 (1964) S.7ff. Vgl. auch dies., Holzkruzifixe in Florenz und in der Toskana von der Zeit um 1300 bis zum frühen Cinquecento, München 1970, S.111-120.

[22] Joh 19,36: *Man soll an ihm kein Gebein zerbrechen.* Die entsprechende Vorschrift findet sich Ex 12,46.

[23] Sach 12,10: *Und sie werden auf den blicken, den sie durchbohrt haben. Sie werden um ihn klagen, wie man um den einzigen Sohn klagt, sie werden bitter um ihn weinen, wie man um den Erstgeborenen weint.*

[24] Zu Longinus und seiner Bedeutung für die Bildgeschichte und Frömmigkeit vgl. Günter Lange, Vorstoßen zum Innersten Jesu: Longinus als Vorbild, in: Katechetische Blätter 127, 2002, S. 42-47.

[25] Vgl. Fendrich 1998 (Anm.9), S.31f.

[26] Vgl. Erika Dinkler-von Schubert, Art. „Rechts und Links", in: Lcl 3, Sp. 511-515.

[27] Für Josef Andreas Jungmann, Missarum Sollemnia I, Wien 1952, S. 354, besteht kein Zweifel für die Verbindung von Ezechielvision und Seitenwunde des Gekreuzigten im *Vidi aquam.* Der Gesang verweise auf die reinigende Kraft des Taufwassers „durch den eröffnenden Hinweis auf die Vision des Ezechiel vom heilbringenden Strom aus der rechten Seite des Tempels ..., d. i. aus der rechten Seite Christi".

[28] Das Bild, Mitte des 8. Jahrhunderts entstanden, ist die älteste monumentale Darstellung des Gekreuzigten im Abendland, muss aber der Kunst des Ostens zugerechnet werden, weil hier byzantinische Mönche tätig waren, die vor den Bilderstürmern der Ostkirche geflohen waren. Vgl. Paulus Hinz, Deus Homo I, Berlin 1973, S. 99-101.

[29] S.o. den Beitrag: „Was man von Bildern lernen kann. Zugleich eine Einführung in ihre Sprache"

[30] Dazu Reiner Hausherr, Michelangelos Kruzifixus für Vittoria Colonna. Bemerkungen zu Ikonographie und theologischer Deutung. Opladen 1971, und Günter Lange, „Mein Gott, warum hast du mich verlassen?" Der letzte Schrei Jesu als Problem der Frömmigkeits- und Bildgeschichte – bis Michelangelo, in: ders., Bilder zum Glauben, München 2002, S. 177-199.

[31] Hausherr 1971, S.49.

[32] Günter Lange 2002, S. 191f. referiert zunächst die Deutung Hausherrs, weist dann auf das Problem des Bild-Textbezuges, die „Offenheit der Form für verschiedene Lesarten" hin und fragt: „Schließt der bildnerische Sachverhalt völlig aus, dass das an den Vater gerichtete Vertrauensgebet wenigstens mitgemeint ist?"

„Sprich, sprich doch!"
Was die Propheten für die abendländische Kunst bedeuten

Bedeutende Kunstwerke des Mittelalters und der Neuzeit zeugen von der Auseinandersetzung mit den Prophetengestalten des Alten Testaments und dem „Prophetischen" schlechthin. Man kann den Eindruck gewinnen: Das aufregende Thema fordert künstlerische Höchstleistungen und wird zum Geburtshelfer neuer Ausdrucksformen. Oder auch: Der Inhalt macht die Kunst.

Donatello, Prophet, so genannter *Zuccone* (Kürbiskopf), um 1423/26.

Die Florentiner nennen ihn liebevoll-spöttisch *Zuccone*. Und die markante Glatze gehört auch zu den auffälligsten Charakteristika dieses Propheten, den Donatello zwischen 1423 und 1426 für eine der Nischen des Campanile am Dom zu Florenz gearbeitet hat. Aber hier gibt's nicht nur die Glatze zu bewundern: Der „Kürbiskopf" ist vom breiten Scheitel bis zur nackten Sohle eine Persönlichkeit von unverkennbarer Individualität. Giorgio Vasari, der große Geschichtenerzähler der italienischen Renaissance, hat diese Marmorskulptur für das Beste gehalten, das Donatello – ohnehin für ihn *der* Bildhauer der Frührenaissance – geschaffen hat, „das schönste und großartigste Werk, das dieser Künstler jemals vollführte". Und er unterstreicht dieses Urteil, wie es so seine Art ist, mit einer Anekdote. Donatello selbst habe bei der Arbeit die ungewöhnliche Lebendigkeit dieser Gestalt erkannt und ausgerufen: „Sprich, sprich doch – sonst sollst du den Blutschiss kriegen!"

Obwohl der Zuccone kein alter Mann ist, spiegeln sich in den herben Zügen reiche Lebenserfahrungen, Kämpfe, vielleicht auch schmerzliche Niederlagen. Sein Blick geht in die Weite – oder in die Tiefe. Der Mann hat 'was zu sagen, weil er 'was erlebt hat. Dieser Eindruck wird noch gesteigert durch die Sprache des Gewandes. Stellenweise zerklüftet, verwühlt und unruhig verleihen ihm die großen Diagonalen, die sich von den Füßen bis zur Schulter ziehen, Stabilität und Klarheit. Der Mann wirkt insgesamt asketisch-schlank, aber der nackte rechte Arm lässt – bewirkt durch die Anwinkelung von Ellenbogen und Hand - eine kräftige Muskulatur erkennen.

Hat der Zuccone auch einen „richtigen" Namen? Historisch – durch Urkunden oder andere Hinweise – ist nicht sicher zu belegen, welcher Prophet hier gemeint ist. Meistens wird er als „Habakuk" bezeichnet, aber auch Jona, Jeremia, sogar König David werden genannt. Man kann sich natürlich damit zufrieden geben, hier ganz allgemein die ideale Realisierung eines „Propheten schlechthin" zu erkennen. Ich meinerseits würde vorschlagen, doch das unübersehbare „unveränderli-

Wenn Bilder zu Wort kommen

che Kennzeichen" des Zuccone, nämlich seine Glatze, zum Ausgangspunkt einer Identifizierung zu nehmen. Dann hätten wir es nämlich mit dem Propheten Elischa zu tun, dem Schüler des Elija (vgl. 1 Kön 19,19-21; 2 Kön 2,1-13,20).

Auf dem Weg nach Bet-El „kamen junge Burschen aus der Stadt und verspotteten ihn. Sie riefen ihm zu: Kahlkopf, komm herauf! Kahlkopf, komm herauf! Er wandte sich um, sah sie an und verfluchte sie im Namen des Herrn. Da kamen zwei Bären aus dem Wald und zerrissen zweiundvierzig junge Leute." (2 Kön 2,23f). Es fällt nicht schwer, im Zuccone einen verspotteten Elischa zu erkennen. Wenn es nicht so grausame Folgen hätte, würde man ihm auch ohne weiteres ein Fluchwort in den offenen Mund legen.

Wie auch immer: der Zuccone – Habakuk oder Elischa – ist eine exemplarische Prophetengestalt. Der Verzweiflung nahe und doch voller Kraft, verwundbar, aber nicht klein zu kriegen. Die Klageworte des Propheten Jeremias (Jer 15,15-18) wären ihm aus der Seele gesprochen: „Bedenke, dass ich deinetwillen Schmach erleide. Kamen Worte von dir, so verschlang ich sie; dein Wort war mir Glück und Herzensfreude; denn dein Name ist über mir ausgerufen, Herr, Gott der Heere. Ich sitze nicht heiter im Kreis der Fröhlichen; von deiner Hand gepackt, sitze ich einsam; denn du hast mich mit Groll angefüllt. Warum dauert mein Leiden ewig und ist meine Wunde so bösartig, dass sie nicht heilen will? Wie ein versiegender Bach bist du mir geworden, ein unzuverlässiges Wasser."

Verheißung und Erfüllung: Die Propheten und die Einheit der Schrift

So imponierend die alttestamentlichen Propheten als große Einzelgestalten auch sein mögen: Sie stehen in der christlichen Kunst nicht für sich und nicht alleine. Sie werden auf vielfältige Weise zu den Ereignissen und Personen des Neuen Testaments in Beziehung gesetzt. Charakteristisch für das dabei angewandte theologische Konzept sind die sogenannten **Armenbibeln**. Diese „Bilderbibeln" sind weder für Arme – die sie sich sicher nicht leisten konnten – noch für Analphabeten. Das zeigt schon ein flüchtiger Blick auf unser Beispiel, ein Blatt einer Handschrift aus der Heidelberger Biblioteca Palatina, die sich seit dem 30-jährigen Krieg – als Raubgut - in der Vatikanischen Bibliothek befindet: Jede Menge Schrift – und dann noch zweisprachig, Latein und Frühneuhochdeutsch.

Der Begriff „Armenbibel" meint Bilderhandschriften, die zum Teil hochkomplexe Zusammenstellungen von Themen des Alten und des Neuen Testamentes nach dem Prinzip der **Typologie** enthielten. Bestimmend ist dabei das Schema von Verheißung und Erfüllung, die Zuordnung von alttestamentlichen Vorbildern zu ihrer Vollendung im Christusereignis. Eine

170

„Sprich, sprich doch!"

Blatt aus der Armenbibel der Heidelberger Biblioteca Palatina.

Wenn Bilder zu Wort kommen

solche Zusammenschau könnte als Hilfsmittel für die biblische Predigt gedient haben.

Im Zentrum unseres Beispiels steht als zentrales Heilsereignis die Auferstehung Christi im Mittelmedaillon. Links sieht man Samson, der aus der feindlichen Stadt Gaza entkommt, indem er die Tore aus den Angeln reißt – seine Liebeslust hatte ihn in die brenzlige Situation gebracht (Ri 16,1-3) – und rechts steigt Jona aus dem großen Fisch auf (Jona 2,11), eine Szene, die bereits im Neuen Testament ausdrücklich auf Tod und Auferstehung Jesu Christi bezogen wird (Mt 12,40). Zu den beiden Erzählungen, die als Vor-Bilder der Auferstehung aufgefasst werden, treten dann prophetische Worte, die als Weissagungen dieses Christusereignisses gedeutet wurden: In den vier kleineren Medaillons erscheinen die „Autoren" König David und der Stammvater Jakob oben, die Propheten Hosea und Zephania unten. In den lateinischen Umschriften stehen die entsprechenden „Prophezeiungen". Hosea sagt: *In die tercia suscitabit nos sciemus et sequemur eum* – „am dritten Tag wird er uns auferwecken, wir werden erkennen und ihm folgen" (vgl. Hos 6,2); Zephania: *In die resurrectionis mee congregabo gentes* – „am Tage meiner Auferstehung werde ich die Völker sammeln" (vgl. Zef 3,8).

Die theologische Konzeption einer typologischen Exegese mag uns aus heutiger Sicht problematisch – als eine Abwertung des Alten Testamentes – erscheinen. Man sollte aber auch positiv sehen, dass hier zumindest von einer Einheit alttestamentlicher und neutestamentlicher Gotteserfahrungen ausgegangen wird, der Gott Abrahams, Isaaks und Jakobs ist derselbe wie der Gott Jesu Christi. Der Geist Jesu Christi, der Geist, der nach der Lehre der Kirche die Evangelisten „inspirierte", er hat ebenso „gesprochen durch die Propheten", wie das Große Glaubensbekenntnis ausdrücklich hervorhebt.

Propheten statt Evangelisten

Ein schönes Beispiel für eine besondere Wertschätzung der Propheten ist die **Majestas domini** aus dem **Codex aureus von Echternach** (um 1030 entstanden), der heute im Germanischen Nationalmuseum aufbewahrt wird. Der Codex aureus ist ein Evangeliar, enthält also nur die vier Evangelien. Jedem einzelnen Evangelium ist ein ganzseitiges Evangelistenbild vorangestellt, das den Autor bei der Arbeit, bei der Abfassung seines Evangeliums zeigt. Aber im ersten Bild des Evangeliars erscheint der Herr selbst im Glanz seiner „Herrlichkeit" (deswegen *majestas domini*: „Herrlichkeit des Herrn"). Er ist sozusagen der Autor des Ganzen, die Evangelisten „nur" Co-Autoren. Sie sind in den vier Rundmedaillons symbolisch durch ihre Attribute – Matthäus Engel, Markus Löwe, Lukas Stier und Johannes Adler – dargestellt. Aber nun das Überraschende: In den vier Ecken des Blattes sitzen nicht die vier Evangelisten über ihr Werk gebeugt wie noch im Vor-Bild des Codex aureus, einem karolingischen Evangeliar aus der Sainte Chapelle, sondern es sind die **vier** großen **Propheten**: Jesaja und Jeremia

Darstellung der Majestas Domini (Herrlichkeit des Herrn) aus dem Codex aureus von Echternach, um 1030.

172

„Sprich, sprich doch!"

oben, Ezechiel und Daniel unten. Der auffällig gekrümmte Rücken der Vier mag die Hingabe an die Arbeit visualisieren, aber auch die Mühe und Konzentration, die das Hören auf Gottes Wort erfordert. Nicht zuletzt können die gebeugten Gestalten auf die Mühsal der Verkündigung des Wortes hinweisen, auf die Schwere und die Last des Prophetendienstes.

Auf jeden Fall werden die alttestamentlichen Propheten hier als Mit-Autoren auch der Evangelien dargestellt. Völlig zu recht: Ihr Sprechen und ihre Sprache, ihr Gottes-Wort und ihr Gottes-Bild, sind das Material, der Stoff, aus dem die Evangelien gemacht sind. Die Majestas domini aus dem Codex aureus veranschaulicht die Einheit der ganzen Heiligen Schrift, der einen Geschichte Gottes mit den Menschen. Die Mitte ist Jesus Christus, er ist Gottes erstes und letztes Wort.

Wer schultert wen?

Die Einheit der Schrift wurde im Mittelalter auch dadurch zum Ausdruck gebracht, dass man den zwölf Aposteln zwölf Propheten zuordnete. Das Skulpturenprogramm der Gewändefiguren am **Nordportal des Bamberger Domes** (um 1230) – das sogenannte Fürstenportal – ist so konzipiert. Allerdings bietet sich uns dort ein zweideutiges Bild: Die Apostel stehen auf den Schultern der Propheten. Diese Körpersprache kann nun ohne Frage als Zeichen der Überlegenheit des Neuen Bundes, gar des Sieges der christlichen Offenbarung gedeutet werden. Aber da ist zum einen über jedem Paar die Taube zu sehen, die als Zeichen für den Heiligen Geist auf die Inspiration von Apostel **und** Propheten hinweist. Und dann liegt es ebenso nahe, in der Anordnung einen ganz anderen Sinn zu erkennen: Die Propheten **tragen** die Apostel. Die Konzeption erinnert an eine paulinische Formulierung aus dem Römerbrief. Der Apostel mahnt dort die „Heiden", sich nicht über „Israel", das bleibend auserwählte Volk Gottes, zu erheben: „Nicht du trägst die Wurzel, sondern die Wurzel trägt dich" (Röm 11,18).

Das Fürstenportal am Dom zu Bamberg, um 1230.

Mir fällt dazu auch die schöne Formulierung von Gilbert Keith Chesterton ein: „Der Mensch sollte ein Fürst sein, der von der Spitze eines Turmes blickt, den seine Väter erbaut haben, und nicht ein Lümmel, der dauernd mit Fußtritten die Leitern verächtlich umwirft, auf denen er hochgeklettert ist."

Auch im Innern des Bamberger Domes gibt es eine Gegenüberstellung von Aposteln und Propheten, die einen an den südlichen, die anderen an den nördlichen **Chorschranken des Ostchores**. Sie erscheinen jeweils paarweise, sind miteinander im Gespräch; ja sie wirken alle – ein bemerkenswerter Bildgedanke – als wären sie miteinander unterwegs. Aber zugleich springen die Unterschiede zwischen den Aposteln- und den Prophetenpaaren ins Auge. Der Kunsthistoriker Robert Suckale spricht mit sanfter Ironie von „den eher repräsentativ auftretenden Aposteln, die einander

Wenn Bilder zu Wort kommen

Nördliche Chorschranken des Georgschors im Bamberger Dom, 1200/1210.

Ausschnitt des kahlköpfigen Propheten.

die 12 Sätze des Glaubensbekenntnisses aufsagen ... und den von visionärem Geist erfüllten Propheten". „Offenbar wird", so folgert Suckale an anderer Stelle, „ in den Propheten zum erstenmal das Besondere der religiösen Erfahrung und ihre Wirkung auf Psyche und Charakter des Menschen gestaltet: das Seherische; das bis zur Verbohrtheit Grüblerische; die Verzückung; der heilige Zorn; selbst der Fanatismus der Ergriffenheit".

Auch unter den Bamberger Propheten sticht ein Kahlkopf hervor. Wie beim Zuccone ist die Identifizierung unsicher, häufig wird er als Jona bezeichnet. Aber was läge näher, als in dem Prophetenpaar Elija und seinen kahlköpfigen Schüler Elischa zu erkennen, zumal „Elija" ausgesprochen lehrerhaft den Zeigefinger erhoben hat. Die individuelle Charakterisierung wird in den Bamberger Fi-

guren weniger durch die Physiognomie erreicht als durch die expressive Gewandsprache, durch die Falten, die in die verschiedensten Richtungen verlaufen, den Körper umschlingen, mal schwer und behäbiger, mal wild bewegt.

Wasser des Lebens

Der Besuch des sogenannten „Mosesbrunnen" im ehemaligen Kartäuserkloster Champmol bei Dijon gehört zum absoluten Pflichtprogramm einer Kunst- und Kulturreise durch Burgund. Dieses Hauptwerk des Niederländers Claus Sluter – gebürtig aus Haarlem – ist wie viele bedeutende Zeugnisse der abendländischen Kunst dem schlechten Gewissen und der Sorge um das Seelenheil zu verdanken. Der Burgunderherzog Philipp der Kühne hat-

„Sprich, sprich doch!"

Der „Mosebrunnen"
des Künstlers Claus Sluter
im ehemaligen Kartäuser-
kloster Champmol
in Burgung, 1385.

te es wohl nötig. Er stiftet – im Jahre des Heils 1385 – gleich ein Doppelkloster – 24 statt der üblichen 12 Mann Besatzung. Und es müssen natürlich Kartäuser sein. Je strenger und frommer der Mönch, desto wirksamer sein Gebet. In der Stiftungsurkunde macht Philipp keinen Hehl aus seinen Motiven: „Für das Seelenheil gibt es nichts Besseres als die Gebete der frommen Mönche, die aus Liebe zu Gott freiwillig Armut erwählen und alle Nichtigkeiten und Freuden der Welt fliehen". So sehr dieses Denken ins Mittelalter zurück zu verweisen scheint, so sehr weist die Kunst des Claus Sluter nach vorne, in ein neuzeitliches Bewusstsein vom Menschen und seiner Existenz, von seiner Würde und seinem Leiden.

Und wieder einmal ist es das Thema „Propheten", dass diese Entwicklung neuer Stilmittel und neuer Gehalte provoziert. Das theologische Programm ist konventionell, es folgt dem uns bereits vertrauten typologischen Schema. Heute sieht man nur noch den von sechs Propheten und weinenden Engeln umringten Sockel; ursprünglich stand er in einem kreisrunden Brunnenbecken und trug eine Kreuzigungsgruppe. Ein „Lebensbrunnen"

Wenn Bilder zu Wort kommen

also, der veranschaulichen sollte, dass der Gekreuzigte die „sprudelnde Quelle" ist, „deren Wasser ewiges Leben schenkt" (vgl. Joh 4,14). Entsprechend thematisieren die Spruchbänder der Propheten nach dem Schema Verheißung-Erfüllung das Leiden Christi: Mose etwa verweist mit einem an Ex 12,8 angelehnten Zitat auf den Zusammenhang von Kreuzesopfer und Passalamm, bei David liest man Ps 22,16-17: „Sie durchbohrten meine Hände und Füße, sie zählten meine Knochen".

und Tragik haben hier ein menschliches Maß. Dieser Prophet ist als einziger der sechs Sockelfiguren bartlos, vielleicht eine Anspielung auf den Seufzer in seiner Berufungsgeschichte: „Ach, mein Gott und Herr, ich kann doch nicht reden, ich bin ja noch so jung" (Jer 1,6). Dem Jeremia, dem leidenden Propheten schlechthin, sind seine Gottes- und Menschenerfahrungen in die scharfen Falten auf der Stirn, in den Augenwinkeln und um den Mund eingekerbt. Der Mund wirkt verkniffen, wie krampfhaft verschlossen. Ein Bild

Mose.

Der Prophet Jeremia.

Die wuchtige Gestalt des Mose hat der ganzen Anlage den Namen gegeben. Wohl selten ist in der Kunst der Ausdruck des „Alters" und des „Alten" mit soviel Kraft und Vitalität verbunden worden. Pathos und Monumentalität dominieren allerdings so, dass man kaum noch einen menschlichen Eindruck gewinnt, auch wenn wir uns die Hörner wegdenken, die erst bei einer späteren Restaurierung ergänzt wurden.

Dagegen ist der Jeremia eine Gestalt mit ausgesprochen porträthaften Zügen, Größe

des Propheten, der am liebsten schweigen würde, es aber nicht darf und nicht kann, weil das Wort Gottes in ihm brennt wie Feuer (vgl. Jer 20,8f.).

* Erstmals erschienen in: Welt und Umwelt der Bibel, Heft Nr.34 (4/2004) S.42-47.

176